W0365814

easy C Programmierung

easy

C Programmierung

Mit einfachen Beispielen

JÜRGEN WOLF

Markt+Technik

→ leicht → klar → sofort

Bibliografische Information der Deutschen Nationalbibliothek
Die Deutsche Nationalbibliothek verzeichnet diese Publikation in der Deutschen Nationalbibliografie; detaillierte bibliografische Daten sind im Internet über http://dnb.d-nb.de abrufbar.

Umwelthinweis:
Dieses Buch wurde auf chlorfrei gebleichtem Papier gedruckt.
Um Rohstoffe zu sparen, haben wir auf Folienverpackung verzichtet.

10 9 8 7 6 5 4 3 2 1

11 10 09

ISBN 978-3-8272-4467-3

Coverkonzept: independent Medien-Design, Widenmayerstr. 16, 80538 München
Covergestaltung: Thomas Arlt, tarlt@adesso21.net
Titelfoto: plainpicture/bilderlounge
Lektorat: Birgit Ellissen, bellissen@pearson.de
Herstellung: Monika Weiher, mweiher@pearson.de
Satz: Ulrich Borstelmann, Dortmund (www.borstelmann.de)
Druck und Verarbeitung: Kösel, Krugzell (www.KoeselBuch.de)
Printed in Germany

Inhaltsverzeichnis

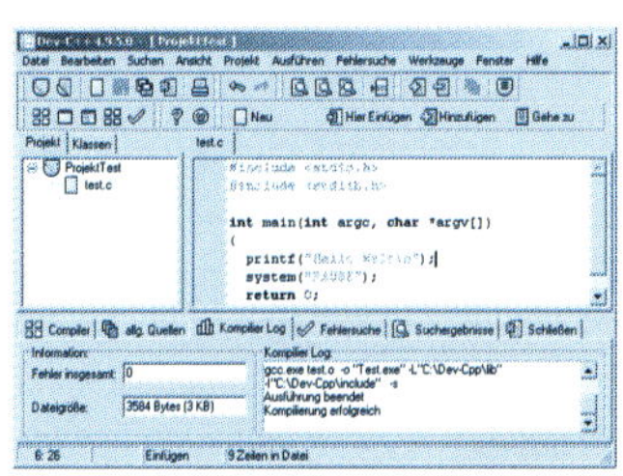

4 Ihr erstes C-Programm 42

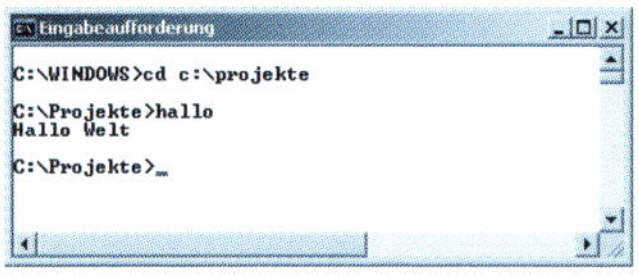

5 Mit Zahlen und Zeichen arbeiten 54

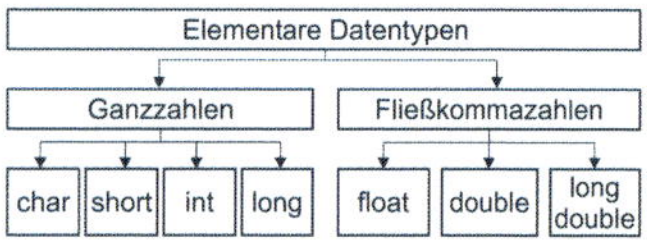

6 Daten formatiert einlesen und ausgeben 90

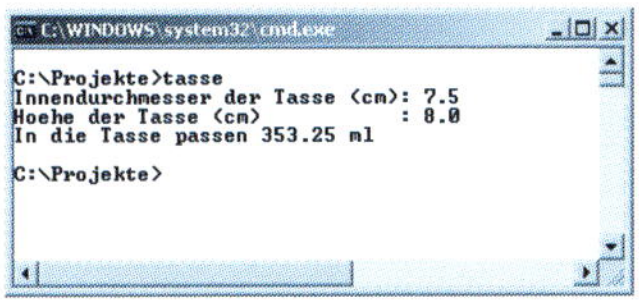

7 Kontrollstrukturen – Den Programmfluss steuern 116

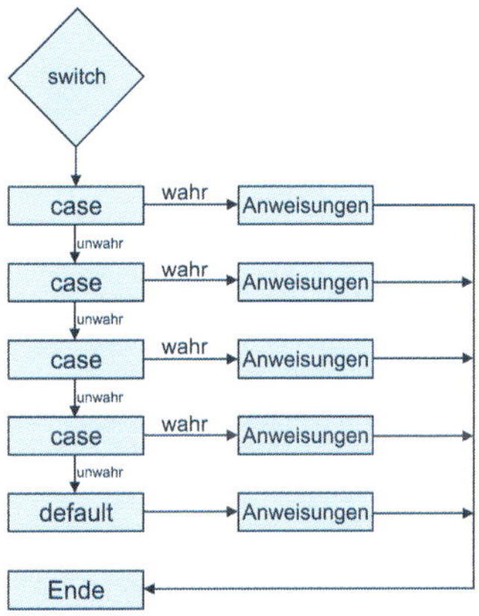

8 Eigene Funktionen schreiben 156

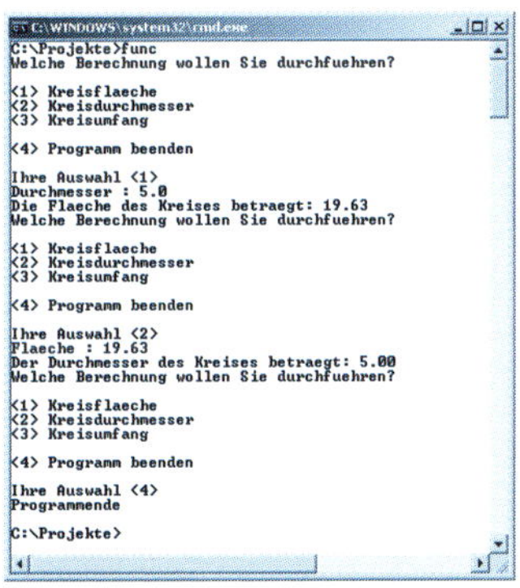

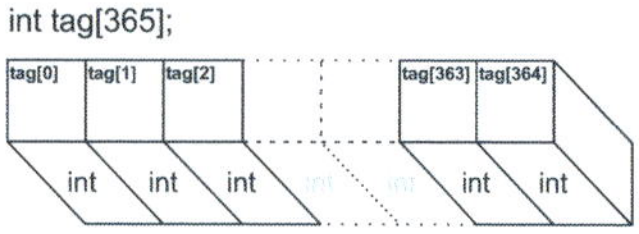

int tag[365];
tag[0]
tag[1]
tag[2]
tag[363]
tag[364]
int
int
int
int
int

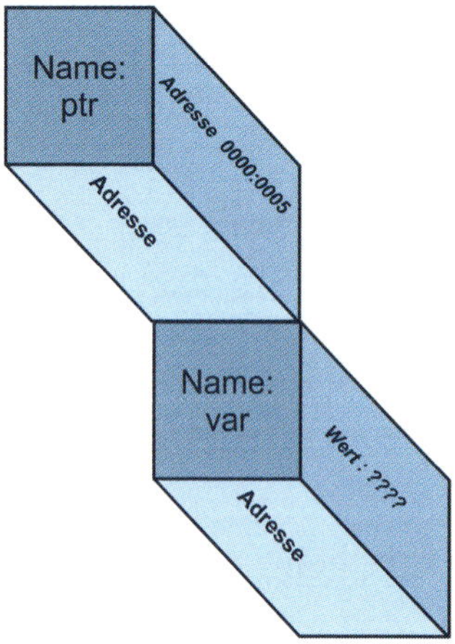

Name:
ptr
Adresse 0000:0005
Adresse
Name:
var
Wert : ????
Adresse

11 Strukturen – Kombinierte Datentypen 218

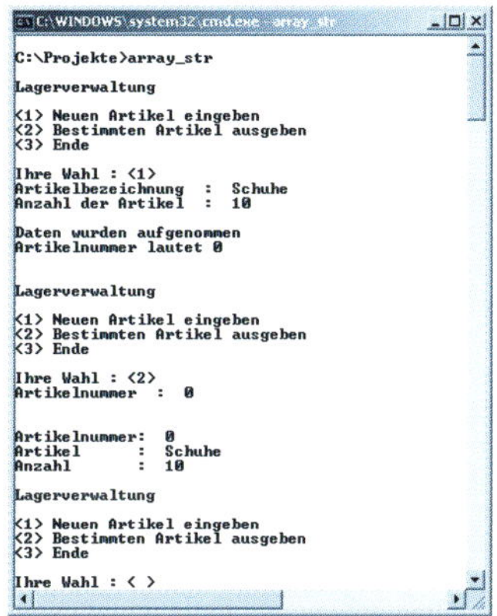

12 Speicher zur Laufzeit anfordern 236

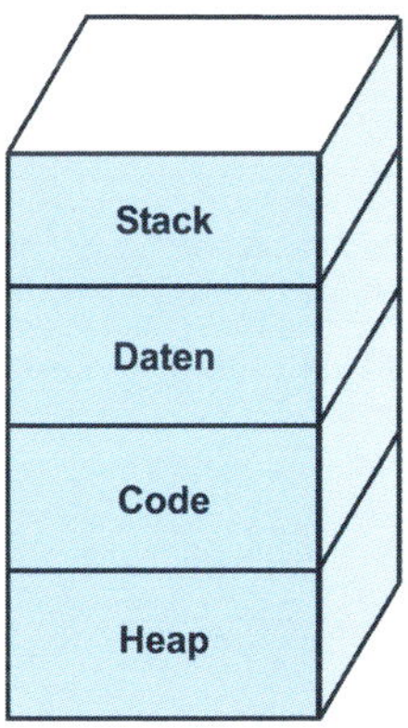

13 Verkettete Listen – Dynamische Datenstrukturen 248

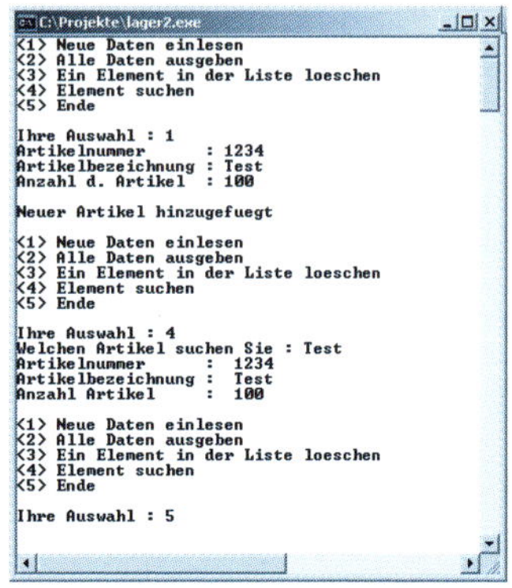

14 Dateibezogene Ein-/Ausgabe 274

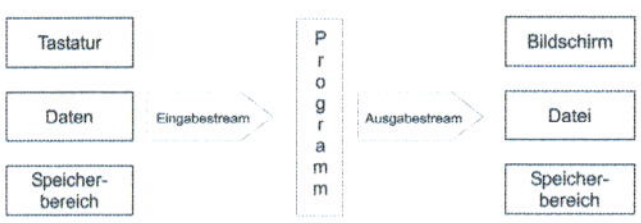

15 Präprozessor-Direktiven 296

Liebe Leserin, lieber Leser!

Erst einmal herzlichen Glückwunsch, dass Sie sich dazu entschlossen haben, eine Programmiersprache zu erlernen, und vielen Dank, dass Sie dieses Buch ausgewählt haben.

Sie werden sich sicherlich fragen, ob es überhaupt möglich ist, eine Programmiersprache zu lernen, ohne dafür die Schulbank drücken zu müssen. Dass dies möglich ist, haben schon unzählige Programmierer (den Autor eingeschlossen) bewiesen. Ein wenig Selbstdisziplin sollte allerdings schon vorhanden sein.

So wie jeder Programmiereinsteiger oder Umsteiger von einer anderen Programmiersprache halten Sie dieses Buch nun mit großen Erwartungen in den Händen. Es wurde für Leser konzipiert, die sich im Selbststudium in C einarbeiten wollen. Daher wird in diesem Buch viel Wert auf einfache und ausführliche Erklärungen gelegt.

Beim Schreiben dieses Buches wurde der Fokus auf Qualität und nicht auf Quantität gesetzt, ohne aber auf wesentliche Aspekte der Programmierung in C zu verzichten.

Sollten Sie Probleme mit dem einen oder anderen Kapitel dieses Buches haben, können Sie den Autor gerne per E-Mail kontaktieren. Auch Feedback zu diesem Buch ist herzlich willkommen.

Viel Spaß mit dem Buch wünschen Ihnen der Autor und der Verlag!

Jürgen Wolf, jwolf@mut.de

Kapitel 1

Schnelleinstieg

Bevor Sie mit dem Erlernen der Programmiersprache C beginnen, möchte ich Ihnen einen kleinen Einblick geben, was im Verlaufe dieses Buches alles auf Sie zukommt und was Sie benötigen, um eigene Programme entwickeln zu können.

Das lernen Sie neu:

Welche Vorkenntnisse benötigen Sie für dieses Buch?

Sie sollten nicht gerade ein totaler Computerneuling sein, wenn Sie Programmieren lernen möchten. Kenntnisse darüber, wie Programme installiert und gestartet werden, sollten schon vorhanden sein. Genauso sollten Sie mit Tastatur und Maus vertraut sein. Es werden also keine allzu großen Anforderungen gestellt. Vorkenntnisse in Bezug auf Programmiersprachen sind nicht erforderlich.

An wen richtet sich dieses Buch?

Dieses Buch richtet sich an alle, die Interesse haben, eine Programmiersprache zu lernen, oder die sie sich aus beruflichen Gründen aneignen möchten. Ebenso dürften Umsteiger von anderen Programmiersprachen ihre Freude an diesem Buch haben. Ich möchte Sie dabei nicht mit Begriffen aus dem Fachjargon sowie mit trockener Theorie konfrontieren, sondern Ihnen die Programmiersprache C mit einfachen Schritt-für-Schritt-Erläuterungen vermitteln.

Was benötigen Sie, um die Programmiersprache C zu lernen?

Sie benötigen in der Regel nur einen Texteditor und einen Compiler. Mit dem Texteditor geben Sie den Programmquellcode (also die Anweisungen, die das Programm formulieren) als reinen Text ein, das heißt als Text ohne Formatierungen wie Fettschrift. Man spricht in diesem Zusammenhang auch häufig von reinem ASCII-Text.

> **Was ist das?**
>
> *ASCII (American Standard Code for Information Interchange) ist ein Kodierungsschema, das für Zeichen, Zahlen, Interpunktionszeichen und einige Sonderzeichen jeweils numerische Werte zuordnet. Diese Standardisierung stellt praktisch die Grundlage für den Informationsaustausch zwischen unterschiedlichen Computern und Computerprogrammen da. Einfacher ausgedrückt: Ohne diesen Standard könnten Sie mit Ihrem Computer keine vernünftigen Zeichen oder Zahlen darstellen.*

Mit dem Compiler übersetzen Sie den Programmquellcode dann in den binären Maschinencode (dazu im nächsten Kapitel mehr). Dadurch erhalten Sie eine ausführbare Programmdatei.

Wenn Sie mit dem Betriebssystem Windows arbeiten, können Sie sich entweder einen kommerziellen C-Compiler besorgen oder einen kostenlosen Compiler aus dem Internet herunterladen. Mehr dazu erfahren Sie in Kapitel 3.

Haben Sie hingegen das Betriebssystem Linux im Einsatz, müssen Sie sich keine Gedanken über einen Compiler machen, da auf solchen Systemen standardmäßig der gcc-Compiler installiert ist.

Was ist das?

*Linux ist ein Betriebssystem, das zu den Unix-kompatiblen Betriebssystemen gehört und für alle wichtigen Computertypen verfügbar ist. Es ist nach seinem finnischen Erfinder Linus Torvalds (**Linu**s Torvalds Uni**x**) benannt. Das Betriebssystem ist nicht kommerziell; auch die zugehörigen Quellcodes sind frei zugänglich. Die speziellen Richtlinien erlauben es jedem Programmierer – entsprechende Kenntnisse natürlich vorausgesetzt –, das System auszubauen, das heißt Erweiterungen und Verbesserungen beizusteuern. Der Großteil des Betriebssystems wurde übrigens in C geschrieben.*

Überblick zu den einzelnen Kapiteln in diesem Buch

Im nächsten Kapitel erfahren Sie, was ein Programm genau ist und wie der Computer Programme verwaltet und ausführt. In Kapitel 3 geht es darum, sich mit dem Compiler vertraut zu machen, damit Sie im Verlaufe dieses Buches die Programmbeispiele selbst ausprobieren können. Kapitel 4 zeigt Ihnen – anhand des berühmten `Hallo Welt`-Programms –, wie ein Programm in der Regel aufgebaut ist. Im fünften Kapitel erfahren Sie etwas über die Verarbeitung von Daten. Dabei lernen Sie, wie ein Programm Daten durch Variablen und Konstanten abbildet und wie Sie damit rechnen und weiterarbeiten können. In Kapitel 6 werden Sie Daten von der Tastatur einlesen und auf dem Bildschirm ausgeben. Kapitel 7 demonstriert, wie Sie den Programmfluss mithilfe von Verzweigungen und Schleifen steuern. Damit Sie wiederkehrende Aufgaben nicht immer neu programmieren müssen, lernen Sie in Kapitel 8, wie man eigene Funktionen formuliert.

Eine komplexere Art, Daten zu verwalten, wird in Kapitel 9 vorgestellt. Dort erfahren Sie außerdem, wie Texte verarbeitet werden. Kapitel 10 beschreibt, wie man noch effektiver mit Daten arbeiten kann, ohne direkt auf diese zugreifen zu müssen. Wie verschiedene Datentypen kombiniert werden, erfahren Sie in Kapitel 11; dort geht es um die so genannten Strukturen. Die dynamische Speicherverwaltung in Kapitel 12 vermittelt, wie Daten während der Laufzeit von Programmen dynamisch verwaltet werden. Wie das Erlernte aus den Kapiteln 10, 11 und 12 am effektivsten eingesetzt wird, erfahren Sie in Kapitel 13. Dabei schreiben Sie ein umfangreiches Verwaltungsprogramm. Kapitel 14, das die Ein-/Ausgabe von Dateien zum Thema hat, zeigt, wie Daten auf einem Laufwerk gespeichert und von diesem wieder geladen werden. Nach dem Studium von Kapitel 15 wissen Sie, was alles vor dem eigentlichen Compilerlauf passiert und wie Sie dies mit den so genannten Präprozessor-Direktiven beeinflussen können. Zum Abschluss gebe ich Ihnen in Kapitel 16 einige Empfehlungen, wie Sie Ihre Programmierkenntnisse vertiefen können.

Kapitel 2

Wie aus einer einfachen Textdatei ein Programm wird

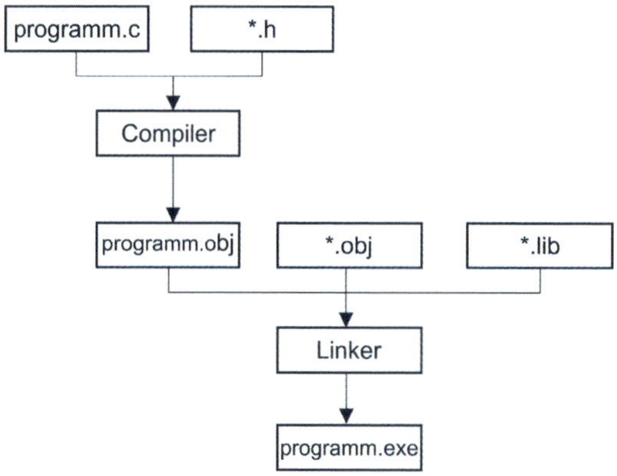

Sicherlich haben Sie sich schon mehr als einmal über vorzeitige Programmabbrüche oder gar Abstürze Ihres Computers (die bei Windows durch einen blauen Bildschirm in Erscheinung treten) geärgert und sich gefragt, wo die Ursache dafür zu suchen ist. In aller Regel sind für Programmabbrüche und -abstürze Programmfehler verantwortlich. Dies bedeutet, dass die Programmierer das Programm nicht komplett durchgetestet haben und nicht alle gröberen Fehler entfernt haben. Um dies näher zu verstehen, müssen Sie sich erst einmal klar machen, was ein Programm überhaupt ist, wie es aufgebaut ist und wie es vom Computer ausgeführt wird.

Das können Sie schon:

Das lernen Sie neu:

Welche Sprache spricht der Computer?

Viele Leute sind fasziniert von der Arbeitsweise des Computers. Ein Mausklick genügt und man befindet sich in einer Welt voller Informationen und Unterhaltung. Kaum jemand macht sich dabei noch Gedanken, wie dies alles zustande kommt. Für viele ist der Computer nichts anderes als ein Gerät, das man ein- und ausschalten kann und das das verrichtet, was man haben möchte.

Was ist das?

Ein Computer ist eine elektronisch arbeitende Maschine, mit der sich verschiedene Arten von Daten verarbeiten lassen. Der erste Computer wurde übrigens 1936 von dem deutschen Ingenieur Konrad Zuse gebaut.

Computer arbeiten intern nur mit zwei Werten – mit 0 und 1 –, die man sich wie elektrische Schalter vorstellen kann: 0 bedeutet »kein Strom«, 1 »Strom fließt«. Dies klingt zunächst trivial und erklärt kaum, wie ein Computer all die Tätigkeiten erledigt, die heute von ihm verlangt werden. Schon Alphabet und Dezimalsystem basieren auf weit mehr als zwei Werten.

Durch eine Folge von 0- und 1-Werten lassen sich aber beliebig viele Werte kodieren. Jede Folge hat je nach Inhalt eine bestimmte Bedeutung. Man spricht dabei vom Maschinencode, den man sich wie folgt vorstellen kann:

```
001100110010100
111001001110101
```

Hier sehen Sie eine Reihe von so genannten binärkodierten Befehlen. Der Prozessor des Computers kann ausschließlich einen solchen binären Maschinencode verstehen. Stark vereinfacht gesagt ist der Prozessor das zentrale Rechen- und Steuerwerk des Computers, das bestimmte binärkodierte Befehle entweder direkt ausführt oder in Verbindung mit binärkodierten Datenfolgen irgendwelche Aufgaben verrichtet. Derartige Daten könnten zum Beispiel der Inhalt einer Textdatei sein; ein Beispiel für einen Befehl könnte sein, diese Daten als Datei zu speichern (wobei sich das Speichern einer Datei aus vielen Einzelbefehlen zusammensetzt, was aber jetzt nicht näher interessieren soll).

Je höher die Taktfrequenz Ihres Prozessors ist, desto schneller und mehr Befehle kann dieser abarbeiten.

Was ist das?

Die Taktfrequenz von Computern wird in Hertz gemessen, wobei 1 Hertz einer Schwingung pro Sekunde entspricht. Moderne Computer können in aller Regel mehrere Hundert Millionen Schwingungen pro Sekunde ausführen, sodass die Taktfrequenz meist in Megahertz (Abkürzung: MHz, 1 MHz entspricht einer Million Schwingungen) oder Gigahertz (Abkürzung: GHz, 1 GHz entspricht einer Milliarde (also 1.000 Millionen) Schwingungen) angegeben wird. Heute verkaufte Computer sind schon zum Teil bei über 2.000 MHz (also 2 GHz) angekommen.

Wie sage ich es meinem Computer?

Jetzt wissen Sie, dass der Prozessor die Befehle für die zu erledigenden Arbeiten des Computers erhält. Aber wie können Sie Kommandos an den Prozessor schicken? Ebenfalls mit den Zahlen Null und Eins? Im Prinzip würde das schon gehen, aber zum Glück muss man heute – im Unterschied zu den Anfängen der Computerpionierzeit – nicht mehr auf so einer niedrigen Ebene programmieren.

Was ist das?

Niedrige Ebene: Je näher man am System – an der Hardware – programmiert, desto niedriger ist die Ebene zu sehen. C ist eine Sprache, die erst einmal eine Hochsprache darstellt – das heißt auf einer höheren Ebene (engl. high level) angesiedelt ist –, aber trotzdem als systemnahe Sprache gilt (engl. low level), da sie es auch erlaubt, auf einer sehr niedrigen Ebene zu programmieren.

Sie verstehen nun sicher besser, was es mit dem Begriff Hochsprache auf sich hat und warum er in der Programmierwelt so häufig vorkommt.

Um mit dem Computer kommunizieren zu können, benötigen Sie ein Übersetzungsprogramm, das in Verbindung mit den meisten Programmiersprachen – so auch bei C – Compiler genannt wird. Dieses Programm wandelt Befehle, die als lesbare Wörter, als Dezimalzahlen usw. eingegeben werden (also den Quellcode), in den binären Maschinencode um, sodass ihn der Prozessor verarbeiten kann.

Als Erstes muss der C-Quellcode erstellt werden. Dies werden Sie im Laufe dieses Buches lernen. Gehen Sie aber einmal davon aus, dass Sie schon ein C-Programm vollständig in einem Texteditor eingegeben und gespeichert haben.

Als Nächstes wird der Compiler aufgerufen, womit der C-Quellcode übersetzt wird. Der Compiler führt nun zunächst diverse Überprüfungen durch, unter anderem auf syntaktische Fehler. Ist alles in Ordnung, wandelt der Compiler den Quellcode in den Maschinencode um. Dieser Maschinencode wird in einer binären Datei mit der Dateierweiterung .obj gespeichert.

Damit die Programmdatei gestartet und vom Prozessor ausgeführt werden kann, muss dieser Maschinencode in einem letzten Schritt nochmals aufbereitet werden. Dafür ist ein weiteres Hilfsprogramm, nämlich der Linker, verantwortlich. Der Linker ist üblicherweise im Compiler integriert und muss nicht separat aufgerufen werden.

Damit ist der Übersetzungsvorgang – der auch als Kompilierung bezeichnet wird – beendet.

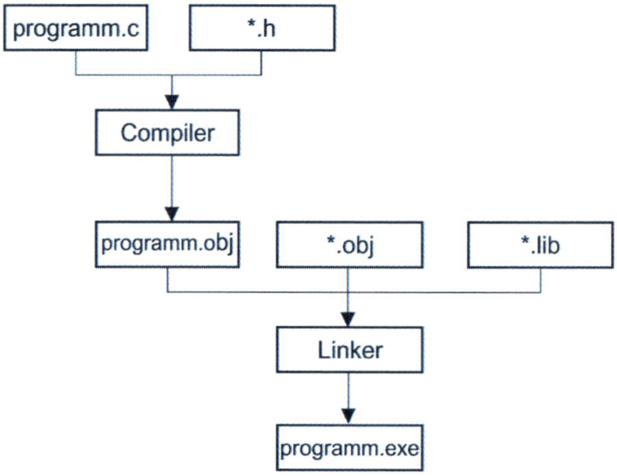

Was ist ein Programm?

Jetzt dürfte Ihnen klar sein, dass ein Programm nichts anderes ist, als eine Reihe von Befehlen, die vom Prozessor abgearbeitet werden. Ob es sich dabei um ein einfaches Konsolenprogramm (bei Windows »Eingabeaufforderung«; über Konsolenprogramme erfahren Sie gleich mehr), ein Programm mit einer grafischen Oberfläche oder ein aufwändiges Computerspiel handelt, spielt im Prinzip keine Rolle. Der Prozessor arbeitet immer eine Folge von Nullen und Einsen ab, den für ihn bestimmten Maschinencode, der durch die Übersetzung mithilfe eines Compilers erzeugt wurde.

C und C++ oder C versus C++?

Häufig werden C und C++ in einem Atemzug verwendet. Doch handelt es sich hierbei nicht um zwei Programmiersprachen? Das Ganze soll ein wenig genauer betrachtet werden.

C wurde 1972 von Dennis Ritchie entwickelt. Dazu muss man wissen, dass C keine Neuentwicklung ist, sondern eine Weiterentwicklung der Programmiersprache B, die einige Einschränkungen aufwies. (Auch B hatte einen Vorgänger, der – Sie ahnen es sicher schon – eine gewisse Einfallslosigkeit bei der Namensgebung offenbart und einfach nach dem ersten Buchstaben des Alphabets – A – benannt wurde.)

C wurde zu dieser Zeit vorwiegend für das Betriebssystem Unix entwickelt. Denn vorher war Unix ausschließlich in Assembler programmiert. Als die ersten frei erhältlichen Compiler für C erschienen, war der Siegeszug nicht mehr aufzuhalten. C wurde zur erfolgreichsten Sprache überhaupt im Zusammenhang mit Unix.

Was ist das?

Assembler ist keine Programmiersprache im eigentlichen Sinn, sondern mehr als Werkzeug zu sehen, um in der niedrigsten Ebene – der des Maschinencodes – zu programmieren. Mit einem Assembler kann in Maschinencode programmiert werden, ohne aber Nullen und Einsen eingeben zu müssen. Da jedes Prozessormodell in aller Regel über völlig unterschiedliche Maschinenbefehle, Register (besondere, kleine Speicherbereiche im Prozessor, die weit schneller als der normale Arbeitsspeicher des Computers angesprochen werden können) und bestimmte Eigenheiten verfügt, leitet sich aus jedem Prozessormodell eine andere Assemblersprache ab, die sich zum Teil so erheblich von anderen Assemblersprachen absetzt, dass sie eigens erlernt werden muss. Man muss ferner das eingesetzte Prozessormodell in allen Details gut kennen, um in Assembler programmieren zu können. Die Assemblerprogrammierung ist recht aufwändig und wird heute nur noch selten – für sehr spezielle Anwendungen, bei denen die Geschwindigkeit von höheren Sprachen wie C nicht zufriedenstellend ist – eingesetzt.

In den frühen Achtzigerjahren wurde die Programmiersprache C von Bjarne Stroustrup um objektorientierte Konzepte erweitert. Er wollte die Sprache zunächst C+ nennen (nach der Tradition, verbesserte Versionen mit einem +-Zeichen zu versehen), hatte aber dann den lustigen Einfall mit den zwei +-Zeichen, denn die Zeichenfolge ++ spielt bei C eine große Rolle (Sie werden im weiteren Verlauf dieses Buches mehr darüber erfahren).

Man sprach damals in Verbindung mit C++ auch häufig von C mit Klassen. Und das hat sich noch in so manchen Köpfen festgesetzt. Daher wird manchmal C einfach mit C++ gleichgesetzt.

Fakt ist aber, dass C++ eine Erweiterung von C ist. Somit unterscheiden sich C- und C++-Programme kaum, außer dass man mit C++ noch Klassen und die damit verbundenen Konzepte verwenden kann.

Gelegentlich sind hitzige Diskussionen zwischen C- und C++-Anhängern zu beobachten. Viele Verfechter von C++ halten die Programmiersprache C mittlerweile für überflüssig. Da dies ein C-Buch ist, folgen ein paar Vorteile der Sprache C (für den Fall der Fälle):

- Wer mit Linux programmieren will (muss), kommt ohnehin nicht um C herum. Das Betriebssystem ist zum größten Teil in C implementiert.
- C bietet die Konstrukte höherer Programmiersprachen. Das heißt, wenn Sie C erst einmal beherrschen, wird es Ihnen nicht schwer fallen, andere Programmiersprachen zu erlernen (natürlich gilt dies auch für C++).
- C ermöglicht hardwarenahe Programmierung – und damit auch zeitkritische Programme wie Gerätetreiber (zum Beispiel zum Ansteuern von Scannern).
- Einfache Portierbarkeit (Übertragbarkeit) der Programme auf andere Systeme, denn C ist weitgehend unabhängig von Hardware, Plattform und System. Immerhin gibt es praktisch für alle verbreiteten Computersysteme C-Compiler.
- C++ ist eine Erweiterung von C. Somit können Sie fast alles hier Gelernte später in C++ wiederverwenden.
- C erlaubt die Entwicklung schneller Programme, die zugleich wenig Ressourcen benötigen.
- Trotz des Erfolgs von C++ sind die meisten Programme immer noch in C geschrieben – nicht nur kleine Tools. Gute Beispiele sind der Webserver Apache und der Datenbankserver MySQL. Wenn diese Programme den Bedürfnissen einer Anwendergruppe angepasst oder allgemein verbessert werden müssen, sind gute C-Kenntnisse von Vorteil.

Fensterprogramme, Konsolenprogramme und GUIs

Viele C- und C++-Programmiereinsteiger sind anfangs enttäuscht, wenn sie die ersten Programmbeispiele eingeben und dann in aller Regel feststellen müssen, dass diese keine grafische Oberfläche besitzen und in der Konsole ausgeführt werden. Häufig gibt es entsprechende Erwartungen, schon recht bald nach den ersten Programmierschritten komplexe Programme – vor allem solche mit grafischer Oberfläche – schreiben zu können.

Sicherlich, Fenster bieten eine anwenderfreundlichere Bedienung als Konsolenprogramme. Programme, die mit einer grafischen Oberfläche – das heißt mit Fenstern und zugehörigen Oberflächenelementen wie Schaltflächen – ausgestattet sind, bezeichnet man als GUI-Programme (Graphical User Interface, grafische Benutzerschnittstelle).

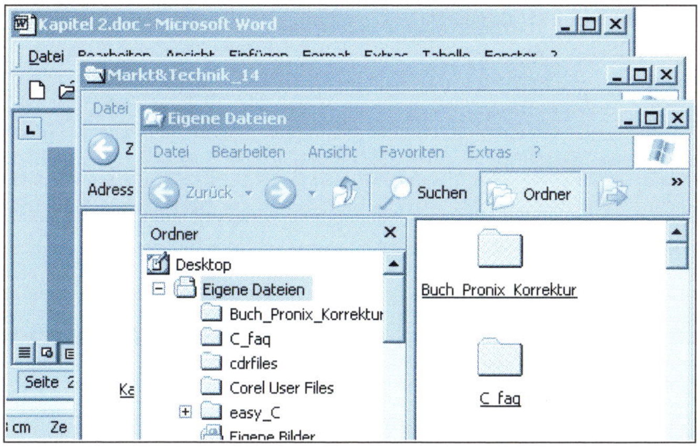

> ### Was ist das?
>
> *Konsolenprogramme sind Programme ohne grafische Oberfläche, die üblicherweise von der Betriebssystemkonsole – die als einfache Eingabezeile in Erscheinung tritt (unter Windows mit Eingabeaufforderung benannt) – aufgerufen werden.*

Bevor Sie Programme mit grafischer Oberfläche schreiben, sollten Sie sich zunächst einmal ein gutes C-Grundwissen aneignen. Danach wird es Ihnen leichter fallen, grafische Programme, die mit dem Window-Manager zusammenarbeiten, zu schreiben. Unter Windows können Sie dann hierfür auf die

Win32-API zugreifen. In Verbindung mit Linux bieten sich die gtk-Bibliothek oder XWindow für eine grafische Oberfläche an.

> **Was ist das?**
>
> *Win32-API ist eine Sammlung von C-Funktionen, mit der Sie recht nah am Betriebssystem arbeiten. Für Einsteiger ist diese API aber nicht zu empfehlen.*

Bis dahin sollten Sie sich aber zunächst einmal mit Konsolenprogrammen beschäftigen, also unter Windows mit der Eingabeaufforderung, in einigen Windows-Versionen auch als MS-DOS-Eingabeaufforderung bezeichnet. Unter Linux handelt es sich um die Konsole oder das Terminal.

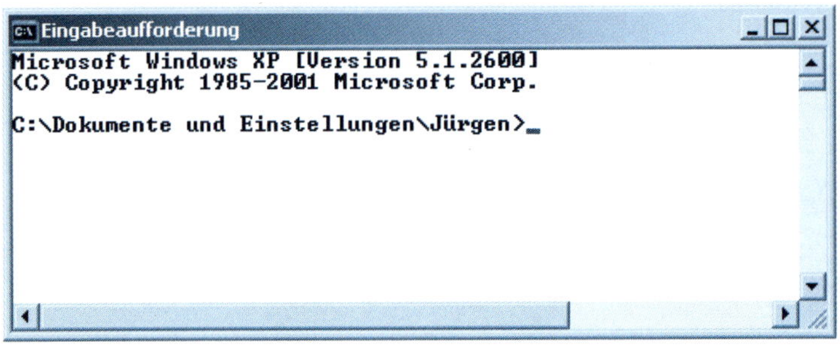

Wann kann ich mein erstes Programm selbst schreiben?

Dies ist eine häufig gestellte Frage, auf die man keine klare Antwort geben kann. Die Fähigkeit, programmieren zu können, impliziert nicht einfach, alle Schlüsselwörter und Funktionen einer Programmiersprache auswendig zu wissen. Weit wichtiger ist das Wissen darum, wie dies alles sinnvoll eingesetzt werden kann. Wenn Sie dieses Buch sorgfältig durcharbeiten, haben Sie den Grundstein für Ihre Programmierkarriere gelegt. Je mehr Sie die Theorie in der Praxis anwenden, desto besser werden Ihre Fortschritte sein. Auch hier werden Sie, wie im echten Leben, das Prinzip von Versuch und Irrtum verwenden müssen. Resignieren Sie nicht, wenn Sie einmal etwas nicht verstehen oder es nicht funktioniert – das ist normal; wenn Sie später alles noch einmal in Ruhe anschauen, löst sich vieles schnell in Wohlgefallen auf. Im Laufe der Zeit werden Sie immer mehr Aufgabenstellungen selbstständig umsetzen können.

Tipp

Stellen Sie sich den Herausforderungen. Besuchen Sie einschlägige Diskussionsforen und bitten Sie die Leute um Hilfe bei Ihrem Problem. Helfen Sie anderen bei ihren Problemen. Selbst die besten Programmierer haben irgendwann mal mit dem `Hallo Welt`*-Programm angefangen (das nachher vorgestellt wird).*

Kapitel 3

Wie man eigene Programme erstellt

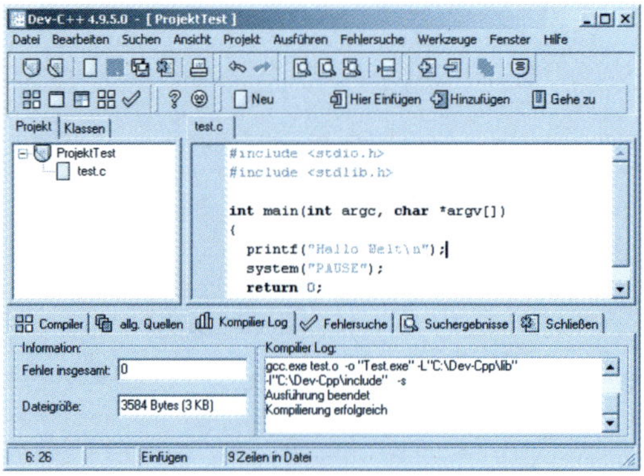

In diesem Kapitel geht es darum, sich mit einem Compiler vertraut zu machen. Dabei erfahren Sie, wie Sie eigene Programme auf den Systemen Windows und Linux erstellen. Unter Windows werden Sie den kostenlos erhältlichen Bloodshed Dev-C++-Compiler kennen lernen, der eine eigene Entwicklungsumgebung beinhaltet. Für Linux-Anwender gibt es zum GNU-C-Compiler eine kurze Einführung.

Bitte lesen Sie dieses Kapitel aufmerksam durch, denn die hier beschriebenen Techniken benötigen Sie, um die in den nachfolgenden Kapiteln beschriebenen Programme eingeben, ändern und starten zu können.

Das können Sie schon:

Das lernen Sie neu:

Verwendung des Bloodshed Dev-C++-Compilers

Der *Bloodshed Dev-C++* ist ein kostenloser Compiler für Windows mit einer leistungsfähigen Entwicklungsumgebung, der sich nicht vor den kommerziellen Produkten verstecken muss. Mit Einführung der Version 5 gibt es jetzt endlich auch eine deutschsprachige Benutzeroberfläche.

Sie können den Bloodshed Dev-C++-Compiler unter der Webadresse `http://www.bloodshed.net/dev/index.html` herunterladen.

Es wird davon ausgegangen, dass Sie den Compiler bereits heruntergeladen und installiert haben. Starten Sie den Compiler über das START-Menü. Daraufhin wird die Entwicklungsumgebung gestartet.

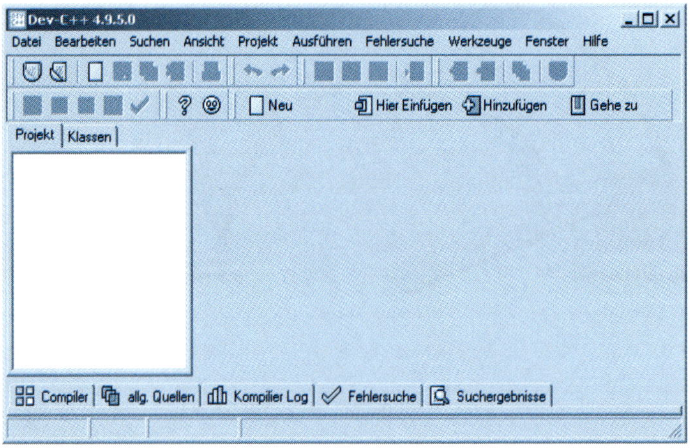

In den folgenden Schritten erfahren Sie, wie Sie ein neues Projekt anlegen, einen Quellcode eingeben und aus diesem eine ausführbare Datei erzeugen.

1 Wählen Sie DATEI/NEU/PROJEKT, woraufhin das Dialogfeld NEUES PROJEKT mit dem Register BASIC angezeigt wird.

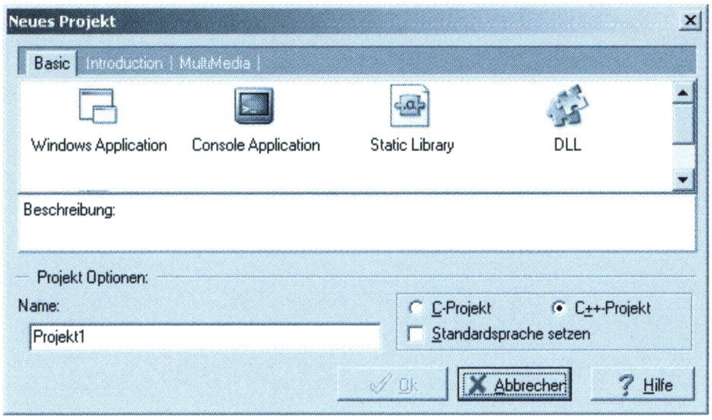

2 Klicken Sie das Symbol *Console Application* an. Tragen Sie im Eingabefeld NAME den Projektnamen (im Beispiel *ProjektTest*) ein und wählen Sie dann die Option C-PROJEKT. Daraufhin wird die OK-Schaltfläche aktiviert. Klicken Sie auf diese.

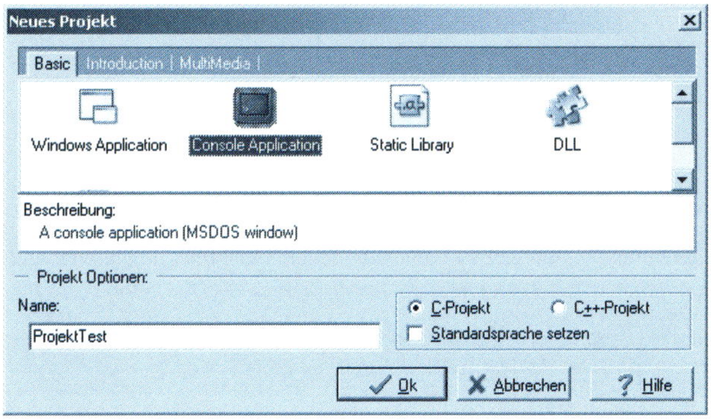

3 Speichern Sie das gerade angelegte Projekt mit der Erweiterung .dev in einem Verzeichnis Ihrer Wahl.

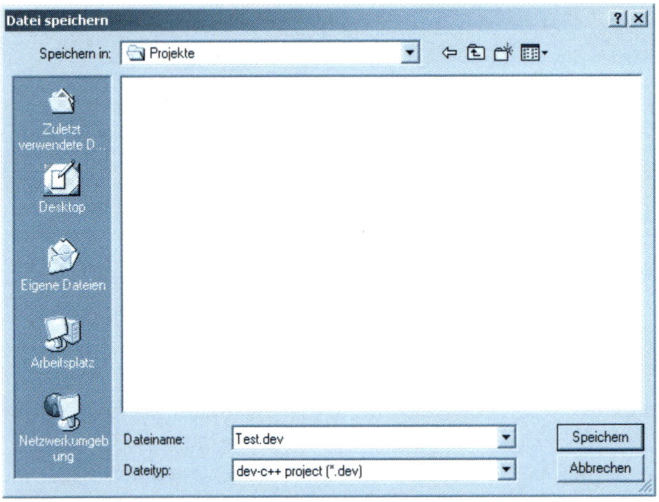

In der Entwicklungsumgebung sehen Sie jetzt ein Programmgrundgerüst mit dem Namen *main.c*. An dem Sternchen (*) neben MAIN.C können Sie erkennen, dass der Programmquellcode noch nicht gespeichert wurde.

Tipp

Dieses Grundgerüst befindet sich im Verzeichnis ...\Templates unter dem Namen ConsoleApp_c.txt. (Das Unterverzeichnis Templates finden Sie in dem Verzeichnis, in dem Sie den Bloodshed Dev-C++-Compiler installiert haben; standardmäßig lautet es C:\Dev-Cpp.)

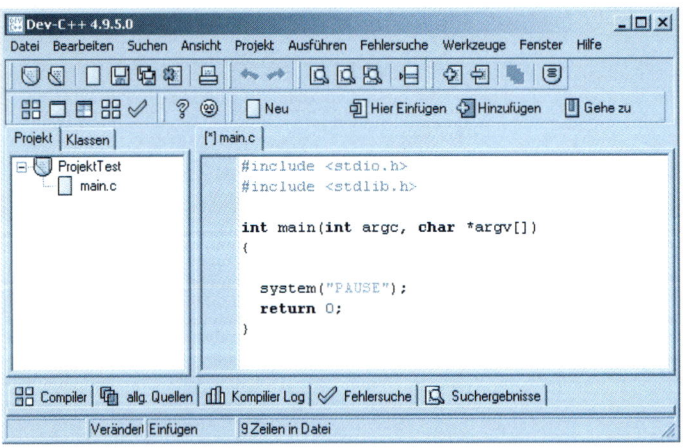

Hinweis

Die Zeile `system("PAUSE");` *sorgt dafür, dass das Konsolenfenster beim Ausführen und dem anschließenden Beenden des Programms nicht sofort wieder geschlossen wird. Die Zeile* `#include <stdlib.h>` *benötigt man für die Funktion* `system();` *sie ist eigentlich nicht Bestandteil des Hallo Welt-Grundgerüsts.*

4 Fügen Sie dem Quellcode folgende Zeile hinzu. Vergessen Sie dabei das Semikolon (;) am Zeilenende nicht (in C müssen Anweisungen mit einem Semikolon abgeschlossen werden):

```
#include <stdio.h>
#include <stdlib.h>

int main(int argc, char *argv[])
{
  printf("Hallo Welt\n");
  system("PAUSE");
  return 0;

}
```

Hinweis

Die Parameter `int argc` *und* `char *argv[]` *zwischen den Klammern der* `main()`*-Funktion können Sie auch entfernen; sie werden in diesem Buch nicht benötigt. (Diese Klammern dienen dazu, ein Programm mit Argumenten aus der Konsole aufzurufen, wodurch einem Programm besondere Werte übergeben werden können, mit denen zum Beispiel das Verhalten des Programms beeinflusst werden kann.)*

5 Speichern Sie den Programmquellcode unter dem Namen *test.c*.

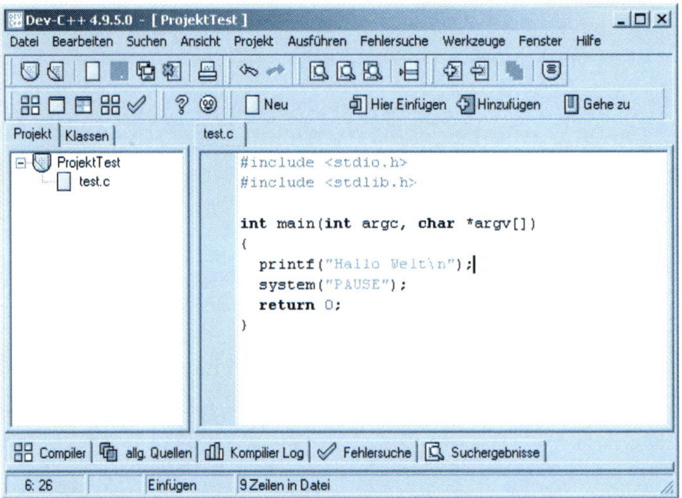

6 Wählen Sie AUSFÜHREN/KOMPILIEREN. Im unteren Bereich der Entwicklungsumgebung können Sie den Fortschritt der Kompilierung beobachten. Wenn Sie keinen Fehler gemacht haben, sieht alles folgendermaßen aus:

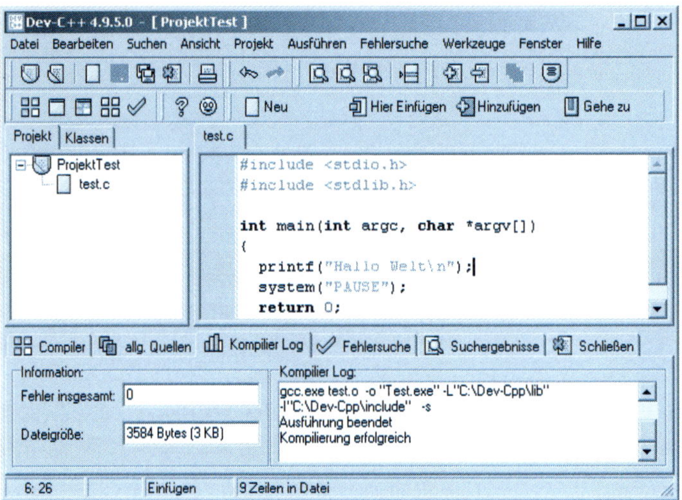

7 Starten Sie das Programm mit AUSFÜHREN/AUSFÜHREN.

Die Ausgabe `Drücken Sie eine beliebige Taste...` hat ihre Ursache im Funktionsaufruf `system("PAUSE")`.

> **Tipp**
>
> *Wenn Sie ein Programm kompilieren und danach sofort ausführen möchten, müssen Sie nicht jedes Mal zwei Kommandos hintereinander anwählen. Drücken Sie stattdessen einfach* [F9].

Ausführen von Programmen

Sie müssen ein selbst entwickeltes Programm aber nicht immer aus der Entwicklungsumgebung aufrufen und starten. Sie können ein Programm ebenso starten wie jedes andere Windows-Programm auch, indem Sie zum Beispiel im Windows-Explorer auf die entsprechende exe-Datei doppelklicken. Bei Konsolenprogrammen sieht man allerdings meist das Programm nur kurz aufflackern, da Windows Konsolenprogramme wieder schließt, sobald sie sich beenden. Zeilen wie `system("PAUSE");` baut man aber in der Regel nicht in ein fertiges Programm mit ein.

Daher ist die beste Lösung, ein Konsolenprogramm auszuführen, die (MS-DOS-)Eingabeaufforderung; für diese ist ein Konsolenprogramm auch konzipiert.

Hinweis

Sollten Sie vorhaben, die Programme immer aus der Konsole aufzurufen, sollten Sie folgende zwei Zeilen aus dem Programm entfernen:

```
#include <stdlib.h>
...
system("PAUSE");
```

Sie ersparen sich damit den Tastendruck nach jedem Beenden eines Konsolenprogramms.

Wenn Sie möchten, können Sie die Datei ConsoleApp_c.txt im Verzeichnis ...\Templates anpassen (das heißt dort diese beiden Zeilen entfernen). Auf diese Weise müssen Sie die Veränderungen nicht bei jedem neuen Projekt wiederholt durchführen.

1 Rufen Sie die (MS-DOS-)Eingabeaufforderung auf. Sie finden sie im START-Menü von Windows unter PROGRAMME oder PROGRAMME/ZUBEHÖR.

2 Wechseln Sie mit dem Befehl `cd` (change directory) in das Verzeichnis, in dem sich die exe-Datei befindet. Mit dem Befehl `dir` können Sie den Inhalt des Verzeichnisses ausgeben.

3 Rufen Sie das Programm aus der Konsole auf.

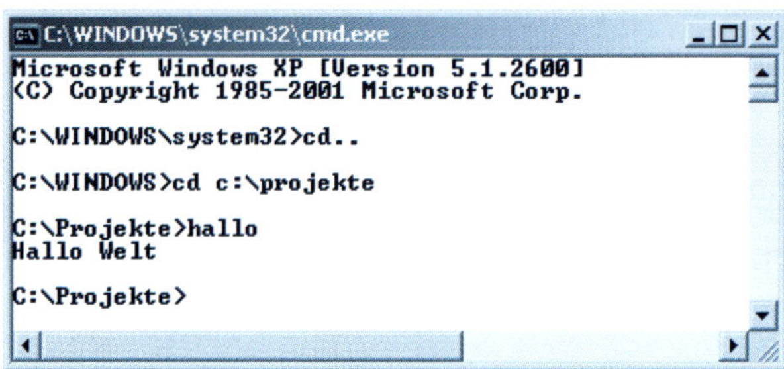

Verwendung des gcc-Compilers unter Linux

Als Beispiel zur Programmerstellung unter Linux wird hier der Kommandozeilen-Compiler *gcc* beschrieben. In der Regel ist dieser bereits auf Ihrem Linux-System installiert. Falls nicht, liegt er auf jeden Fall Ihrer Linux-Distribution bei.

1 Starten Sie einen Texteditor Ihrer Wahl (im Beispiel *KWrite*). Geben Sie das `Hallo Welt`-Programmbeispiel in den Editor ein und speichern Sie dieses in Ihrem Home-Verzeichnis unter dem Namen *hallo.c*.

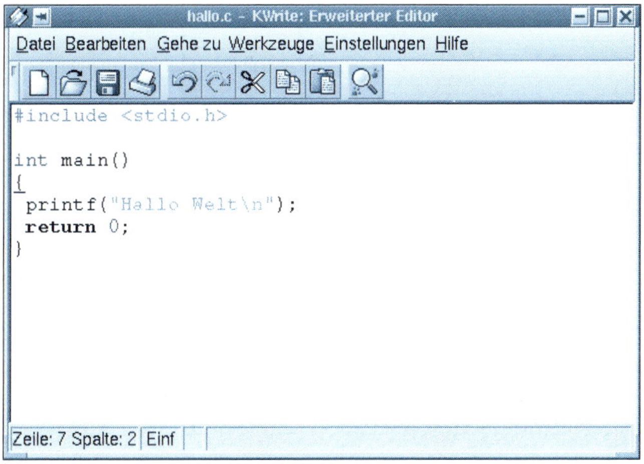

2 Öffnen Sie ein Konsolenfenster.

Wie das Konsolenfenster bei Ihnen aussieht und mit welchem Befehl Sie es aufrufen, hängt von der eingesetzten Linux-Distribution und dem verwendeten Window-Manager (KDE, Gnome etc.) ab. Meist befindet sich aber bereits nach der Installation ein Symbol zum Aufrufen der Konsole in der Taskleiste.

3 Wechseln Sie, falls nötig, in das Verzeichnis, in dem Sie die Datei *test.c* gespeichert haben.

Wie auch bei der Windows-Eingabeaufforderung können Sie in der Linux-Konsole das Verzeichnis mit dem Befehl `cd` wechseln. Beachten Sie dabei jedoch, dass die einzelnen Unterverzeichnisse unter Linux mit einem Slash (`/`) und nicht wie unter Windows mit einem Backslash (`\`) getrennt werden. Das Inhaltsverzeichnis können Sie mit dem Befehl `ls -l` auflisten.

4 Rufen Sie nun den gcc-Compiler von der Konsole mit dem Schalter `-o` auf und führen Sie das Programm aus.

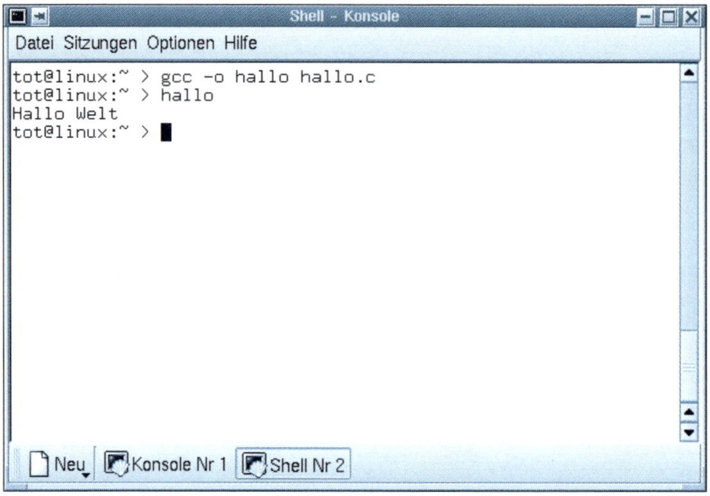

Hinweis

Sollte sich das Programm nicht wie in diesem Beispiel mit dem Programmnamen starten lassen, versuchen Sie es, indem Sie dem Programmnamen die Zeichenfolge ./ voranstellen (was nichts anderes bedeutet, als einen Bezug zum aktuellen Verzeichnis herzustellen):

```
./hallo
```

Anmerkung zu anderen Compilern

Neben den hier vorgestellten Compilern gibt es natürlich noch eine Menge weiterer. Alle bekannten Programme auch nur kurz zu erwähnen, würde bereits zu weit führen und ist auch nicht Intention dieses Buches. Das Hauptziel dieses Kapitels liegt mehr darin, Ihnen einen Compiler für die gängigsten Betriebssysteme in den Grundzügen vorzustellen, damit Sie die Programmbeispiele eingeben und übersetzen können.

Natürlich lassen sich die Beispielquellcodes auch in Verbindung mit jedem anderen C- bzw. C++-Compiler verwenden. Die Übersetzung von Programmen läuft auf anderen – auch kommerziellen – Compilern in aller Regel sehr ähnlich ab.

Kapitel 4

Ihr erstes C-Programm

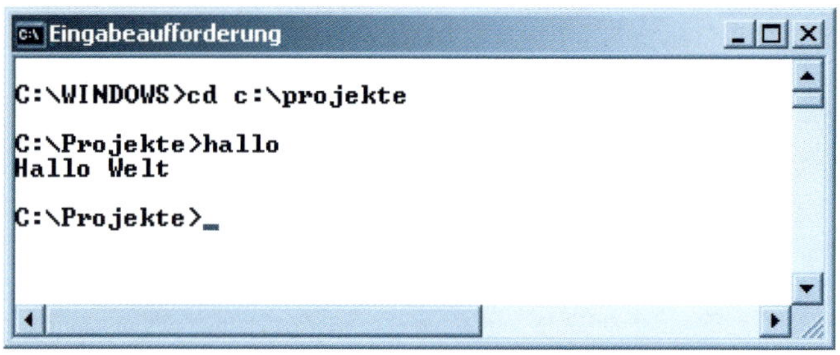

In Kapitel 3 haben Sie erfahren, wie ein Programmquellcode mit dem Compiler übersetzt wird. Jetzt ist es an der Zeit, sich einen ersten Überblick zu verschaffen, wie ein Programm aufgebaut ist. Dieser grundsätzliche Aufbau wird in diesem Kapitel anhand des bekannten `Hallo Welt`*-Programms erläutert, das traditionell das erste Programm ist, das ein Programmiereinsteiger schreibt.*

Das können Sie schon:

Das lernen Sie neu:

Der Programmcode zu Hallo Welt in C

Das erste Programm, um das es in diesem Kapitel geht, kennen Sie eigentlich schon, da es im vorigen Kapitel herangezogen wurde, um die wesentlichen Techniken bei der Bedienung des Compilers vorzustellen.

Jetzt aber soll der Quellcode selbst analysiert werden. Wenngleich das `Hallo Welt`-Programm nur aus wenigen Zeilen besteht, lässt sich einiges darüber sagen. Hier nochmals der vollständige Quellcode des Programms:

```
/* hallo.c - Das Hallo Welt-Programm in C */
#include <stdio.h>

int main()
{
  printf("Hallo Welt\n");
  return 0;
}
```

Headerdateien und Laufzeitbibliothek

Auf den nächsten Seiten wird das Programm zunächst Zeile für Zeile erläutert. In der ersten Zeile befindet sich ein so genannter Kommentar; das ist eine Anmerkung vom Programmierer, die vom Compiler ignoriert wird. Auf den Kommentar soll jetzt nicht weiter eingegangen werden. Sehen Sie sich nun die zweite Zeile des Programms an:

```
#include <stdio.h>
```

Mit dieser Zeile werden Sie wohl vorerst noch nicht viel anfangen können; sie sieht recht kryptisch aus. Die Zeile ist ziemlich wichtig, sie wird in allen Programmen dieses Buches verwendet und benötigt. Spätestens am Ende des Buches werden Sie die Zeile im Schlaf eintippen können.

Das Ganze jetzt aber genauer. `#include` ist eigentlich kein direkter Bestandteil der Sprache C, sondern ein Befehl für den so genannten Präprozessor.

Was ist das?

Der Präprozessor ist ein Teil des Compilers, der vor der Übersetzung des Quellcodes in den Maschinencode temporäre Änderungen am Quellcode vornimmt. Das heißt, der Präprozessor fügt Ihrem Quellcode etwas hinzu, das mit kompiliert wird, er entfernt aber auch etwas, sodass bestimmte Zeilen nicht mit kompiliert werden. Von diesen Vorgängen bekommen Sie nichts mit, da dies nur intern und nicht permanent erfolgt – im Editor wird also der Quellcode nicht verändert.

Anweisungen für den Präprozessor sind daran zu erkennen, dass sie mit dem Zeichen # beginnen. Entfernen Sie einmal die Zeile:

```
#include <stdio.h>
```

Kompilieren Sie dann den Quellcode erneut. Nun zeigt der Compiler eine Fehlermeldung an, etwa in der Form

```
hallo.cpp(5):'printf':nichtdeklarierter Bezeichner
```

oder

```
Error. function 'printf' should have a prototype.
```

Vielleicht verwundert Sie die Meldung – `printf` wird moniert, ist aber doch im Quellcode vorhanden. Auf diesen scheinbaren Widerspruch soll gleich eingegangen werden. Generell lässt sich feststellen, dass – da sich das Programm nicht einmal mehr erfolgreich kompilieren lässt – diese mit `#include` beginnende Zeile wichtig sein muss. Anhand der Fehlermeldung, die Sie erhalten haben, ergibt sich die Vermutung, dass `printf` und der Präprozessorbefehl irgendwie in Verbindung stehen. Darauf soll im folgenden Abschnitt noch eine wenig detaillierter eingegangen werden.

Headerdatei

Mit dem Präprozessorbefehl `#include` werden externe Dateien in den zu übersetzenden Programmcode temporär eingefügt. In diesem Fall wird die so genannte Headerdatei (wörtlich übersetzt »Kopfdatei«) *stdio.h* in das Programm kopiert.

Hinweis

Die Headerdateien befinden sich in der Regel in einem Verzeichnis namens include, das meist ein Unterverzeichnis des Verzeichnisses ist, in dem der C-Compiler installiert ist. Im Normalfall haben Headerdateien die Dateierweiterung .h oder .hpp.

Sie haben sicher schon im *include*-Verzeichnis nach der Datei *stdio.h* Ausschau gehalten. Natürlich können Sie sich diese Datei mit einem Texteditor oder mit dem Editor Ihres Compilers ansehen. Darin befinden sich noch viele weitere für Sie wohl kryptisch anmutende Zeilen. Bevor Sie daran zweifeln, ob die Programmierung wirklich das Richtige für Sie ist, kann ich Sie beruhigen. Am Ende dieses Buches werden Sie imstande sein, die einzelnen Zeilen zu verstehen und der Inhalt wird ihnen nicht mehr kryptisch vorkommen.

Namensdeklaration in der Headerdatei

Führen Sie nun Ihre Recherche fort, indem Sie in der Headerdatei *stdio.h* nach dem bei der Kompilierung monierten `printf()` suchen. Die Zeile `printf()` sieht dabei in etwa wie folgt aus:

```
int printf (const char* szFormat, ...);
```

Jetzt wissen Sie, dass `printf()` in der Headerdatei *stdio.h* enthalten ist. Aber wozu ist das gut? Um die Funktion `printf()` im Programmcode zu verwenden, müssen Sie den Compiler erst einmal mit diesem Namen und weiteren Details bekannt machen. Man spricht dabei vom Deklarieren.

Die C-Laufzeitbibliothek

Eine Headerdatei ist eine Sammlung von Deklarationen, um eine zu Grunde liegende Bibliothek nutzen zu können.

Was ist das?

Eine Bibliothek enthält eine Sammlung von Funktionen, die im Allgemeinen immer wieder benötigt werden. Das Konzept der Bibliotheken liegt darin, bei wiederkehrenden Aufgabenstellungen nicht jedes Mal den Programmcode völlig neu entwickeln zu müssen. Sie nutzen das Vorhandene in Form von Bibliotheken; das spart Zeit bei der Entwicklung und sorgt für Transparenz im Quellcode, da Sie sich auf das Wesentliche beschränken können – auf die Tätigkeiten, die das spezifische Programm erledigen soll. Sie müssen sich nicht mit Dingen beschäftigen, die immer wieder gebraucht werden. Im Lieferumfang des Compilers befindet sich eine ganze Reihe von Bibliotheken, die meist als Laufzeitbibliotheken bezeichnet werden und wichtige Standardfunktionen enthalten. Sie können aber auch eigene Bibliotheken schreiben und diese auch an andere Programmierer weitergeben.

Jede Funktion der Bibliothek besitzt einen eigenen Namen. Ein Beispiel ist die Funktion `printf()`, die sich in einer Laufzeitbibliothek befindet.

Stellt sich noch die Frage, welche Komponente sich darum kümmert, dass die Funktion `printf()` von der Laufzeitbibliothek im Programm eingebunden wird. Es ist der Linker, wie die wörtliche Übersetzung von Linker – »Binder« – bereits andeutet.

Jetzt erscheint Ihnen die `include`-Zeile sicher nicht mehr so fremd. Wenn man den Ablauf, den diese eine Zeile bewirkt, kurz zusammenfasst, werden Sie überrascht sein, wie einfach die damit verbundenen Vorgänge doch eigentlich sind:

```
#include <stdio.h>
```

Spreche den Präprozessor an (`#`), kopiere (`include`) von der Headerdatei (*stdio.h*) die Namensdeklarationen (`printf()` und andere) ins Programm, damit der Linker Kenntnis davon erhält, welche Funktionen er aus der Laufzeitbibliothek verwenden soll.

Die Hauptfunktion – main()

Auf zur nächsten Zeile des Programms. Diese stellt gewissermaßen den Einsprungspunkt für das Programm dar, wenn es ausgeführt wird. Ohne diese Zeile könnte man kein ausführbares Programm erzeugen.

```
int main()
{
}
```

Die Zeile `int main()` bildet einen Funktionskopf, der vom Compiler für C-Programme so vorgegeben ist. Wie man aus dem Namen `main()` bereits ableiten kann, handelt es sich hierbei um die Hauptfunktion des Programms. Wenn Sie das Programm starten, geht es ab hier los. Jedes C-Programm benötigt eine `main()`-Funktion.

Anweisungen und Anweisungsblöcke

Dem Funktionskopf `int main()` folgt ein Anweisungsblock, der in geschweiften Klammern zusammengefasst wird. Alles, was die Funktion `main()` verrichten soll, wird in diesem Anweisungsblock angegeben. Den Anfang eines Anweisungsblocks erkennen Sie an einer geöffneten geschweiften Klammer ({) und das Ende an einer schließenden geschweiften Klammer (}).

Alle Befehle, die sich in diesem Anweisungsblock befinden, werden Anweisungen genannt. Es gilt also: Geschweifte Klammern fassen Anweisungen zu einem Block zusammen.

Ausgabe mit printf()

Welche Anweisungen werden hier im Anweisungsblock der `main()`-Funktion ausgeführt?

```
int main()
{
  printf("Hallo Welt\n");
  return 0;
}
```

Von der Anweisung `printf()` wissen Sie ja bereits, dass sie in der Headerdatei *stdio.h* deklariert ist und ohne diese Headerdatei nicht ausführbar ist. Was macht aber diese Funktion?

Mit `printf()` können Sie eine Kette von Zeichen, die zwischen zwei doppelten Anführungszeichen (") stehen, formatiert an die Standardausgabe leiten.

Was ist das?

Formatierte Ausgabe bedeutet, dass nicht nur reiner Text ausgegeben werden kann, so wie Sie ihn innerhalb der beiden Anführungszeichen eingesetzt haben, sondern dass dieser auch über Steuerzeichen formatiert werden kann (dazu später mehr). Der Text innerhalb der beiden Anführungszeichen wird auch als Stringkonstante bezeichnet.

Hinweis

Mit der Standardausgabe ist im Normalfall der Bildschirm gemeint. Es ist aber auch möglich, diese Ausgabe umzuleiten.

Das Zeichen `\n` in der Zeichenkette erzeugt auf dem Bildschirm einen Zeilenvorschub, so wie er auch durch Drücken von [↵] ausgelöst wird. Solche nicht druckbaren Zeichen werden Steuerzeichen oder auch Escape-Sequenzen genannt.

Das Ende einer Anweisung

Jetzt zum Semikolon (`;`) am Ende von `printf()`. Es wird dazu verwendet, um das Ende einer Anweisung zu kennzeichnen. Der Compiler weiß dadurch, dass sich an dieser Stelle das Ende der Anweisung `printf()` befindet und führt diese Anweisung aus. Danach setzt das Programm die Ausführung in der nächsten Zeile bzw. mit der nächsten Anweisung fort.

Achtung

Anweisungen, denen kein Anweisungsblock folgt, müssen immer mit einem Semikolon abgeschlossen werden.

Das Programm sauber beenden

In der letzten Zeile des Anweisungsblocks befindet sich der Rückgabewert der `main()`-Funktion, der immer angegeben werden muss.

```
int main()
{
  printf("Hallo Welt\n");
  return 0;
}
```

Hinweis

In C wird verlangt, dass die `main()`*-Funktion mit einer* `return`*-Anweisung beendet wird.*

Mit `return 0` erreicht man hier, dass die Funktion `main()` den Wert `0` zurückgibt. Dies bedeutet, dass ein Programm sauber beendet wurde. Es ist im Grunde meist nichts anderes als eine Formalität. Natürlich wird diese Anweisung auch mit einem Semikolon abgeschlossen.

Kommentare setzen

Mit Kommentaren haben Sie die Möglichkeit, Ihren Programmcode näher zu erläutern, wovon Sie speziell bei größeren Projekten auch Gebrauch machen sollten.

Einzeilige und mehrzeilige Kommentare

Es gibt zwei Varianten, Kommentare in einem C-Programmquellcode anzubringen:

- Wenn sich ein Kommentar nur über eine Zeile erstrecken soll, verwenden Sie die Zeichenfolge `//`. Alles was sich dahinter befindet, wird vom Compiler ignoriert.
- Um mehrzeilige Kommentare zu erzeugen, setzen Sie diese zwischen die Zeichenfolgen `/*` und `*/`.

Hinweis

Kommentare werden vor der Übersetzung vom Präprozessor entfernt. Kommentare haben damit keine Auswirkung auf die Größe des kompilierten Programms – also auf die Größe der exe-Datei und den Arbeitsspeicherverbrauch. Daher können Sie Kommentare nach Belieben einsetzen, ohne sich Gedanken hinsichtlich des Speicherverbrauchs machen zu müssen.

```
/******************************
 *         hallo.cpp          *
 ******************************/
#include <stdio.h>

int main()    //Hier beginnt das Hauptprogramm
{
  printf("Hallo Welt\n");
  return 0;
}
```

Wann sind Kommentare sinnvoll?

Normalerweise sind Kommentare immer sinnvoll, vor allem bei größeren Projekten, damit Sie auch später noch wissen, was im Einzelnen im Programm geschieht. Kommentare sind auch wichtig, damit andere Programmierer Ihren Code leichter verstehen können. Gehen Sie immer davon aus, dass Ihr Programm einmal von anderen weiterentwickelt wird oder anderweitig verstanden werden muss. Wenn mehrere Programmierer an einem größeren Projekt arbeiten, trifft dies unmittelbar zu.

Was Sie kommentieren, bleibt natürlich Ihnen überlassen. Sie können jede Zeile erklären oder fast gar nichts. Sie werden nach und nach ein Gefühl dafür bekommen, wo Kommentare Sinn ergeben und wo nicht.

In den Beispielen der folgenden Kapitel werden Sie immer wieder mal auf ein paar Kommentare im Programmcode stoßen.

Programmierstil

Im Laufe der Zeit werden Sie einen eigenen Programmierstil entwickeln. Damit ist primär die Anordnung des Programmcodes gemeint, den Sie schreiben.

```
#include <stdio.h>

int main() {
   printf("Hallo Welt\n");
   return 0;
}
```

In diesem Beispiel sehen Sie eine alternative, kürzere Darstellung, wie Sie den Quellcode überschaubar halten können.

Der Quellcode lässt sich noch weitaus stärker komprimieren, was aber nicht empfehlenswert ist:

```
#include <stdio.h>
int main() { printf("Hallo Welt\n"); return 0; }
```

In derartig aufgebauten Programmen geht schnell die Übersicht verloren, sodass eine Wartung oder Erweiterung nur noch schwer möglich ist. Daher sollten Sie folgende Regeln für einen guten Programmierstil beherzigen:

- Eine Anweisung pro Zeile genügt. Dies hilft Ihnen, Tippfehler schneller zu finden.
- Anweisungsblöcke sollten eingerückt werden. Besonders wenn mehrere Anweisungsblöcke ineinander verschachtelt werden, erhöht dies die Übersichtlichkeit enorm.
- Kommentieren Sie Ihren Quellcode. Verwenden Sie lieber einen Kommentar zu viel als einen zu wenig.

Programmausführung

Wie Sie ein Programm übersetzen und es zur Ausführung bringen, wissen Sie bereits. Wenn Sie das Programm ausführen lassen, startet dieses mit dem Aufruf der `main()`-Funktion. Beginnend mit der ersten Anweisung der `main()`-Funktion werden alle Anweisungen der Reihe nach, von oben nach unten, ausgeführt. Wurden alle Anweisungen innerhalb der `main()`-Funktion ausgeführt, beendet sich das Programm.

Hinweis

Wenn ein Programmablauf von oben nach unten ausgeführt wird, spricht man von einem iterativen Programmablauf.

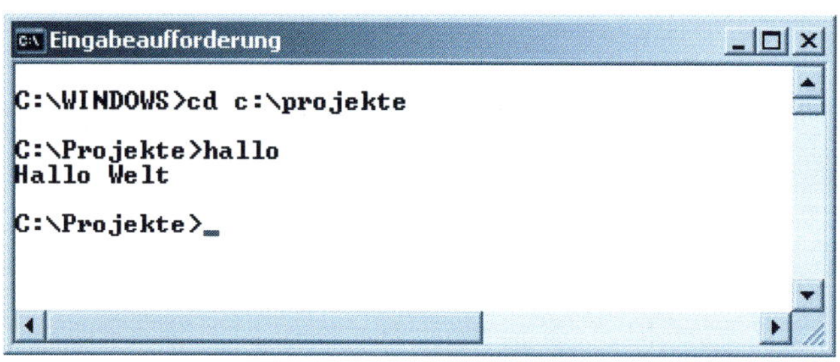

Eine kleine Erfolgskontrolle

Bevor Sie mit Kapitel 5 fortfahren, sollten Sie die folgenden Fragen beantworten können.

1. Was sind Headerdateien und wie werden diese in den Programmcode integriert?
2. Kann man ein Programm ohne eine `main()`-Funktion erstellen?
3. Was ist ein Anweisungsblock?
4. Womit wird eine Anweisung beendet?

Kapitel 5

Mit Zahlen und Zeichen arbeiten

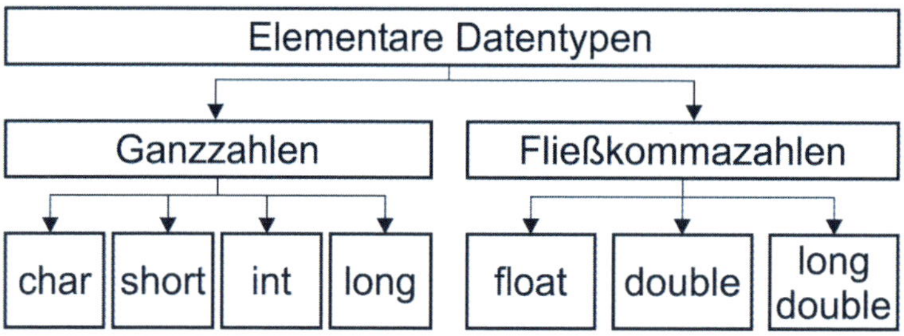

Sicherlich wissen Sie schon, dass Programme Zahlen und Texte verarbeiten können. Schließlich ist ein Computer auch für Berechnungen sowie die Verarbeitung von Daten gedacht. Aber wie werden Zahlen im Computer repräsentiert? Und wo werden diese abgelegt? Vor allem dürfte es Sie interessieren, wie mit diesen Zahlen gerechnet wird. Außerdem stellt sich die Frage, auf welche Weise Zeichen wie »A«, »B« oder »C« dargestellt werden.

Das können Sie schon:

Das lernen Sie neu:

Variablen

Wenn man mit Daten arbeiten will, benötigt man eine Art Behälter, in dem diese Daten abgelegt und jederzeit wieder herausgeholt werden können. Für solch eine Aufgabe gibt es die Variablen.

Wie man am Namen schon erkennen kann, ist eine Variable *variabel*, also veränderlich. Dazu ein Beispiel aus dem realen Leben.

Kurz vor einem Wochenendbesuch bei Oma Rosi überprüfen Sie mal wieder Ihr Körpergewicht. Die Waage bleibt bei zufriedenstellenden 80 Kilogramm stehen. Nach dem Wochenende mit viel Kaffee und Kuchen zeigt die Nadel 83 Kilogramm an. Sie sehen also, dass Ihr Körpergewicht so eine Art Variable ist, deren Wert sich ändern kann. Um mehrere Personen abzudecken, könnte man auch für das Gewicht dieser Personen Variablen einführen. Folgender Stand der zugehörigen Variablen ergibt sich vor dem Wochenende:

```
Gewicht Onkel Paul = 85
Gewicht Tante Eva = 68
```

Nach einem kalorienreichen Wochenende müssen die Werte der Variablen geändert werden:

```
Gewicht Onkel Paul = 87
Gewicht Tante Eva = 70
```

Achtung

Im Unterschied zu bestimmten Parametern im realen Leben wie dem Körpergewicht, das sich ein Leben lang ausdrücken lässt, haben Variablen im Computer eine im Allgemeinen recht kurze Lebensdauer. Eine Variable existiert höchstens so lange wie die Laufzeit des Programms, also so lange, wie das Programm ausgeführt wird. Spätestens, wenn das Programm beendet ist, stehen die Variablen nicht mehr zur Verfügung.

Datentypen

In C beginnt eine Variablendeklaration mit einer Angabe des Datentyps, damit der Compiler weiß, welche Art von Daten er speichern soll. Bei `Gewicht Onkel Paul` und `Gewicht Tante Eva` kann derselbe Datentyp verwendet werden, da in beiden Fällen das Körpergewicht gespeichert wird. C bietet eine ganze Reihe von Datentypen, die für unterschiedliche Arten von Daten konzipiert sind, sodass sich die verschiedensten Dinge speichern lassen.

Datentypen für Ganzzahlen

Zunächst zu den Ganzzahlen. Es gibt in C drei Datentypen, mit denen man Ganzzahlen speichern kann.

> **Was ist das?**
>
> *Eine Ganzzahl ist eine Zahl, die per Definition keine Nachkommastellen hat, zum Beispiel* `7`, `8` *oder* `-999`*. Zwischen zwei aufeinander folgenden Zahlen gibt es also keine Zwischenwerte, nach 7 kommt 8.*

Warum benötigt man drei verschiedene Datentypen für Ganzzahlen? Schließlich bleibt eine ganze Zahl eine ganze Zahl. Der Unterschied liegt im Wertebereich und dem daraus resultierenden Platzbedarf der Variablen im Arbeitsspeicher.

> **Was ist das?**
>
> *Den Wertebereich kann man sich als einen Bereich auf einer numerischen Skala mit einem Anfangswert und einem Endwert vorstellen. Der entsprechende Wertebereich kennt nur Werte zwischen diesem Anfangswert und diesem Endwert. Alle anderen Werte sind ungültig. Beispielsweise könnte der Anfangswert -32768 und der Endwert +32767 betragen. Somit sind Werte wie -30000 oder +30000 abgedeckt, kleinere Werte als der Anfangswert wie -40000 oder größere als der Endwert wie +40000 sind dagegen unzulässig. Es leuchtet ein, dass für größere Wertebereiche mehr Speicherplatz erforderlich ist, da mehr Speicherstellen im Computer benötigt werden. (Sie erinnern sich, dass alles auf zwei Werte – 0 und 1 – reduziert zu sehen ist – also auf Bits – und mit 32 Bit kann man folglich mehr Daten speichern als mit 16 Bit.) Gleichzeitig sind Datentypen, die auf kleineren Wertebereichen basieren, im Allgemeinen schneller als Datentypen mit größeren Wertebereichen, da bei ersteren weniger Daten verarbeitet werden müssen, der Verwaltungsaufwand daher geringer ist.*

Was ist das?

Der Arbeitsspeicher, auch RAM (Random Access Memory) genannt, ist ein flüchtiger Speicher, der vom Prozessor oder anderen Hardwaregeräten gelesen und beschrieben werden kann. Flüchtig bedeutet, dass der Speicherinhalt beim Ausschalten des Computers und auch durch Drücken der Reset-Taste verloren geht. Verglichen mit datenträgerorientierten Speichern wie der Festplatte kann auf den Arbeitsspeicher weitaus schneller zugegriffen werden. Im Arbeitsspeicher werden die Programme abgearbeitet und auch die bearbeiteten Daten zwischengespeichert.

Was ist das?

Ein Bit ist die kleinste Informationseinheit, die der Computer darstellen kann. Ein Bit kann entweder den Wert 1 (wahr) oder den Wert 0 (falsch) annehmen.

In der folgenden Tabelle finden Sie die Namen der einzelnen Datentypen für Ganzzahlen und den zugehörigen Wertebereich, den sie abdecken:

Name	Wertebereich von ...	Wertebereich bis ...
`short`	-32768	+32767
`int`	-2147483648	+2147483647
`long`	-2147483648	+2147483647

Hinweis

Auf 32-Bit-Systemen (ab Windows 95 und Linux) besteht zwischen den Datentypen `int` und `long` kein Unterschied. Auf 16-Bit-Systemen wie MS-DOS oder Windows 3.x dagegen hat der Datentyp `int` einen kleineren Wertebereich, nämlich den des Datentyps `short`.

Achtung

Sollten Sie Programme schreiben, die auf 16-Bit- und 32-Bit-Computern laufen sollen, verzichten Sie ganz auf den Datentyp `int` *und verwenden nur die Datentypen* `short` *und* `long`*. Denn diese beiden Datentypen haben auf allen Systemen einen zuverlässigen Wertebereich.*

Was ist das?

Die Bezeichnung 16-Bit- oder 32-Bit-Computer bezieht sich auf die Wortgröße (Grundarbeitseinheit) des Prozessors. Dies sind die Anzahl der Bits, die gleichzeitig über einen Datenbus – vom und zum Prozessor – übertragen werden können.

Variablen deklarieren

Um mit Variablen arbeiten zu können, müssen diese erst einmal dem Compiler bekannt gemacht werden. Dies geschieht folgendermaßen:

```
Datentyp Var;
```

Mit der Angabe `Datentyp` teilt man dem Compiler mit, welche Art von Daten er speichern soll. Ein Beispiel für den Datentyp ist `int`.

Mit `Var` geben Sie einen eindeutigen Namen für die Variable an. Mit diesem Namen kann man jederzeit auf die Variable zugreifen. Folgende Regeln sind dabei zu beachten:

- Der Name der Variablen darf Buchstaben und Ziffern enthalten. Das erste Zeichen darf keine Ziffer sein. Umlaute, ß, Leerzeichen und Sonderzeichen (ausgenommen der Unterstrich (_)) sind nicht erlaubt. Hier einige Beispiele für reguläre Variablennamen:

  ```
  meineVar
  meine_Var
  MeineVar5
  ```

  Hier noch einige Beispiele für Namen, die für Variablen nicht zulässig sind:

  ```
  5meineVar
  meine#Var
  meine Var
  ```

- C unterscheidet zwischen Groß- und Kleinschreibung. Dies bedeutet, dass `VAR`, `var` und `vAr` unterschiedliche Variablen darstellen.
- Bei einer Variablendeklaration darf im selben Anweisungsblock ein Name nur einmal verwendet werden. Lautet der Variablenname zum Beispiel `vorname`, so darf vorname nicht mehr im selben Anweisungsblock deklariert werden, wohl aber in einem anderen Anweisungsblock.

Tipp

Verwenden Sie einen möglichst aussagekräftigen Variablennamen, der aber nicht zu lang ist. Für so genannte Hilfsvariablen, in denen keine wichtigen Daten abgelegt werden, ist es ausreichend, die Variablen mit einzelnen Buchstaben zu benennen, wobei traditionell meist die Buchstaben `i`, `j` oder `z` verwendet werden.

Jetzt werden Sie Schritt für Schritt eine Variablendeklaration vornehmen:

1 Beginnen Sie ein neues Programm (siehe Kapitel 3).

2 Schreiben Sie folgendes Programmgerüst:

```
/* Beispiel zur Variablendeklaration */
#include <stdio.h>

int main()
{

  return 0;
}
```

3 Geben Sie den Datentyp für die einzurichtende Variable ein.

```
/* Beispiel zur Variablendeklaration */
#include <stdio.h>

int main()
{
  int
  return 0;
}
```

Hier teilen Sie dem Compiler mit, dass dieser eine Variable einrichten soll, in der Ganzzahlen im Wertebereich des Datentyps `int` abgelegt werden können.

4 Geben Sie einen eindeutigen Namen für die Variable an.

```
/* Beispiel zur Variablendeklaration */
#include <stdio.h>

int main()
{
  int var;
  return 0;
}
```

> **Achtung**
>
> *Deklarationen müssen Sie ebenso wie Anweisungen mit einem Semikolon abschließen.*

Der Variablen einen Wert übergeben

Der nächste – logisch folgende – Schritt besteht darin, der Variablen einen Wert zu übergeben. Dies funktioniert folgendermaßen:

1 Beginnen Sie ein neues Programm (siehe Kapitel 3).

2 Schreiben Sie folgendes Programmgerüst.

```
/* Beispiel zum Zuweisen von Werten*/
#include <stdio.h>

int main()
{

  return 0;
}
```

3 Definieren Sie Variablen vom Typ `short`, `int` und `long`.

```
/* Beispiel zum Zuweisen von Werten*/
#include <stdio.h>
int main()
{
  short s_zahl;
  int i_zahl;
  long l_zahl;

  return 0;
}
```

4 Nun weisen Sie mit dem =-Operator den einzelnen Variablen einen Wert zu.

```
/* Beispiel zum Zuweisen von Werten*/
#include <stdio.h>

int main()
{
  short s_zahl;
  int i_zahl;
  long l_zahl;

  s_zahl = 123;
  i_zahl = 12345;
  l_zahl = 1234567;

  return 0;
}
```

Hinweis

Der =-Operator wird als Zuweisungsoperator bezeichnet.

Alternativ zu Schritt 4 könnten Sie eine Variable auch direkt bei der Deklaration initialisieren.

Was ist das?

Unter dem Initialisieren einer Variablen versteht man eine Erstbelegung bei der Deklaration der Variablen. Dabei werden Deklaration und Zuweisung in einer Anweisung zusammengefasst. Dazu ein Beispiel:

```
/* Beispiel zum Zuweisen von Werten*/
#include <stdio.h>

int main()
{
  short s_zahl = 123;
  int i_zahl = 12345;
  long l_zahl = 1234567;

  return 0;
}
```

Den Wert einer Variablen ausgeben

Das Speichern von Variablen ergibt natürlich nur dann Sinn, wenn man später im Programm wieder darauf zugreifen kann. Hier im Beispiel sollen die in den Variablen enthaltenen Daten auf dem Bildschirm ausgegeben werden.

5 Fragen Sie den Wert der Variablen ab und geben Sie diesen formatiert mit der Funktion `printf()` auf dem Bildschirm aus.

```
/* Beispiel zum Zuweisen und Ausgeben von Werten*/
#include <stdio.h>

int main()
{
  short s_zahl = 123;
  int i_zahl = 12345;
  long l_zahl = 1234567;

  printf("Wert von s_zahl: %d\n",s_zahl);
  printf("Wert von i_zahl: %d\n",i_zahl);
  printf("Wert von l_zahl: %ld\n",l_zahl);

  return 0;
}
```

6 Kompilieren Sie das Programm und führen Sie es aus.

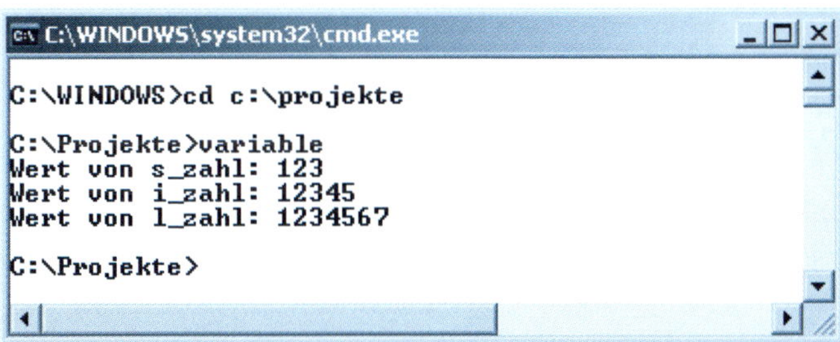

Damit die Anweisung `printf()`den gespeicherten Wert der Variablen ausgibt, verwendet man einen Formatbezeichner innerhalb der Stringkonstanten, der mit einem Prozentzeichen beginnt und dem ein Buchstabe folgt, der das Format spezifiziert, das ausgegeben werden soll. Das `d` steht in diesem Fall für das Format »dezimale Ganzzahl« und `ld` für »lange dezimale Ganzzahl« (ähnlich den zu Grunde liegenden Datentypen für Ganzzahlen). Der Compiler weiß hierdurch, dass an dieser Stelle eine Ganzzahlvariable kommt. Danach sieht der Compiler hinter der Stringkonstanten nach, um welche Variable es sich dabei handelt, und ersetzt den Formatbezeichner mit dem Inhalt, der in dieser Variablen gespeichert ist. Für `printf()` folgen noch in Kapitel 6 detaillierte Erläuterungen.

> **Achtung**
>
> *Greifen Sie auf eine Variable zu, der noch kein Wert zugewiesen wurde, kann das Programm zwar ausgeführt werden; der in der Variablen enthaltene Wert ist aber undefiniert.*

Einer Variablen den Wert einer anderen Variablen übergeben

Es ist natürlich auch möglich, den Inhalt einer bereits initialisierten Variablen einer anderen Variablen zuzuweisen.

```
/* Beispiel zum Zuweisen einer Variablen */
#include <stdio.h>

int main()
{
  int zahl1 = 4111;
  int zahl2;

  zahl2 = zahl1;  /* zahl2 = 4111 */

  printf("Wert von zahl1 : %d\n",zahl1);
  printf("Wert von zahl2 : %d\n",zahl2);
  return 0;
}
```

In diesem Beispiel besitzen beide Variablen den Wert `4111`. Dies kommt durch die folgende Zeile zustande:

```
zahl2 = zahl1;
```

Dabei wird der Variablen `zahl2` der Wert der Variablen `zahl1` zugewiesen.

> **Hinweis**
>
> *Wenn Sie mehrere Variablen vom selben Datentyp deklarieren, reicht es aus, wenn Sie den Datentyp nur einmal angeben und die einzelnen Variablennamen dahinter durch Kommata trennen:*
>
> ```
> int zahl1, zahl2, zahl3;
> ```

Wie Ganzzahlen verwaltet werden

Am Anfang des Buches haben Sie erfahren, dass der Computer nichts anderes als die Zahlen Eins und Null kennt. Dies hat auch entsprechende Auswirkungen auf die Datentypen. Die in einem bestimmten Datentyp abgelegten Variableninhalte müssen entsprechend durch 0- und 1-Werte abgebildet werden. Dieser Abschnitt ist nicht entscheidend für den weiteren Verlauf dieses Buches und kann auch übersprungen werden. Aber ein Blick hinter die Kulissen kann nicht schaden.

Wenn Sie eine Variable im Programm deklarieren, wird dafür im Arbeitsspeicher Platz reserviert. Übergeben Sie der Variablen einen Wert, wird ihr dieser Wert im Speicher zugewiesen. Greifen Sie auf den Wert der Variablen zu, wird dieser aus dem Speicherbereich ausgelesen.

Hinweis

Bei diesem Speicherbereich handelt es sich um eine Adresse im Arbeitsspeicher.

Es stellt sich die Frage, wie das Speichern beliebiger Werte ausschließlich mit 0- und 1-Werten realisiert wird. Dies soll am Beispiel des Datentyps `short` erläutert werden. Die Größe des Datentyps `short` beträgt – wie Sie bereits erfahren haben – 16 Bit. Dazu muss man wissen, dass jeweils 8 Bit zu einem Byte zusammengefasst werden, der nächstgrößeren Speichereinheit nach dem Bit. Damit benötigt der Datentyp `short` 2 Byte im Arbeitsspeicher. Dies soll näher betrachtet werden:

Ich bin 2 Byte groß und vom Typ short

In diesen 2 Byte befinden sich 16 einzelne Bits:

Ich bin 2 Byte groß und vom Typ short															
16	15	14	13	12	11	10	9	8	7	6	5	4	3	2	1

Jedes dieser einzelnen Bits kann einen Wert von Eins oder Null darstellen:

Ich bin 2 Byte groß und vom Typ short															
16	15	14	13	12	11	10	9	8	7	6	5	4	3	2	1
0	0	0	0	0	0	0	0	0	0	0	0	0	0	0	0

Mit folgender Bitdarstellung weist die `short`-Variable den Wert `11` auf:

Ich bin 2 Byte groß und vom Typ short															
16	15	14	13	12	11	10	9	8	7	6	5	4	3	2	1
0	0	0	0	0	0	0	0	0	0	0	0	1	0	1	1

Um dies nachzuvollziehen, müssen Sie die Zweierpotenzen von rechts nach links addieren, wobei Sie nur dann addieren, wenn das Bit gesetzt ist (also 1 ist). Achten Sie auch darauf, dass die Zählung dabei mit 0 beginnt (0 bis 15) und nicht wie in der Grafik oben mit 1 (1 bis 16).

Die Zweierpotenz ganz rechts ist also $2^0=1$, die daneben $2^1=2$, danach folgen $2^2=4$, $2^3=8$, $2^4=16$, $2^5=32$, $2^6=64$, $2^7=128$, $2^8=256$, $2^9=512$, $2^{10}=1024$ usw. Im Beispiel ergibt sich:

$1*2^0 + 1*2^1 + 0*2^2 + 1*2^3 + 0*2^4 \ldots = 1+ 2 + 0 + 8 = 11$

Hinweis

Das Dezimalsystem, das Sie im täglichen Leben gewohnt sind, ist eigentlich vom Zahlensystem des Computers mit seinen zwei Werten (das auch als Binärsystem bezeichnet wird) gar nicht so grundverschieden. Das Dezimalsystem arbeitet aber mit Zehnerpotenzen.

Beispielsweise wird die Zahl 912340 folgendermaßen durch Potenzen ausgedrückt.

$9*10^5 + 1*10^4 + 2*10^3 + 3*10^2 + 4*10^1 + 0*10^0 = 912340$

Hinweis

In diesem Abschnitt wurde der Datentyp `short` *verwendet. Bei den Datentypen* `int` *und* `long` *verhält es sich genauso, nur setzen sich die Werte aus 32 Bit zusammen (also 4 Byte).*

Datentypen für Fließkommazahlen

Im realen Leben kommt man meistens recht gut mit Ganzzahlen aus. Das Gegenstück zu Ganzzahlen sind gebrochene Werte, also Werte mit Nachkommastellen.

Zwar kommen Werte mit Nachkommastellen in der Praxis häufig vor; man kann sich aber in vielen Fällen damit behelfen, indem man mit einer kleineren Einheit rechnet, sodass aus 1,3 Kilogramm 1300 Gramm werden oder aus 1,99 Euro eben 199 Eurocent. Aber wenn Zahlen mit höherer Genauigkeit benötigt werden, wie es zum Beispiel bei physikalischen Messungen der Fall ist, benötigen Sie so genannte Fließkommazahlen.

Hinweis

Es müsste eigentlich Fließpunktzahlen heißen. Denn in der Programmiersprache C und in fast allen anderen Programmiersprachen werden die Nachkommastellen mit einem Punkt (.) getrennt statt mit einem Komma (,). Dies liegt daran, dass die internationale Notation (wie in den USA üblich) einen Punkt als Trenner vorschreibt.

Analog zu den Ganzzahlen stehen bei den Fließkommazahlen verschiedene Datentypen zur Verfügung. Wie auch schon bei den Ganzzahlen unterscheiden sich diese anhand ihres Wertebereichs, den diese Datentypen abdecken. Hier ein Überblick aller Datentypen, mit deren Hilfe sich Fließkommazahlen speichern lassen:

Name	Wertebereich von ...	Wertebereich bis ...	Geeignet für ...
`float`	$+/-3.4*10^{-38}$	$+/-3.4*10^{38}$	einfache Genauigkeit
`double`	$+/-1.7*10^{-308}$	$+/-1.7*10^{308}$	doppelte Genauigkeit
`long double`	$+/-3.4*10^{-4932}$	$+/-3.4*10^{4932}$	sehr hohe Genauigkeit

Mit dem Datentyp `float` kann man Werte mit einer Genauigkeit von sieben Stellen speichern.

> **Hinweis**
>
> *Mit siebenstelliger Genauigkeit sind die signifikanten Stellen von links nach rechts gemeint, also alle Stellen – vor und nach dem Komma (oder eben Punkt). Daher ist die Genauigkeit mit einem Wert von zum Beispiel 123,4567 erschöpft, da dieser aus sieben Dezimalstellen besteht. Weisen Sie einer Variablen vom Typ* `float` *den Wert 123,45678 zu (acht Dezimalstellen), dann wird dieser auf eine Genauigkeit von sieben Stellen reduziert.*

Für den normalen Gebrauch dürfte der Datentyp `float` ausreichen. Sollten Sie genauere Berechnungen benötigen, verwenden Sie den Datentyp `double`, der auf einer Genauigkeit von 15 Dezimalstellen basiert.

Des Weiteren gibt es den Datentyp `long double`, der eine noch höhere Genauigkeit – 19 Stellen – bietet.

Deklaration und Wertzuweisung funktionieren bei den Fließkommazahlen genauso wie bei den Ganzzahlen. In den nächsten Schritten wird die Verwendung von Fließkommavariablen erläutert.

1 Beginnen Sie ein neues Programm (siehe Kapitel 3).

2 Schreiben Sie ein Programmgerüst.

```
/* Beispiel zum Zuweisen von Fließkommazahlen */
#include <stdio.h>

int main()
{

  return 0;
}
```

3 Definieren Sie Variablen vom Typ `float` und `double`.

```
/* Beispiel zum Zuweisen von Fließkommazahlen */
#include <stdio.h>

int main()
{
  float wert1;
  double wert2;

  return 0;
}
```

4 Nun weisen Sie mit dem =-Operator den einzelnen Variablen einen Wert zu.

```
/* Beispiel zum Zuweisen von Fließkommazahlen */
#include <stdio.h>
int main()
{
  float wert1 = 123.123;
  double wert2 = 1234.1234;

  return 0;
}
```

Achtung

Ein häufig gemachter Fehler beim Eingeben von Fließkommazahlen liegt darin, ein Komma anstelle eines Punktes zu verwenden.

5 Fragen Sie die Werte der Variablen ab und geben Sie diese formatiert mit `printf()` auf dem Bildschirm aus.

```
/* Beispiel zum Zuweisen von Fließkommazahlen */
#include <stdio.h>

int main()
{
  float wert1 = 123.123;
  double wert2 = 1234.1234;

  printf("Der Wert von wert1 : %f\n",wert1);
  printf("Der Wert von wert2 : %lf\n",wert2);

  return 0;
}
```

Als Formatbezeichner wurde hier für `float` das Kürzel `%f` und für `double` das Kürzel `%lf` verwendet.

6 Kompilieren Sie das Programm und führen Sie es aus.

Wie Fließkommazahlen verwaltet werden

Natürlich soll auch kurz erwähnt werden, wie Fließkommazahlen intern verwaltet werden. Wie kann man einen Wert wie 9,8 als eine Bitfolge darstellen?

Man hat für die Fließkommadarstellung eine normierte Form entwickelt. Man drückt die Zahl in einer Exponentialschreibweise (zur Basis 10) aus und formuliert diese so um, dass vor dem Komma eine Null steht. Für das Beispiel 9,8 bedeutet dies:

$9{,}8 = 0{,}98 * 10^1$ (= 0,98 * 10)

Im Falle des Datentyps `float`, der auf einer Größe von 4 Byte basiert, werden in den ersten drei Bytes die Nachkommastellen gespeichert (im Beispiel 98 = 1100010). Diese umgewandelten Dezimalzahlen werden als Mantisse bezeichnet.

Im vierten Byte wird der Exponent der Zehnerpotenz gespeichert (hier 1). Diese Information stellt die Position des Kommas innerhalb der Fließkommazahl dar.

Hinweis

Diese Erklärung ist natürlich nur eine grobe Vereinfachung der Kodierung von Fließkommazahlen im Computer.

Die Rechenoperatoren

Da Sie jetzt alle Datentypen für das Speichern von Zahlen kennen, werden Sie mit diesen im Anschluss Berechnungen durchführen. Zuvor sollten Sie aber noch wissen, welche Rechenoperationen überhaupt auf die einzelnen Datentypen angewendet werden können. Hierzu benötigt man arithmetische Operatoren, mit denen sich Zahlen unter anderem addieren, subtrahieren, multiplizieren und dividieren lassen. Die meisten davon dürften Ihnen bekannt sein, da sie bei Berechnungen im täglichen Leben ebenfalls vorkommen. Hier ein kurzer Überblick zu den arithmetischen Operatoren und ihre Darstellung in C:

Operator	Bedeutung	Beispiel
=	Zuweisung	Wert=3; /* Wert = 3 */
+	Addition	Wert=1+1; /* Wert = 2 */
-	Subtraktion	Wert=5-2; /* Wert = 3 */
*	Multiplikation	Wert=2*2; /* Wert = 4 */
/	Division	Wert=8/2; /*Wert = 4 */

Operator	Bedeutung	Beispiel
%	Modulo (Rest der Division zweier Ganzzahlen)	Wert=7%3; /* Wert = 1*/

Hinweis

Der %-Operator darf nur auf zwei Ganzzahlen angewendet werden. Es würde keinen Sinn ergeben, diesen in Verbindung mit Fließkommazahlen einzusetzen.

Mit Variablen rechnen

Mit den bisher vorgestellten Datentypen und Operatoren lassen sich bereits einfache Formeln berechnen.

Im Folgenden soll errechnet werden, wie viel Energie (in Watt) der Autor dieses Buches verbraucht, um eine Tasse Kaffee aus der Küche zu holen. Als Programmierer hat man ja sonst nichts Besseres zu tun, als sich über so etwas Gedanken zu machen. Dies lässt sich mit folgender Formel errechnen:

kinetische Energie = Masse in kg * (Geschwindigkeit*Geschwindigkeit) / 2

In den folgenden Schritten wird diese Aufgabenstellung programmtechnisch gelöst.

1 Beginnen Sie ein neues Programm (siehe Kapitel 3).

2 Setzen Sie folgendes Programmgerüst auf:

```
/* Verbrauchte Leistung des Autors beim Kaffee holen */
#include <stdio.h>

int main()
{

  return 0;
}
```

3 Deklarieren und initialisieren Sie die Variablen für die Leistung in Watt, das Gewicht des Autors, den Weg zur Küche und die Zeit, die dabei benötigt wird. Verwenden Sie zum Berechnen den Datentyp `float`.

```
/* Verbrauchte Leistung des Autors beim Kaffee holen */
#include <stdio.h>

int main()
{
  float watt,
        masse = 90,    /* Kilogramm */
        weg = 25,     /* Meter */
        zeit = 50;    /* Sekunden */
  float geschwindigkeit;

  return 0;
}
```

4 Berechnen Sie jetzt die Geschwindigkeit, wie viele Meter in der Sekunde zurückgelegt werden.

```
/* Verbrauchte Leistung des Autors beim Kaffee holen */
#include <stdio.h>

int main()
{
  float watt,
  masse = 90,  /* Kilogramm */
  weg = 25,    /* Meter */
  zeit = 50;   /* Sekunden */
  float geschwindigkeit;

  geschwindigkeit=weg/zeit;
  return 0;
}
```

5 Berechnen Sie nun die kinetische Energie.

```
/* Verbrauchte Leistung des Autors beim Kaffee holen */
#include <stdio.h>

int main()
{
  float watt,
  masse = 90,  /* Kilogramm */
  weg = 25,    /* Meter */
  zeit = 50;   /* Sekunden */
  float geschwindigkeit;

  geschwindigkeit=weg/zeit;
  watt=masse * (geschwindigkeit*geschwindigkeit) / 2;
  return 0;
}
```

6 Jetzt haben Sie als Ergebnis Energie in der Einheit Joule. Um nun Joule in Watt umzurechnen, reicht folgende Berechnung:

1 Watt = 1 Joule/Sekunde

```
/* Verbrauchte Leistung des Autors beim Kaffee holen */
#include <stdio.h>

int main()
{
  float watt,
  masse = 90,   /* Kilogramm */
  weg = 25,     /* Meter */
  zeit = 50;    /* Sekunden */
  float geschwindigkeit;

  geschwindigkeit=weg/zeit;
  watt=masse * (geschwindigkeit*geschwindigkeit) / 2;
  watt=watt/geschwindigkeit;
  return 0;
}
```

7 Geben Sie das Ergebnis der Berechnung mit der Funktion `printf()` auf dem Bildschirm aus.

```
/* Verbrauchte Leistung des Autors beim Kaffee holen */
#include <stdio.h>

int main()
{
  float watt,
  masse = 90,   /* Kilogramm */
  weg = 25,     /* Meter */
  zeit = 50;    /* Sekunden */
  float geschwindigkeit;

  geschwindigkeit=weg/zeit;
  watt=masse * (geschwindigkeit*geschwindigkeit) / 2;
  watt=watt/geschwindigkeit;
  printf("Der Energieverbrauch in Watt : %f\n",watt);
  return 0;
}
```

8 Kompilieren Sie das Programm und führen Sie es aus.

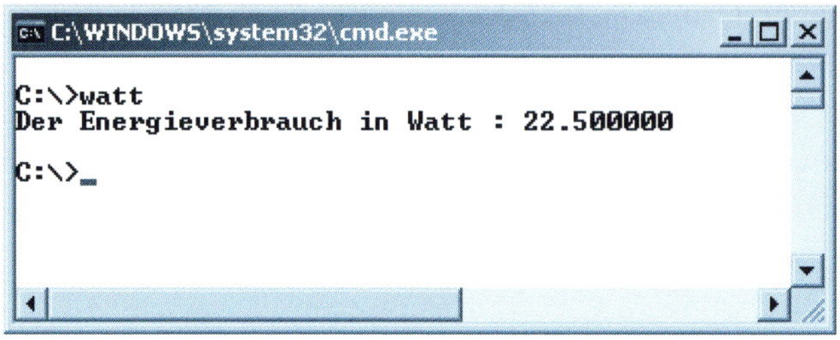

Mathematische Funktionen der Laufzeitbibliothek

Häufig benötigt man Berechnungen wie das Ziehen der Quadratwurzel sowie trigonometrische Funktionen wie Sinus, Kosinus und Tangens. Damit Sie nicht jedes Mal dafür eine neue Funktion schreiben müssen, was sich relativ schwer bewältigen lässt, wurde die Laufzeitbibliothek *math.h* entwickelt. Diese beinhaltet viele nützliche mathematische Funktionen.

> **Hinweis**
>
> *Damit Linux-User die Laufzeitbibliothek math.h ebenfalls verwenden können, müssen sie diese Bibliothek mit dem Compilerflag* `-lm` *hinzulinken:* `gcc -o programm programm.c -lm`

Bevor Sie die Funktionen in der Praxis sehen, erst einmal ein kleiner Überblick aller Funktionen in der Laufzeitbibliothek *math.h*.

Funktion	Beschreibung
`double acos(double zahl)`	Arcuskosinus von `zahl`
`double asin(double zahl)`	Arcussinus von `zahl`
`double atan(double zahl)`	Arcustangens von `zahl`
`double atan2(double zahl1,double zahl2)`	Arcustangens von `zahl1` und `zahl2`
`double cos(double zahl)`	Kosinus von `zahl`
`double sin(double zahl)`	Sinus von `zahl`
`double tan(double zahl)`	Tangens von `zahl`

Funktion	**Beschreibung**
`double cosh(double zahl)`	Kosinus hyperbolicus von `zahl`
`double sinh(double zahl)`	Sinus hypberbolicus von `zahl`
`double tanh(double zahl)`	Tangens hypberbolicus von `zahl`
`double exp(double zahl)`	e^{zahl} (e = eulersche Zahl = 2.71828...)
`double log(double zahl)`	Natürlicher Logarithmus von `zahl` zur Basis e (eulersche Zahl)
`double log10(double zahl)`	Logarithmus von `zahl` zur Basis 10
`double sqrt(double zahl)`	Quadratwurzel von `zahl`
`double ceil(double zahl)`	Rundet `zahl` auf die nächste Ganzzahl ab
`double fabs(double zahl)`	Absolutwert von `zahl`
`double floor(double zahl)`	Gegenteil von `ceil()`
`double frexp(double zahl,int zahl2)`	Zerlegt `zahl` in eine Mantisse und einen ganzzahligen Exponenten
`double modf(double1 zahl1,double2 *zahl2)`	Zerlegt den Wert von `zahl1` in einen ganzzahligen Wert und einen gebrochenen Rest. Der ganzzahlige Wert steht dann in der Adresse von `*zahl2`.
`double pow(double zahl1,double zahl2)`	Potenz von $zahl1^{zahl2}$
`int fmod(double zahl1,double zahl2)`	»float modulo« errechnet den Rest von `zahl1/zahl2`

Die Verwendung einer dieser Funktionen ist einfacher, als es die Syntax hier vermuten lässt. Im folgenden Beispiel die Funktion für das Ziehen der Quadratwurzel:

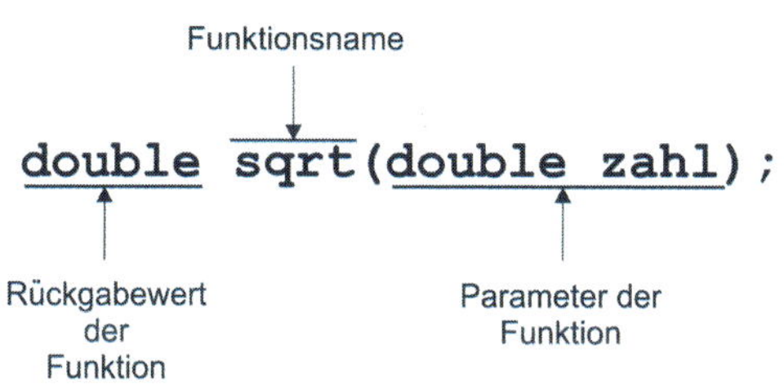

Diese Funktion gibt einen double-Wert zurück. Dies heißt, Sie können einer definierten double-Variablen mithilfe des Zuweisungsoperators die Quadratwurzel der Variablen zahl übergeben. Aufgerufen wird diese Funktion folgendermaßen:

```
double var;
var=sqrt(5.5);
```

Nun befindet sich in der Variablen var das Ergebnis der Quadratwurzel von 5.5.

Dazu ein Problemfall, den es zu lösen gilt. Der Autor hat es satt, beim Kaffee holen immer um die Ecke gehen zu müssen. Daher beschließt er, die Wand zu durchbrechen, sodass er direkt zum Kaffeeautomaten kommt. Die alte Strecke vom Computer zum Kaffeeautomaten errechnet sich aus Länge + Breite, also 15+10 = 25 Meter.

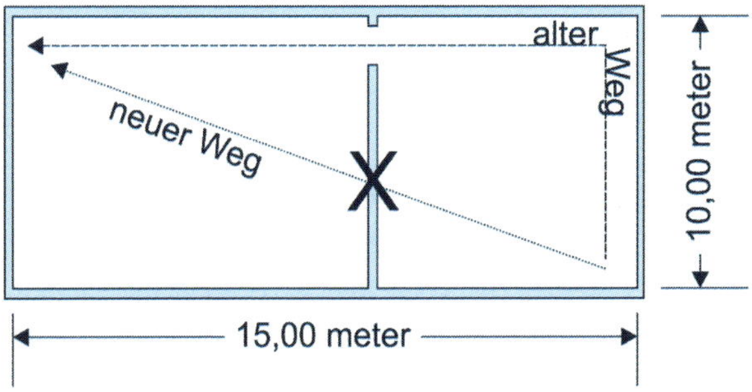

Zur Berechnung der Länge des neuen Wegs wird das Eckmaß des Rechtecks benötigt. Die Formel dafür lautet:

Eckmaß = Wurzel aus (Länge^2 + Breite^2)

1 Beginnen Sie ein neues Programm (siehe Kapitel 3).

2 Setzen Sie Ihr Programmgerüst auf.

```
/* Wegersparnis durch Einreißen der Wand */
#include <stdio.h>
int main()
{

  return 0;
}
```

3 Deklarieren und initialisieren Sie die Variablen mit den zugehörigen Werten.

```
/* Wegersparnis durch Einreißen der Wand */
#include <stdio.h>

int main()
{
  double eckmass,
         laenge = 15.0,
         breite = 10.0,
         alter_Weg = 25.0;

  return 0;
}
```

4 Binden Sie die Headerdatei *math.h* ein und führen Sie die Berechnung des Eckmaßes mit der Funktion `sqrt()` aus. Geben Sie das Ergebnis mit `printf()` auf dem Bildschirm aus.

```
/* Wegersparnis durch Einreißen der Wand */
#include <stdio.h>
#include <math.h>

int main()
{
  double eckmass,
         laenge = 15.0,
         breite = 10.0,
         alter_Weg = 25.0;

  eckmass = sqrt(laenge*laenge + breite*breite);
  printf("Die neue Weglaenge : %lf m\n",eckmass);

  return 0;
}
```

Sie sehen hier – in Verbindung mit der Funktion `sqrt()` –, dass es möglich ist, bei der Übergabe von Parametern an eine Funktion Berechnungen durchzuführen.

5 Berechnen Sie noch die Wegersparnis und geben Sie diese mit `printf()` auf dem Bildschirm aus.

```
/* Wegersparnis durch Einreißen der Wand */
#include <stdio.h>
#include <math.h>

int main()
{
  double eckmass,
         laenge = 15.0,
         breite = 10.0,
         alter_Weg = 25.0;
```

```
    eckmass = sqrt(laenge*laenge + breite*breite);
    printf("Die Neue Weglaenge : %lf m\n",eckmass);
    printf("Ersparnis:%lf m\n",alter_Weg - eckmass);
    return 0;
}
```

Hier wird ebenfalls die Berechnung direkt innerhalb einer Funktion – `printf()` – ausgeführt. In diesem Fall gibt es aber keine Variable, in der das Ergebnis der Berechnung gespeichert wird; das Ergebnis ist also temporärer Natur. Möchten Sie jedoch mit dem Resultat weiterarbeiten, empfiehlt es sich, zuvor eine weitere Variable zu deklarieren, die diesen Wert aufnimmt.

6 Kompilieren Sie das Programm und bringen Sie es zur Ausführung.

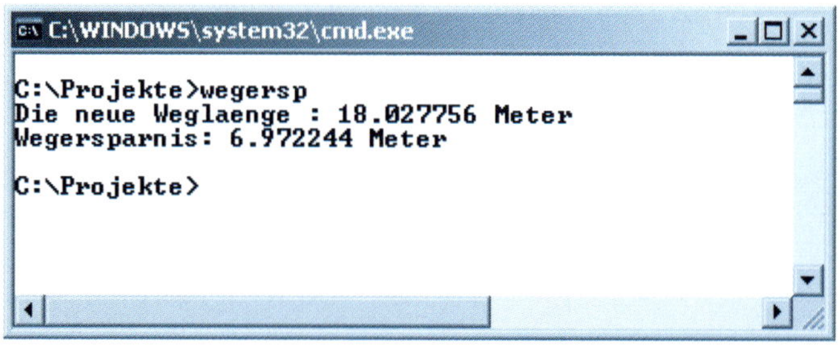

Datentyp umwandeln

C ist eine sehr typenstrenge Programmiersprache, was bedeutet, dass die Datentypen konform sein müssen. Sie können zum Beispiel nicht einfach einer `int`-Variablen den Wert einer `double`-Variablen übergeben, zumindest nicht ohne gewisse Konsequenzen.

```
int wert_int;
double wert_double = 10.0;

wert_int = wert_double;  /* wert_int = 10 */
```

Das Programm wird sich zwar kompilieren lassen. Da sich aber eine Fließkommazahl nur bedingt als Ganzzahl darstellen lässt, wird der Wert entsprechend verfälscht. Konkret bedeutet dies im Beispiel, dass der Wert nach dem Komma abgeschnitten wird.

```
int wert_int;
double wert_double = 10.1234;

/* wert_int = 10; Komma abgeschnitten*/
wert_int = wert_double;
```

Im Beispiel wird aus dem Fließkommawert 10.1234 der Ganzzahlwert 10.

Sollte aber der Ursprungswert außerhalb des Wertebereichs des Zieldatentyps liegen, erhalten Sie einen unter Umständen völlig verfälschten Wert. Der abgelegte Wert entspricht dann nicht mal mehr entfernt dem Ausgangswert; es handelt sich im Extremfall um eine Art »Datenmüll« (im konkreten Beispiel könnte aus dem Wert 1000000.0 der Wert 16960 oder ähnlich werden):

```
short wert_short;
double wert_double = 1000000.0;

wert_short = wert_double;        /* Wert undefiniert */
```

Dies liegt daran, dass der Compiler den Wert zwar umwandelt, das Ergebnis aber auf Grund der Einschränkungen des Zieldatentyps nicht sinnvoll sein kann. Im Beispiel wird als Zieldatentyp `short` verwendet, der lediglich einen Wertebereich von `-32768` bis `+32767` aufweist, sodass ein Wert von 1000000 schon aus logischen Gründen nicht gespeichert werden kann.

Hinweis

Eine Umwandlung, die der Compiler automatisch durchführt (übliche arithmetische Umwandlung), nennt man implizite Datentypumwandlung.

Dass der Compiler bei der Umwandlung des Datentyps behilflich ist, ist ja ganz praktisch, sofern das Ergebnis auch das ist, was man haben möchte. Betrachten Sie aber einmal das folgende Beispiel:

```
#include <stdio.h>

int main()
{
  float ergebnis;
  int x = 10,
      y = 3;

  ergebnis = x/y;
  printf("Ergebnis : %f\n",ergebnis);   /* 3.0000...*/

  return 0;
}
```

Wenn Sie das Programm kompilieren und ausführen, bekommen Sie als Ergebnis dieser Division `3,00` zurück. Dies ist zunächst enttäuschend, da der Zieldatentyp – `float` – eigentlich ausreichend ist, um ein mathematisch annähernd richtiges Ergebnis von 3.333333.... aufzunehmen.

Man kann hier nur feststellen, dass die implizite Typumwandlung des Compilers hier nicht zum gewünschten Ergebnis führt.

Wie schafft man aber Abhilfe in einem solchen Fall? Dazu müssen Sie den Datentyp manuell umwandeln, man spricht dabei von einer expliziten Datentypumwandlung. Für solche Fälle gibt es den Cast-Operator.

Hinweis

Explizite Typumwandlungen (also solche, die manuell vom Programmierer durchgeführt werden) werden über so genannte Casts erreicht. Ein Cast ist ein in runde Klammern gesetzter Datentyp, der einem Ausdruck vorangestellt wird.

Mit dem Cast-Operator wird das Ergebnis der Berechnung in den in Klammern angegebenen Datentyp umgewandelt. Bezogen auf das obige Programmbeispiel sieht dies folgendermaßen aus:

```
#include <stdio.h>

int main()
{
  float ergebnis;
  int x = 10,
      y = 3;

  ergebnis =(float) x / y;
  printf("Ergebnis : %f\n",ergebnis);
  return 0;
}
```

Hierbei ist zu erwähnen, dass die Variablen x und y weiterhin vom Datentyp int bleiben. Das Casten des Datentyps ist nur während der Berechnung gültig. Bei Castings von Fließkommazahlen in Ganzzahlen wird der Wert nach dem Komma abgeschnitten. Aber auch in Verbindung mit dem Casten ist das Verhalten undefiniert, wenn der Wert sich außerhalb des Wertebereichs des Zieldatentyps befindet.

Achtung

Solche Umwandlungen von Datentypen lassen sich nicht mit Strings (Zeichenketten) durchführen. Man kann daher nicht den String "Abc" in einen `int`*-Wert konvertieren. Dies mag zunächst auch keinen Sinn ergeben, was aber schon wieder anders aussieht, wenn eine Zahl in einem String gespeichert ist und man diese als* `int`*-Wert weiterverarbeiten möchte. Für solche Fälle einer Umwandlung gibt es andere Funktionen. Mehr dazu erfahren Sie in einem späteren Kapitel.*

Erweiterte Darstellung von Rechenoperatoren

Die arithmetischen Rechenoperatoren lassen sich noch in einer anderen Weise darstellen. Hier ein Beispiel für eine einfache Berechnung:

```
int x = 99;
x = x + 101;    /* x = 200 */
```

In der erweiterten Darstellung sieht diese Addition wie folgt aus:

```
int x = 99;
x += 101;    /* x = 200 */
```

Diese kombinierten Zuweisungsoperatoren stehen ebenfalls für alle anderen arithmetischen Rechenoperatoren zur Verfügung.

Darstellung	Bedeutung
+=	a+=b entspricht a=a+b
-=	a-=b entspricht a=a-b
*=	a*=b entspricht a=a*b
/=	a/=b entspricht a=a/b
%=	a%=b entspricht a=a%b

Konstanten

Von Konstanten spricht man zunächst einmal, wenn die Daten direkt im Quellcode stehen. Hier das Beispiel für eine Stringkonstante:

```
printf("Ich bin eine Stringkonstante\n");
```

Eine Stringkonstante steht immer zwischen doppelten Anführungszeichen. Weitere Konstanten sind numerische Konstanten und Zeichenkonstanten. Eine Zeichenkonstante (speichert exakt ein Zeichen) wird in einfache Anführungszeichen (') gesetzt.

```
printf("Hier kommt eine Zahlenkonstante  : %d\n",1234);
printf("Hier steht eine Zeichenkonstante : %c\n", 'X');
```

Das Beispiel zeigt eine numerische Konstante (1234) und eine Zeichenkonstante ('X'). (Letztere wird im Beispiel mit dem Formatbezeichner %c auf den Bildschirm ausgegeben.)

Hinweis

Damit man diese Form von Konstanten nicht mit einer anderen Art verwechselt, nämlich den so genannten symbolischen Konstanten, spricht man bei den hier gezeigten Konstanten auch von literalen Konstanten.

Vorzeichenbehandlung

Mit dem Schlüsselwort unsigned vor den Datentypen können Sie den positiven Wertebereich verdoppeln. Dadurch lassen sich dann aber keine negativen Werte mehr darstellen. Aber was geht da vor sich? Sehen Sie sich das Beispiel wieder anhand des Datentyps short an.

```
short var;
```

Im Arbeitsspeicher wird der eben deklarierte Wert folgendermaßen gespeichert:

Ich bin 2 Byte groß und vom Typ short															
16	15	14	13	12	11	10	9	8	7	6	5	4	3	2	1
0	0	0	0	0	0	0	0	0	0	0	0	0	0	0	0

Gewöhnlich dient das höchste Bit zum Speichern des Vorzeichens, das in der folgenden Schemagrafik gesetzt ist:

Ich bin 2 Byte groß und vom Typ short															
16	15	14	13	12	11	10	9	8	7	6	5	4	3	2	1
1	0	0	0	0	0	0	0	0	0	0	0	0	0	0	0

Da das erste Bit für das Vorzeichen reserviert ist, stehen streng genommen nur 15 Bit für den eigentlichen Wert zur Verfügung, sodass sich $2^{15} = 32768$ Werte darstellen lassen, aber eben für den positiven und negativen Wertebereich (-32768 bis +32767).

Wenn man jedoch bei derselben Variablen das Schlüsselwort `unsigned` vor den Datentyp setzt, wird das höchste Bit für den Wert selbst freigegeben:

```
unsigned short var;
```

Jetzt stehen $2^{16} = 65536$ Werte zur Verfügung, wobei aber nur positive Werte erlaubt sind. Konkret lassen sich damit Werte im Bereich von 0 bis 65535 abbilden.

Natürlich können Sie `unsigned` bei jedem beliebigen Ganzzahl-Datentyp anwenden.

Mit dem Schlüsselwort `signed` vor dem Datentyp wird in den Standardmodus geschaltet, in dem negative und positive Werte erlaubt sind. Da `signed` die Voreinstellung der Datentypen ist, kann dieses Schlüsselwort weggelassen werden. Die folgenden Schreibweisen bezwecken also dasselbe:

```
signed int var;
int var;
```

Beabsichtigen Sie, dass beispielsweise der Datentyp `unsigned int` als vorzeichenloser Datentyp behandelt wird, müssen Sie bei `printf()` als Formatbezeichner `%u` verwenden:

```
printf("zahl: %u\n",zahl);
```

Hinweis

Sie sollten sich nicht von der Tatsache irritieren lassen, dass hier ein bestimmtes Bit gesetzt wird. Wichtig ist für Sie zu wissen, wie Sie Variablen deklarieren, die entweder vorzeichenlos (positiver Wertebereich) oder aber vorzeichenbehaftet (negativer und positiver Wertebereich) sind.

Der Datentyp char

Der Datentyp `char` (character, Zeichen) ist eine Art Zwitter. Ihn kann man sowohl für kleine Ganzzahlen als auch für einzelne Zeichen verwenden.

Name	Wertebereich von ...	Wertebereich bis ...
`char`	-128	+127

Mit dem Datentyp `char` werden Ganzzahlen in einem Byte (8 Bit) gespeichert. `char` ist damit der Datentyp mit dem kleinsten Wertebereich.

Hinweis

In C gibt es keinen Unterschied zwischen Ganzzahlen und Zeichen, da Zeichen intern als Ganzzahlen dargestellt werden und zwar im Zeichencode des Systems. Dies ist in der Regel der ASCII- bzw. ANSI-Code (siehe Anhang).

Der Datentyp `char` würde sich zwar für Berechnungen von kleinen Zahlen eignen, doch ist dies eher ein seltener Anwendungsfall.

Achtung

Auch wenn Sie mit `char` *oder* `unsigned char` *kleine Ganzzahlwerte verwenden können, wird von dieser Möglichkeit abgeraten. Dies liegt vor allem daran, dass in C nicht festgelegt ist, ob dieser Datentyp mit oder ohne Vorzeichen interpretiert wird. Was auf dem einen Compiler anstandslos funktioniert, könnte auf einem anderen System falsche Werte produzieren.*

Die Anwendung von `char` ist im Prinzip recht simpel. Deklaration und Initialisierung verlaufen genauso wie bei Ganzzahlen und Fließkommazahlen. Hier ein Anwendungsbeispiel dazu:

1 Beginnen Sie ein neues Programm (siehe Kapitel 3).

2 Setzen Sie das Programmgerüst auf.

```
/* Zeichen verwenden mit char */
#include <stdio.h>

int main()
{
  return 0;
}
```

3 Deklarieren Sie eine Variable mit dem Datentyp `char`.

```
/* Zeichen verwenden mit char */
#include <stdio.h>

int main()
{
  char z;

  return 0;
}
```

4 Weisen Sie der Variablen ein Zeichen zu.

```
/* Zeichen verwenden mit char */
#include <stdio.h>

int main()
{
  char z = 'C';

  return 0;
}
```

Achtung

Wichtig ist hier, dass Sie darauf achten, das Zeichen in einfache Anführungszeichen (') zu setzen (im Gegensatz zu Zeichenketten, bei denen doppelte Anführungszeichen (") verwendet werden müssen). Das einfache Anführungszeichen gibt eine Stringkonstante vom Typ `char` *an.*

In diesem Beispiel wird in der Variable `z` der Wert `67` gespeichert. Ein Blick auf die ASCII-Code-Tabelle (siehe Anhang) zeigt, dass dieser Wert dem Zeichen `'C'` entspricht.

5 Geben Sie das Zeichen mit `printf()` auf dem Bildschirm aus.

```
/* Zeichen verwenden mit char */
#include <stdio.h>

int main()
{
  char z = 'C';

  printf("Wert : %d ->(ASCII-codiert)->%c\n",z,z);
  return 0;
}
```

Damit das Zeichen anhand der ASCII-Tabelle kodiert wird, müssen Sie den Formatbezeichner `%c` verwenden. Mit dem Formatbezeichner `%d` hingegen geben Sie den Ganzzahlwert von `z` aus. In diesem Beispiel wird zuerst der dezimale Wert von `z` ausgegeben und anschließend der ASCII-kodierte Wert. Statt

```
char z = 'C';
```

könnten Sie übrigens auch

```
char z = 67;
```

schreiben (da der Datentyp `char` sowohl ein Zeichen als auch eine Ganzzahl ist), die Bildschirmausgabe ist dieselbe.

> **Hinweis**
>
> *Da die Windows-Konsole ((MS-DOS-)Eingabeaufforderung) einen anderen Zeichensatz als den gewöhnlichen Windows-Zeichensatz verwendet, können Sie nicht wie üblich Umlaute in der Form* `"äöü"` *ausgeben. Wenn Sie Umlaute für Ihr Programm benötigen, müssen Sie diese als numerische Codes angeben. Ein Beispiel:*
>
> ```
> printf("Umlaute: \x81 \x84 \x94 \n"); /* ü ä ö */
> ```

6 Kompilieren Sie das Programm und führen Sie es aus.

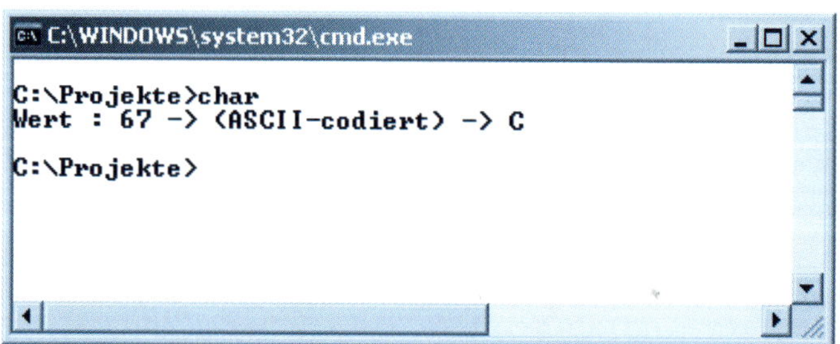

Hinweis

Wenn Sie mit dem Datentyp `char` *rechnen wollen, können Sie alle bisher verwendeten arithmetischen Rechenoperatoren wie gewohnt verwenden.*

Übersicht aller Datentypen

Da Sie jetzt alle Datentypen in C kennen, folgt noch ein schematischer Überblick aller Datentypen. Diese Tabelle gilt für viele 32-Bit-Compiler.

Datentypbezeichnung	Byte	Bit	Wertebereich von ...	... bis
`unsigned char`	1	8	0	255
`char`	1	8	-128	127
`unsigned short`	2	16	0	65535
`short`	2	16	-32768	32767
`unsigned int`	4	32	0	4294967295
`int`	4	32	-2147483648	2147483647
`unsigned long`	4	32	0	4294967295
`long`	4	32	-2147483648	2147483647
`float`	4	32	$+/-3.4*10^{-38}$	$+/-3.4*10^{38}$
`double`	8	64	$+/-1.7*10^{-308}$	$+/-1.7*10^{308}$
`long double`	10	80	$+/-3.4*10^{-4932}$	$+/-3.4*10^{4932}$

Diese elementaren Datentypen werden folgendermaßen aufgeteilt:

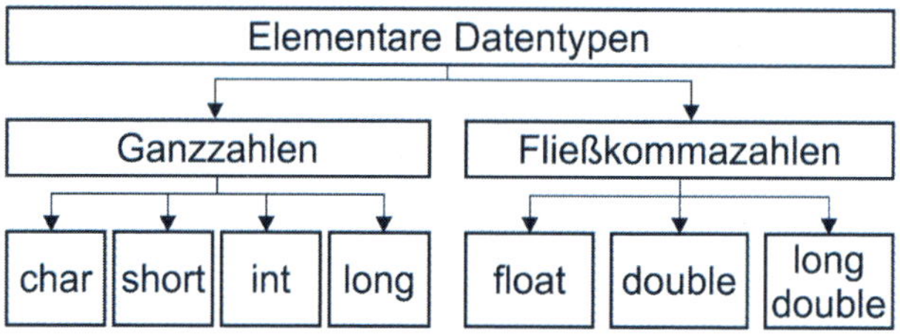

Was ist das?

Als elementare Datentypen werden in C alle Ganzzahlentypen und Fließkommazahlentypen bezeichnet.

Eine kleine Erfolgskontrolle

1. Welche Datentypen für Ganzzahlen gibt es und worin unterscheiden sich diese?
2. Welche Datentypen stehen für Fließkommazahlen zur Verfügung?
3. Angenommen, ein Autor erhält 5 % Honorar pro verkauftes Buch, das mit einem Verkaufpreis von 15,95 Euro angesetzt ist. Wie viele Bücher muss er verkaufen, damit er Millionär wird?
4. Berechnen Sie den Tangens der Zahl 1.093. Verwenden Sie dafür die Funktion `tan()` aus der Laufzeitbibliothek *math.h*.
5. Verbessern Sie folgendes Programm, damit ein korrektes Ergebnis erzielt wird.

```
#include <stdio.h>

int main()
{
 int zahl1=4,
     zahl2=3;
 float zahl3;

 zahl3 = zahl1/zahl2;

 printf("Ergebnis von zahl3 : %f\n",zahl3);

 return 0;
}
```

6. Welche beiden Möglichkeiten der Umwandlung von Datentypen gibt es?
7. Wie wird aus einer Ganzzahlvariablen ein Zeichen?
8. Im folgenden Programm haben sich ein paar Fehler eingeschlichen. Beseitigen Sie diese und bringen Sie das Programm zur Ausführung.

```
#include <stdio.h>

int main()
{
  char z1 = W;
  char z2 = "X";
  char z3 = 66;

  printf("z1 = %c z2 = %c z3 = %c \n",z1,z2,z3);
  return 0;
}
```

Kapitel 6

Daten formatiert einlesen und ausgeben

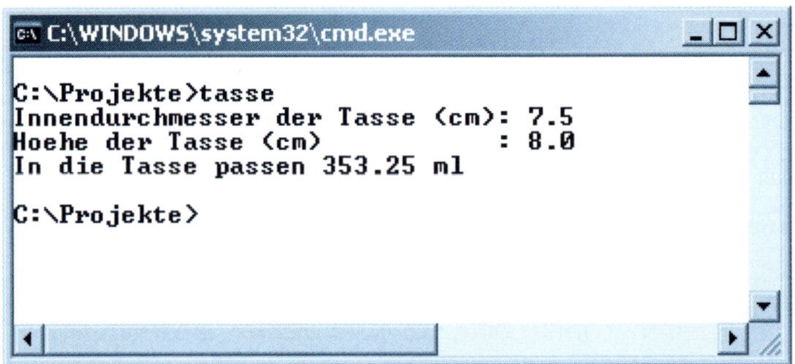

Fast alle Programme kommunizieren mit dem Anwender, vor allem per Tastatur und Bildschirm. Wie Sie Daten auf dem Bildschirm ausgeben und von der Tastatur einlesen, erfahren Sie in diesem Kapitel.

Das können Sie schon:

Das lernen Sie neu:

Formatierte Ausgabe mit printf()

In den vorangegangenen Kapiteln haben Sie bereits mehrmals die Funktion `printf()` zur formatierten Ausgabe auf dem Bildschirm verwendet. Jetzt ist es an der Zeit, diese Funktion etwas genauer zu erläutern.

Mit `printf()` können Sie Texte und Zahlen auf dem Bildschirm ausgeben. Dabei stehen verschiedene Formate (genauer Formatbezeichner) zur Verfügung. Daher spricht man von einer formatierten Ausgabe.

Was ist das?

Unter Format bzw. formatiert versteht man die Struktur oder das Erscheinungsbild einer Ansammlung von Daten.

Die Funktion `printf()` benötigt mindestens den Formatstring, damit sie anstandslos läuft.

```
printf("Ich bin ein Formatstring");
```

Hinweis

Der Formatstring steht immer zwischen zwei doppelten Anführungszeichen (").

Wenn Sie mit der Funktion `printf()` Variablen ausgeben wollen, benötigen Sie außerdem einen Formatbezeichner und eine Variablenliste.

```
int wert = 10;
printf("Formatstring : %d",wert);
```

In diesem Beispiel ist `%d` der Formatbezeichner und die Variable `wert` die Variablenliste.

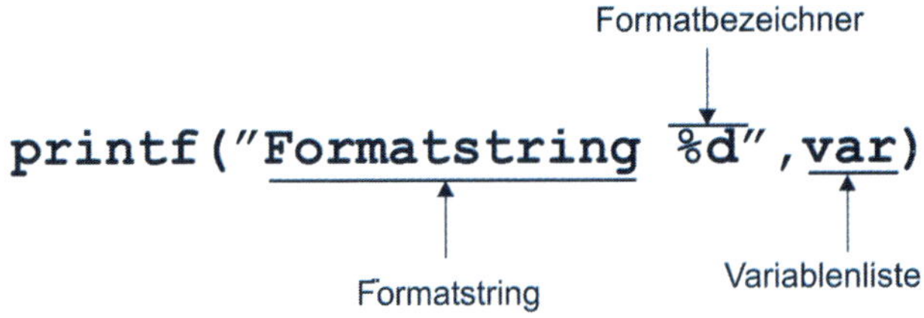

Zeichen und Zahlen mithilfe von Formatbezeichnern ausgeben

Ein Formatbezeichner beginnt mit einem Prozentzeichen (%) und endet mit einer Typangabe. Einige Typangaben haben Sie ja schon in der Praxis gesehen. Beispielsweise sieht der Formatbezeichner für eine dezimale Ganzzahl wie folgt aus:

```
%d
```

Welche Typangaben für den Formatbezeichner in Verbindung mit Ganzzahlen und Zeichen zur Verfügung stehen, zeigt die folgende Tabelle.

Typangabe	Bedeutung
`c`	`char` oder `int` (0 bis 255); dient vorwiegend zur Darstellung einzelner Zeichen.
`d`	Datentyp `int` wird als vorzeichenbehaftete Zahl ausgegeben.
`ld`	wie `d`, aber in Verbindung mit dem Ganzzahlentyp `long`
`i`	dieselbe Bedeutung wie `d` (i steht für Integer)
`u`	Datentyp `unsigned int` wird als vorzeichenlose Zahl ausgegeben.
`lu`	wie `u`, aber in Verbindung mit dem Ganzzahlentyp `long`
`o`	Datentyp `int` oder `unsigned int` wird als vorzeichenlose Oktalzahl ausgegeben
`x`	Datentyp `int` oder `unsigned int` wird als vorzeichenlose Hexadezimalzahl ausgegeben.
`lx`	wie `x`, aber in Verbindung mit dem Ganzzahlentyp `long`
`X`	Datentyp `int` oder `unsigned int` wird als vorzeichenlose Hexadezimalzahl ausgegeben.
`lX`	wie `X`, aber in Verbindung mit dem Ganzzahlentyp `long`

Achtung

Die Typangabe muss logischerweise mit dem Typ der Variablenliste übereinstimmen. Dies ist eine häufig vorkommende Fehlerursache, wenn `printf()` eine unsinnige Ausgabe produziert.

Die Funktion `printf()` wird folgendermaßen abgearbeitet: Zuerst wird in der Variablenliste (rechts) die erste Variable verarbeitet. Daraufhin wird der erste Formatbezeichner der Stringkonstanten (links) gegen den Inhalt dieser Variablen ausgetauscht. Dann folgen die zweite Variable und der zweite Formatbezeichner. Dies wiederholt sich so lange, bis die komplette Variablenliste verarbeitet ist. Die folgende Grafik zeigt einen typischen Ablauf bei `printf()`:

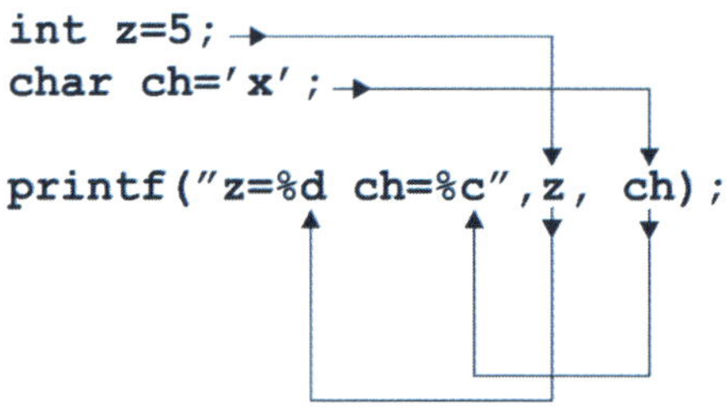

Zahlen konvertieren

Ganzzahlige Werte können Sie auch in hexadezimaler und oktaler Schreibweise darstellen.

> **Was ist das?**
>
> *Das Hexadezimalsystem ist ein Zahlensystem zur Basis 16. Im Gegensatz zum Dezimalsystem (Basis 10) kennt das Hexadezimalsystem 16 Ziffernzeichen, wobei erst analog zum Dezimalsystem die Ziffern 0 bis 10, dann aber zusätzlich die Buchstaben A, B, C, D, E und F verwendet werden. Werte im Hexadezimalsystem (auch kurz als Hexwerte bezeichnet) werden häufig zur besseren Unterscheidung mit einem kleinen nachgestellten h gekennzeichnet. F im Hexadezimalsystem (also Fh) steht zum Beispiel für dezimal 15, 10h für dezimal 16. Das Hexadezimalsystem wird in der Informatik gerne verwendet, da die Basis 16 eine Zweierpotenz ist (2^4), wodurch es gut mit der binären Darstellung im Computer harmoniert. Man kann Binärwerte leicht als Hexwerte darstellen; gegenüber Binärwerten ergibt sich der Vorteil einer wesentlich kompakteren Form: Ein Byte benötigt maximal zwei Ziffern im Hexadezimalsystem (0 bis FF), im Binärsystem hat man dagegen bis zu acht Ziffern: 11010101. Ein Hexwert ist aber auch kompakter als ein dezimaler Wert, dort benötigt ein Byte bis zu drei Ziffern (0 bis 255). In der ASCII-Tabelle im Anhang dieses Buches sind übrigens neben den dezimalen auch die hexadezimalen Werte angegeben.*

Neben dem Hexadezimalsystem wird gelegentlich auch das Oktalsystem verwendet. Dieses ist ein Zahlensystem zur Basis 8 (also wiederum eine Zweierpotenz, nämlich 2^3). Das Oktalsystem kennt acht Ziffernzeichen: 0 bis 7.

Hierzu ein Programmbeispiel, das zeigt, wie Sie eine Ganzzahl auf unterschiedliche Art und Weise darstellen können.

1 Beginnen Sie ein neues Programm (siehe Kapitel 3).

2 Schreiben Sie ein Programmgerüst.

```
/* Beispiel zur Konvertierung von ganzen Zahlen*/
#include <stdio.h>

int main()
{
  return 0;
}
```

3 Deklarieren und initialisieren Sie eine neue `int`-Variable.

```
/* Beispiel zur Konvertierung von ganzen Zahlen*/
#include <stdio.h>

int main()
{
  int wert = 100;

  return 0;
}
```

4 Geben Sie den Inhalt der Variablen als einen Dezimalwert aus.

```
/* Beispiel zur Konvertierung von ganzen Zahlen*/
#include <stdio.h>

int main()
{
  int wert = 100;

  printf("Dezimale Darstellung     : %d\n",wert);

  return 0;
}
```

5 Geben Sie den Inhalt, den die Variable `wert` speichert, in oktaler Darstellung aus.

```
/* Beispiel zur Konvertierung von ganzen Zahlen*/
#include <stdio.h>

int main()
{
  int wert = 100;

  printf("Dezimale Darstellung    : %d\n",wert);
  printf("Oktale Darstellung      : %o\n",wert);

  return 0;
}
```

6 Geben Sie die Variable als hexadezimale Zahl aus.

```
/* Beispiel zur Konvertierung von ganzen Zahlen*/
#include <stdio.h>

int main()
{
  int wert = 100;
  printf("Dezimale Darstellung    : %d\n",wert);
  printf("Oktale Darstellung      : %o\n",wert);
  printf("Hexadezimale Darstellung : %x\n",wert);
  return 0;
}
```

7 Jetzt geben Sie Inhalt der Variablen noch als ASCII-Zeichen aus.

```
/* Beispiel zur Konvertierung von ganzen Zahlen*/
#include <stdio.h>

int main()
{
  int wert = 100;
  printf("Dezimale Darstellung    : %d\n",wert);
  printf("Oktale Darstellung      : %o\n",wert);
  printf("Hexadezimale Darstellung : %x\n",wert);
  printf("ASCII-Darstellung       : %c\n",wert);
  return 0;
}
```

8 Kompilieren Sie das Programm und führen Sie es aus.

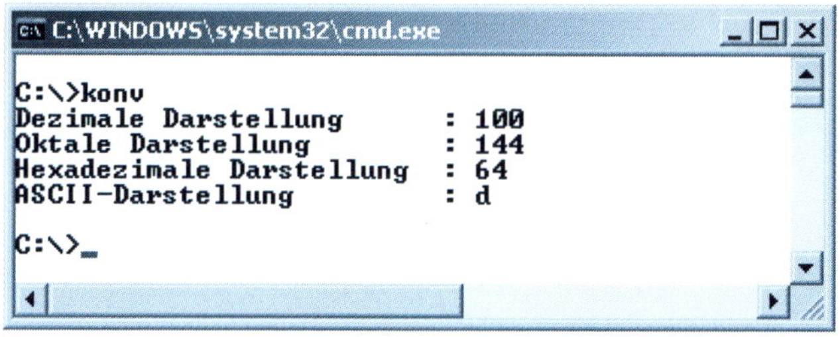

Hinweis

Auch wenn die Ausgabe von `printf()` *hier mit verschiedenen Formaten durchgeführt wird, wird der Variableninhalt selbst nicht verändert.* `printf()` *wandelt den Wert also nur temporär für die Ausgabe um.*

Fließkommazahlen ausgeben

Fließkommazahlen können Sie mit folgenden Formatbezeichnern ausgeben:

Typangabe	Bedeutung
`f`	Datentyp `float` oder `double` wird im Festkommaformat ausgegeben.
`e, E`	Datentyp `float` oder `double` wird im Exponentialformat ausgegeben. Unterschied zwischen beiden Typen: Bei `e` wird das Exponentialzeichen kleingeschrieben, bei `E` groß.
`g, G`	Datentyp `float` oder `double` wird generell in einer kompakteren Art ausgegeben. Außerdem wird der Wert entweder im Festkomma- oder aber im Exponentialformat ausgegeben, je nachdem was kürzer ist. Unterschied zwischen beiden Typen: Bei `g` wird das Exponentialzeichen kleingeschrieben, bei `G` groß.

Bei `long double`-Datentypen müssen Sie außerdem noch den Buchstaben `l` voranstellen.

Fließkommazahlen kann man auf drei verschiedene Arten ausgeben lassen, was das nächste Beispiel demonstriert.

1 Beginnen Sie ein neues Programm (siehe Kapitel 3).

2 Schreiben Sie ein Programmgerüst.

```
/* Beispiel zur Ausgabe von Fließkommazahlen*/
#include <stdio.h>

int main()
{
  return 0;
}
```

3 Deklarieren und initialisieren Sie eine `double`-Variable.

```
/* Beispiel zur Ausgabe von Fließkommazahlen*/
#include <stdio.h>

int main()
{
  double wert = 123.1234;

  return 0;
}
```

4 Geben Sie den Wert der `double`-Variablen im Format eines normalen Fließkommawertes aus.

```
/* Beispiel zur Ausgabe von Fließkommazahlen*/
#include <stdio.h>

int main()
{
  double wert = 123.1234;
  printf("Fließkomma   :  %f\n",wert);
  return 0;
}
```

5 Geben Sie die Variable im Exponentialformat aus.

```
/* Beispiel zur Ausgabe von Fließkommazahlen*/
#include <stdio.h>

int main()
{
  double wert = 123.1234;

  printf("Fließkomma   :  %f\n",wert);
  printf("Exponential  :  %e und %E\n",wert,wert);
  return 0;
}
```

6 Zum Schluss geben Sie die Variable in der kompakten Form aus.

```
/* Beispiel zur Ausgabe von Fließkommazahlen*/
#include <stdio.h>

int main()
{
  double wert = 123.1234;
  printf("Fließkomma   :  %f\n",wert);
  printf("Exponential    :  %e und %E\n",wert,wert);
  printf("Kompakt        :  %g\n",wert);

  return 0;
}
```

7 Übersetzen Sie das Programm und führen Sie es aus.

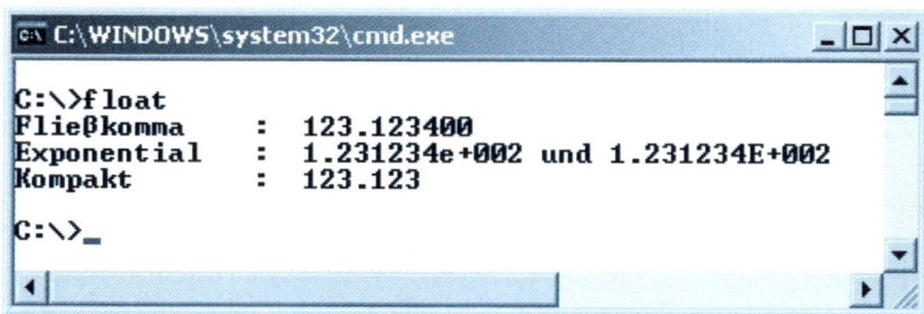

Hinweis

Analog zu den Ganzzahlen wird der Variableninhalt selbst nicht verändert. `printf()` *wandelt den Wert also nur temporär für die Ausgabe um.*

Weitere Umwandlungsvorgaben

Neben der Typangabe, die Datentyp, Zahlensystem und Notation spezifiziert, stehen noch weitere Varianten bei der Formatierung zur Verfügung. Damit können Sie die Feldbreite sowie die Genauigkeit einer Variablen beeinflussen.

Die Feldbreite bei der Ausgabe wird mit einer Dezimalzahl nach dem %-Zeichen angegeben. Beispiel:

```
printf("Wert von x = %10d Euro\n",x);
```

Hier wird der Wert mit so vielen führenden Leerzeichen versehen, dass er die angegebene Feldbreite (im Beispiel zehn Zeichen) erreicht. Auf diese Weise kann man Zahlenkolonnen sehr einfach rechtsbündig untereinander setzen.

> **Hinweis**
>
> *Bei Angabe einer Feldbreite, die kleiner ist als die Anzahl der Ziffern des Wertes, werden trotzdem alle Ziffern ausgegeben.*

Wollen Sie statt Leerzeichen führende Nullen verwenden, schreiben Sie `%0` und unmittelbar dahinter die gewünschte Feldbreite. Ein Beispiel für eine Feldbreite von zehn Zeichen:

```
printf("Wert von x = %010d Euro\n",x);
```

> **Hinweis**
>
> *Es ist nicht möglich, andere Füllzeichen als das Leerzeichen und die Ziffer 0 zu verwenden.*

Neben der rechtsbündigen Formatierung kann auch linksbündig formatiert werden, wobei Sie dann ein Minuszeichen (-) vor die Breitenangabe setzen:

```
/* linksbündige Justierung */
printf("Wert von x = %-10d Euro\n",x);
```

Wollen Sie ein Prozentzeichen ausgeben, stehen Sie vor dem Problem, dass dieses als Einleitungszeichen für Formate dient. Sie müssen es daher umschreiben, was Sie dadurch erreichen, dass Sie zwei Prozentzeichen unmittelbar hintereinander einfügen:

```
printf("Wert von x = %10d %%\n",x);
```

Bei Fließkommazahlen lässt sich festlegen, wie viele Nachkommastellen ausgegeben werden sollen. Dazu verwenden Sie den Formatbezeichner `%.` und setzen dahinter die gewünschte Anzahl der Nachkommastellen:

```
printf("%.2f\n",y);
```

Hiermit werden generell zwei Stellen nach dem Komma auf dem Bildschirm ausgegeben, was zum Beispiel für die Darstellung von Geldbeträgen sinnvoll ist.

In den folgenden Schritten können Sie das eben Erlernte in der Praxis einsetzen.

1 Beginnen Sie ein neues Programm (siehe Kapitel 3).

2 Schreiben Sie ein Programmgerüst.

```
/*  Verschiedene Formatausgaben */
#include <stdio.h>

int main()
{
  return 0;
}
```

3 Deklarieren und initialisieren Sie eine Ganzzahl- und eine Fließkommavariable für die anschließende Formatierung.

```
/*  Verschiedene Formatausgaben */
#include <stdio.h>

int main()
{
  int x = 1234;
  float y = 1234.1234;

  return 0;
}
```

4 Formatieren Sie die Ganzzahlvariable x mit einer Feldbreite von zehn Zeichen, wobei Sie führende Leerzeichen wählen.

```
/*  Verschiedene Formatausgaben */
#include <stdio.h>

int main()
{
  int x = 1234;
  float y = 1234.1234;

  printf("--|%10d|--\n",x);
  return 0;
}
```

5 Verwenden Sie nun führende Nullen für die Ausgabe der Variablen x.

```
/*  Verschiedene Formatausgaben */
#include <stdio.h>

int main()
{
  int x = 1234;
  float y = 1234.1234;

  printf("--|%10d|--\n",x);
  printf("--|%010d|--\n",x);
```

```
  return 0;
}
```

6 Geben Sie die Ganzzahlvariable linksbündig auf dem Bildschirm aus.

```
/*  Verschiedene Formatausgaben */
#include <stdio.h>

int main()
{
  int x = 1234;
  float y = 1234.1234;

  printf("--|%10d|--\n",x);
  printf("--|%010d|--\n",x);
  printf("--|%-10d|--\n",x);
  return 0;
}
```

7 Jetzt formatieren Sie die Fließkommazahl. Geben Sie diese mit einer Genauigkeit von zwei Nachkommastellen aus.

```
/*  Verschiedene Formatausgaben */
#include <stdio.h>

int main()
{
  int x = 1234;
  float y = 1234.1234;

  printf("--|%10d|--\n",x);
  printf("--|%010d|--\n",x);
  printf("--|%-10d|--\n\n",x);

  printf("--|%.2f|--\n",y);
  return 0;
}
```

8 Kompilieren Sie das Programm und führen Sie es aus.

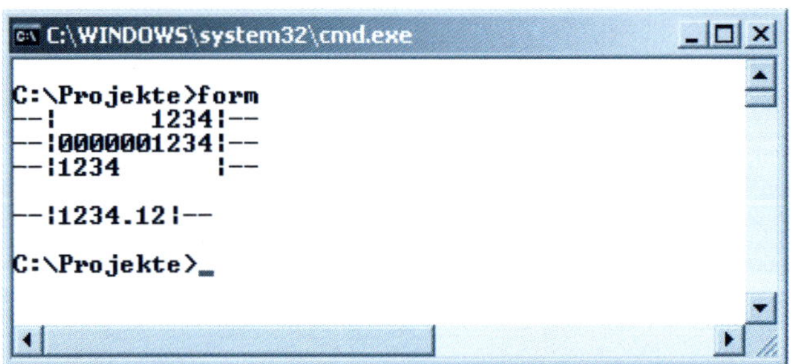

Nicht druckbare Steuerzeichen

Im Verlaufe dieses Buches haben Sie schon häufig das nicht druckbare Steuerzeichen `\n` für »new line« (neue Zeile) verwendet, ohne dass genauer auf das Zeichen eingegangen wurde.

Außer dem Zeichen `\n`, das einen Zeilenumbruch auslöst, gibt es noch eine Reihe weiterer Steuerzeichen. Steuerzeichen werden im Übrigen auch als Escape-Sequenzen bezeichnet.

Alle Steuerzeichen beginnen mit einem Backslash (`\`) und stellen ein Einzelzeichen dar. Aus der ASCII-Tabelle im Anhang können Sie ersehen, dass das Steuerzeichen `\n` (dort als NL = New Line bezeichnet) den dezimalen Wert 10 besitzt. Daher lässt sich alternativ auch folgende Schreibweise verwenden:

```
printf("Hallo Welt %c",10);
```

Auch hiermit wird ein Zeilenumbruch erzeugt. Sie sollten aber trotzdem auf `\n` zurückgreifen, schon einmal deshalb, weil es leichter einzugeben ist.

Alle Steuerzeichen, die zur Verfügung stehen, entnehmen Sie der folgenden Tabelle.

Steuerzeichen	Bedeutung	ASCII-Wert (dezimal)
`\a`	alert (BELL) – Akustisches Warnsignal	7
`\b`	backspace (BS) – Setzt den Cursor um eine Position nach links.	8
`\t`	horizontal tab (HT) – Zeilenvorschub (meist acht Leerzeichen) zur nächsten horizontalen Tabulatorposition	9
`\n`	new line (NL) (auch als line feed (LF) bezeichnet) – Der Cursor geht zum Anfang der nächsten Zeile.	10
`\v`	vertical tab (VT) – Der Cursor wird zur nächsten vertikalen Tabulatorposition bewegt.	11
`\f`	form feed (FF) – Löst einen Seitenvorschub aus. Wird hauptsächlich bei Programmen verwendet, mit denen man etwas ausdrucken kann.	12

Steuerzeichen	Bedeutung	ASCII-Wert (dezimal)
`\r`	carriage return (CR) – Der Cursor wird zum Anfang der aktuellen Zeile bewegt.	13
`\"`	Gibt das Zeichen " aus.	34
`\'`	Gibt das Zeichen ' aus.	39
`\?`	Gibt das Zeichen ? aus.	63
`\\`	Gibt den Backslash (\) aus.	92
`\0`	Null-Terminierungszeichen für Strings	0
`\ddd`	Ausgabe eines oktalen Wertes	ddd (octal)
`\xdd`	Ausgabe eines hexadezimalen Wertes	dd (hexadezimal)

Der Backslash (\) kann übrigens auch auf andere Weise als über \\ eingefügt werden. Dazu schreiben Sie als letztes Zeichen ein \ und fahren in der nächsten Zeile mit der Stringkonstanten fort:

```
printf("Einen Backslash kann man\
 auch so einsetzen\n");
```

Achtung

Die führenden Leerzeichen in der nächsten Zeile gehören aber dann ebenfalls zur Stringkonstanten!

Tipp

Bei längeren Zeichenketten empfiehlt es sich aus Gründen der Übersichtlichkeit, den String mit einem doppelten Anführungszeichen zu schließen und in der neuen Zeile wieder mit einem doppelten Anführungszeichen zu öffnen. Beispiel:

```
printf("Dies ist die bessere Moeglichkeit "
       "für einen String über mehrere Zeilen\n");
```

Formatiertes Einlesen mit scanf()

Nachdem Sie nun in der Lage sind, einen Text auf dem Bildschirm auszugeben, lernen Sie im Folgenden die Funktion `scanf()` kennen, die für die formatierte Eingabe über die Tastatur konzipiert ist und gewissermaßen das Gegenstück zu `printf()` darstellt.

Mit der Funktion `scanf()` können Sie Werte verschiedener Datentypen formatiert einlesen. Dabei wird von der Standardeingabe eingelesen, wobei es sich im Normalfall um die Tastatur handelt. Die Funktion `scanf()` wird zeilenweise gepuffert. Dies bedeutet, dass Fehler in der Eingabe noch so lange durch Drücken von [←] korrigiert werden können, bis Sie die Zeile mit [↵] abgeschlossen haben.

Der Aufbau von `scanf()` ist dem von `printf()` sehr ähnlich. Dabei stehen bei `scanf()` innerhalb der Stringkonstanten dieselben Formatbezeichner – die den Datentyp spezifizieren – wie bei `printf()` zur Verfügung. Auch bei der zweiten Angabe, bei `printf()` die Variablenliste, gibt es Gemeinsamkeiten. Dabei geben Sie die Adresse einer Variablen an, in der Sie den Wert speichern wollen.

```
int x;
printf("Ihre Eingabe bitte : ");

scanf("%d",&x);

printf("Sie gaben ein %d\n",x);
```

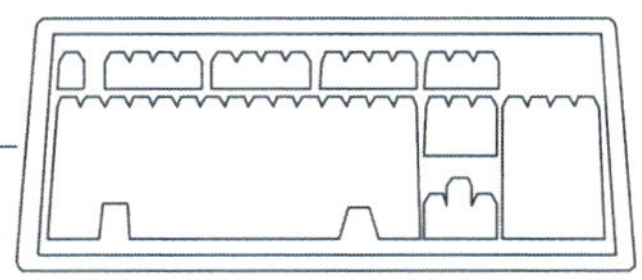

Tastatur

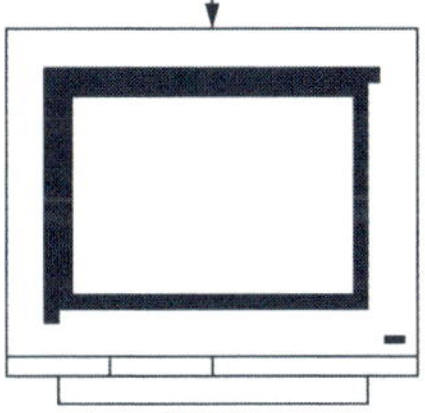

Monitor

Bei dieser Darstellung dürften Sie etwas irritiert sein. Was bedeutet bei `scanf()` das Zeichen `&` vor der Variablen?

Der Adressoperator

Bei dem Zeichen & vor einer Variablen handelt es sich um den so genannten Adressoperator. Es stellt sich die Frage, was es mit diesem auf sich hat und warum man nicht einfach den Namen der Variablen schreiben kann.

Nun, jeder Wert im Arbeitsspeicher hat eine bestimmte Adresse. Nach der Deklaration von `x` wird ein Bereich im Arbeitsspeicher zur Aufnahme des Variableninhalts von `x` reserviert.

Mit der Angabe `&x` wird dann erreicht, dass ein Wert an der Adresse im Arbeitsspeicher abgelegt wird, die für die Variable `x` vorgesehen wurde.

Sie werden sich nun vielleicht fragen, warum dies nicht automatisch geschehen kann. Damit haben Sie nicht ganz Unrecht. So ist in den meisten anderen Programmiersprachen bei derartigen Aktionen kein Adressoperator notwendig, sondern man kann direkt den Variablennamen schreiben. Aber C ist eben eine systemnahe Sprache und der Adressoperator hat durchaus seinen Sinn, denn er erlaubt (in Kombination mit anderen Operatoren) sehr mächtige Manipulationen im Arbeitsspeicher, die Sie später noch zu schätzen lernen werden.

> **Achtung**
>
> *Ein Fehler, den Einsteiger häufig begehen, ist das Weglassen des Adressoperators* `&`.

Die Verwendung von `scanf()` soll an einem Beispiel gezeigt werden. Der Autor hat dazu wieder eines seiner Alltagsprobleme gewählt. Er will das Volumen vom Inhalt der Kaffeetasse wissen, damit ausreichend Wasser für den Kaffee aufgegossen wird. Dafür verwendet man die Formel für das Volumen eines Zylinders. Der Inhalt lässt sich folgendermaßen berechnen:

Volumen = Innendurchmesser^2 * p / 4 * Höhe;

1 Beginnen Sie ein neues Programm (siehe Kapitel 3).

2 Schreiben Sie ein Programmgerüst.

```
/*  Berechnung des Kaffeebecherinhalts */
#include <stdio.h>

int main()
{
  return 0;
}
```

3 Deklarieren und initialisieren Sie die Variablen, die Sie für die Berechnung benötigen. Verwenden Sie `float` als Datentyp.

```
/* Berechnung des Kaffeebecherinhalts */
#include <stdio.h>

int main()
{
  float Volumen, innen, hoehe, pi = 3.14;
  return 0;
}
```

4 Schreiben Sie eine Abfrage für die Variable des Innendurchmessers der Tasse und lesen Sie diesen Wert mit der Funktion `scanf()` ein.

```
/*  Berechnung des Kaffeebecherinhalts */
#include <stdio.h>

int main()
{
  float Volumen, innen, hoehe, pi = 3.14;

  printf("Innendurchmesser der Tasse (cm): ");
  scanf("%f",&innen);

  return 0;
}
```

5 Schreiben Sie eine weitere Abfrage für die Variable zur Höhe der Tasse, die Sie mit `scanf()` einlesen.

```
/*  Berechnung des Kaffeebecherinhalts */
#include <stdio.h>

int main()
{
  float Volumen, aussen, innen, hoehe, pi = 3.14;

  printf("Innendurchmesser der Tasse (cm): ");
  scanf("%f",&innen);

  printf("Hoehe der Tasse (cm)           : ");
  scanf("%f",&hoehe);

  return 0;
}
```

6 Führen Sie jetzt die Berechnung des Volumens durch und geben Sie das Ergebnis auf bis zu zwei Stellen nach dem Komma genau auf dem Bildschirm aus.

```
/*  Berechnung des Kaffeebecherinhalts */
#include <stdio.h>

int main()
{
  float Volumen, innen, hoehe, pi = 3.14;

  printf("Innendurchmesser der Tasse (cm): ");
  scanf("%f",&innen);

  printf("Hoehe der Tasse (cm)            : ");
  scanf("%f",&hoehe);

  Volumen = innen*innen * pi / 4 * hoehe;

/* 1 Kubikzentimeter entspricht 1 Milliliter */
  printf("In die Tasse passen %.2f ml\n",Volumen);

  return 0;
}
```

7 Kompilieren Sie das Programm und führen Sie es aus.

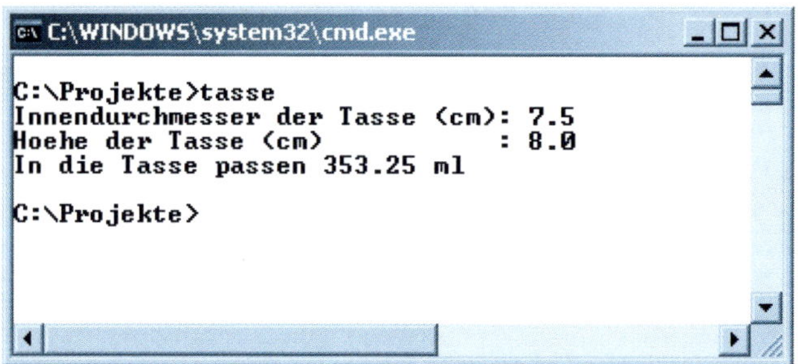

Achtung

Obwohl `scanf()` *große Ähnlichkeiten mit der Funktion* `printf()` *aufweist, dürfen Sie bei* `scanf()` *im Unterschied zu* `printf()` *nur den Formatbezeichner, aber keine Texte oder Steuerzeichen innerhalb der Stringkonstanten verwenden.*

Die folgende Zeile bringt daher kein sinnvolles Ergebnis:

```
scanf("Eingabe machen : %d\n",&zahl);
```

`scanf()` *wurde nämlich nur für Standard*eingaben *konzipiert. Daher müssen Sie zur Ausgabe von Texten entsprechende zusätzliche Aufrufe von* `printf()` *durchführen.*

Eingabefelder formatieren

In Verbindung mit `scanf()` ist es erlaubt, die Eingabefelder zu formatieren – analog zum Formatieren der Ausgabefelder bei `printf()`, die Sie bereits kennen gelernt haben.

Möchten Sie beispielsweise die Anzahl der Ziffern festlegen, die eine Variable speichern soll, so gehen Sie folgendermaßen vor:

```
int zahl;
printf("Eingabe : ");
scanf("%5d",&zahl);
```

Damit werden fünf Dezimalziffern in der Variablen `zahl` gespeichert.

Hinweis

Im Gegensatz zu `printf()` *wirkt sich die Angabe der Feldbreite bei* `scanf()` *tatsächlich auf den Wert der Variablen aus, der in der Variablen gespeichert wird.*

Neben der Feldbreite steht bei `scanf()` noch eine spezielle Variante für den Formatbezeichner zur Verfügung:

Umwandlungszeichen	Bedeutung
[^*liste*]	Es werden so lange Zeichen eingelesen, bis ein Zeichen eingegeben wird, das in *liste* vorkommt.
[*liste*]	Es werden so lange Zeichen eingelesen, bis ein Zeichen eingegeben wird, das **nicht** in *liste* vorkommt.

Möchten Sie zum Beispiel erreichen, dass ein Programm erst nach der Eingabe eines bestimmten Zeichens weiterläuft, können Sie wie im folgenden Beispiel gezeigt vorgehen:

```
char zeichen;
printf("Eingabe2 : ");
scanf("%[^x]",&zeichen);

printf("Sie haben das Zeichen x eingegeben\n");
```

Hier liest `scanf()` so lange Zeichen von der Tastatur ein, bis das Zeichen `x` eingegeben und [↵] gedrückt wird.

Die Verwendung der Formatierungszeichen soll an einem kleinen Beispiel gezeigt werden.

1 Beginnen Sie ein neues Programm (siehe Kapitel 3).

2 Schreiben Sie ein Programmgerüst.

```
/* Beispiel der formatierten Eingabe mit scanf*/
#include <stdio.h>

int main()
{
  return 0;
}
```

3 Deklarieren Sie die Variablen für eine Ganzzahl und eine Fließkommazahl.

```
/*  Beispiel der formatierten Eingabe mit scanf*/
#include <stdio.h>

int main()
{
  int zahl;
  float wert;

  return 0;
}
```

4 Fordern Sie den Anwender auf, eine Ganzzahl einzugeben, und lesen Sie diese mit einer maximal fünfstelligen Genauigkeit ein.

```
/*  Beispiel der formatierten Eingabe mit scanf*/
#include <stdio.h>

int main()
{
   int zahl;
   float wert;

   printf("Bitte eine Ganzzahl eingeben : ");
   scanf("%5d",&zahl);

   return 0;
}
```

5 Fordern Sie den Anwender auf, eine Fließkommazahl einzugeben, und lesen Sie diese Variable ein.

```
/*  Beispiel der formatierten Eingabe mit scanf*/
#include <stdio.h>

int main()
{
   int zahl;
   float wert;

   printf("Bitte eine Ganzzahl eingeben          : ");
   scanf("%5d",&zahl);

   printf("Bitte eine Fliesskommazahl eingeben: ");
   scanf("%f",&wert);

   return 0;
}
```

6 Geben Sie die beiden Werte auf dem Bildschirm aus.

```
/*  Beispiel der formatierten Eingabe mit scanf*/
#include <stdio.h>

int main()
{
   int zahl;
   float wert;

   printf("Bitte eine Ganzzahl eingeben          : ");
   scanf("%5d",&zahl);

   printf("Bitte eine Fliesskommazahl eingeben : ");
   scanf("%f",&wert);

   printf("%d : %.2f\n",zahl,wert);
   return 0;
}
```

Probieren Sie nun einmal Folgendes aus: Tippen Sie den Wert `123456` – also sechs dezimale Ziffern – ein, wenn das Programm Sie zur Eingabe der Ganzzahl auffordert. Im Quellcode wurde aber definiert, dass `scanf()`nur fünf Ziffern einlesen soll:

```
scanf("%5d",&zahl);
```

Die nächste `scanf()`-Eingabeaufforderung wird in diesem Fall einfach übersprungen und bei der Ausgabe hat die Fließkommazahl einen Wert von 6.0.

Die Ursache für dieses Verhalten liegt darin, dass zwar nur fünf Ziffern eingelesen wurden, sich aber die sechste Ziffer weiterhin im so genannten Tastaturpuffer befindet. Außerdem ist im Tastaturpuffer noch der Tastendruck auf [↵] enthalten.

Der Tastaturpuffer hat dann Auswirkungen auf die nächste `scanf()`-Anweisung, das heißt, er wird abgearbeitet, was zur Folge hat, dass die Ziffer 6 und [↵] an die Eingabeaufforderung gesendet werden und die Eingabe dadurch ausgeführt wird (obwohl Sie die Fließkommazahl vermutlich selbst eingeben möchten).

Sie können solche in der Regel unerwünschten Effekte vermeiden, indem Sie den Inhalt des Tastaturpuffers löschen, bevor die nächste `scanf()`-Anweisung ausgeführt wird. Verwenden Sie hierfür die Funktion `fflush()`:

```
fflush(stdin);
```

Damit werden alle noch im Puffer der Standardeingabe (`stdin`) befindlichen Zeichen gelöscht. Setzen Sie das jetzt ins Programm um.

7 Löschen Sie den Eingabepuffer mit `fflush()`, damit nach dem Einlesen einer Ganzzahl `scanf()` wieder für die nächste Eingabe zur Verfügung steht.

```
/*  Beispiel der formatierten Eingabe mit scanf*/
#include <stdio.h>

int main()
{
  int zahl;
  float wert;

  printf("Bitte eine Ganzzahl eingeben          : ");
  scanf("%5d",&zahl);
  fflush(stdin);

  printf("Bitte eine Fliesskommazahl eingeben : ");
  scanf("%f",&wert);

  printf("%d : %.2f\n",zahl,wert);
  return 0;
}
```

8 Kompilieren Sie das Programm und führen Sie es aus.

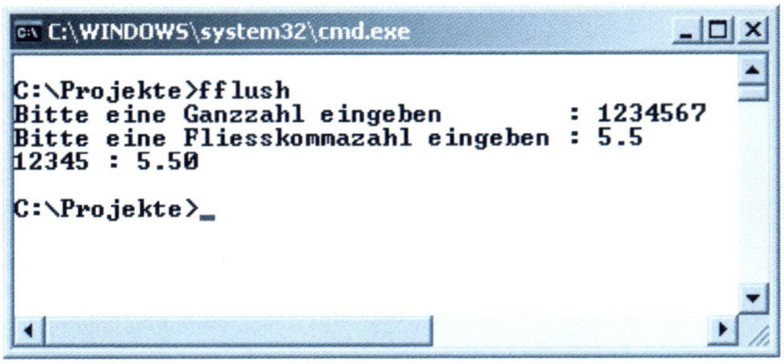

Probleme mit scanf

Sie haben bereits gesehen, wie man das Problem des Tastaturpuffers bei der Funktion `scanf()` mit `fflush(stdin)` lösen kann. Leider lässt sich dies nicht auf jedem System so einfach realisieren. Ob es auf Ihrem System funktioniert oder nicht, können Sie mit folgendem Programmbeispiel testen:

```
/*  Probleme mit scanf */
#include <stdio.h>

int main()
{
   char a,b,c;

   printf("Zeichen 1 : ");
   scanf("%c",&a);
   fflush(stdin);

   printf("Zeichen 2 : ");
   scanf("%c",&b);
   fflush(stdin);

   printf("Zeichen 3 : ");
   scanf("%c",&c);
   fflush(stdin);

   printf("Ihre Zeichen %c %c %c\n",a,b,c);
   return 0;
}
```

Ein Problem mit `scanf()` liegt dann vor, wenn sich bei Ihnen folgendes Bild ergibt:

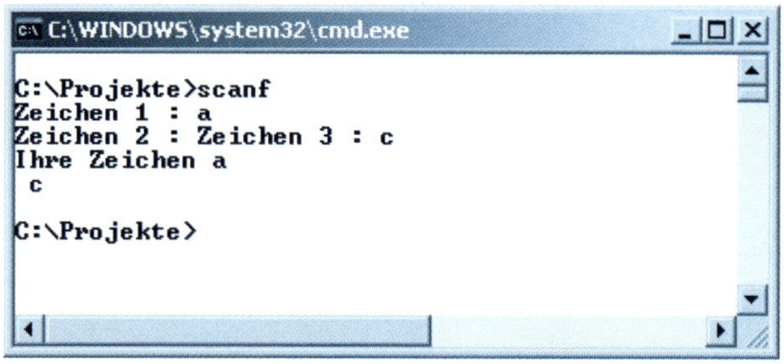

Hier wurde die Eingabe des zweiten Zeichens übersprungen, da sich im Tastaturpuffer noch das Zeichen `\n` befindet, das eine neue Zeile erzeugt (und dieses bei bestimmten Systemen trotz des Versuchs, den Tastaturpuffer komplett zu leeren, übrig bleiben kann). Der Computer verwendet dann dieses Zeichen gleich für das zweite Zeichen.

Sie können das Problem lösen, indem Sie statt `fflush()` die Funktion `getchar()` verwenden. Das Programm sieht dann so aus:

```
/*  Probleme mit scanf */
#include <stdio.h>

int main()
{
  char a,b,c;

  printf("Zeichen 1 : ");
  scanf("%c",&a);
  getchar();

  printf("Zeichen 2 : ");
  scanf("%c",&b);
  getchar();

  printf("Zeichen 3 : ");
  scanf("%c",&c);
  getchar();

  printf("Ihre Zeichen %c %c %c\n",a,b,c);
  return 0;
}
```

Beim erneuten Testen des Programms sollte die Funktion `scanf()` nun keine Probleme mehr verursachen.

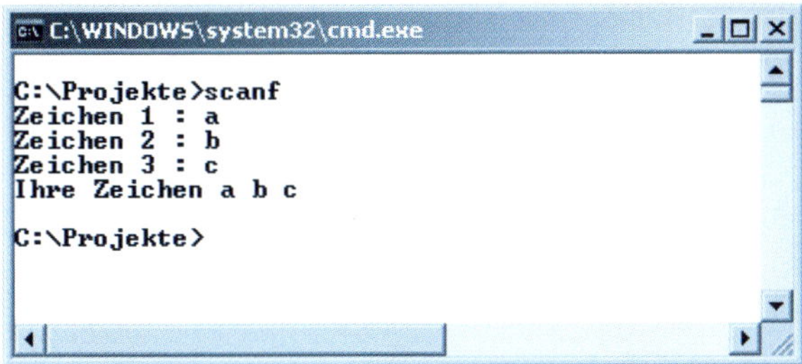

Eine kleine Erfolgskontrolle

1. Korrigieren Sie die Fehler im folgenden Programm.

```
#include <stdio.h>

int main()
{
   int zahl1, zahl2;

   printf("Bitte geben Sie eine Zahl ein : ");
   scanf("%d",zahl1);

   printf("Bitte geben Sie noch eine ein : ");
   scanf("%d",zahl2);

   printf("Summe beider Zahlen : %d", zahl1+zahl2);
   return 0;
}
```

2. Schreiben Sie ein Programm, das folgende Ausgabe produziert. Verwenden Sie dabei für die Zahlen Variablen und keine Stringkonstanten.

```
Artikelnummer                Anzahl                      Preis
0000000123212                     1                       0.99
```

3. Hier ein weiteres Programm mit Fehlern, die behoben werden müssen.

```
#include <stdio.h>

int main()
{
   int a;
   float b;
   char c;

   scanf("Eine Ganzzahl : %d",&a);
   printf("Eine Fliesskommazahl bitte : ");
   scanf("%c",&b);
   printf("Jetzt noch ein Zeichen : ");
   printf("%c",&c);
   printf("Sie gaben ein %d %f %c\n",a,b,c);
   return 0;
}
```

Kapitel 7

Kontrollstrukturen – Den Programmfluss steuern

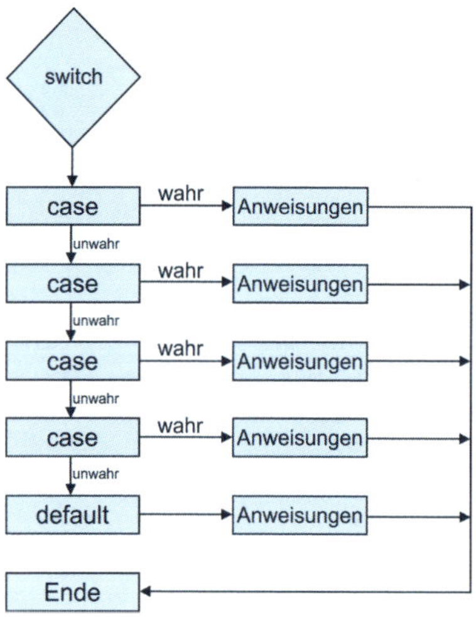

Bei den bisherigen Programmbeispielen hatten Sie noch keinen direkten Einfluss auf den Programmablauf. Die Programme liefen immer sequenziell ab, also zeilenweise von oben nach unten. Häufig soll aber eine Anweisung nur dann ausgeführt werden, wenn eine bestimmte Eingabe erfolgte. Andere Anweisungen sollen mehrmals ausgeführt werden. Wie Sie all dies und noch mehr realisieren, erfahren Sie in diesem Kapitel.

Das können Sie schon:

Das lernen Sie neu:

Es gibt wohl keine Programmiersprache, bei der man ohne so genannte Kontrollstrukturen auskommen könnte. Erfreulicherweise haben die meisten Programmiersprachen ähnliche Konzepte in Bezug auf Kontrollstrukturen, was Befehlsnamen und Syntax angeht, was das Umsteigen auf andere Programmiersprachen erleichtert.

Man unterscheidet im Prinzip drei verschiedene Kontrollstrukturen:

- **Verzweigungen** – Hierbei wird im Programm eine Bedingung definiert. Je nachdem, ob diese der Wahrheit entspricht oder nicht, wird das Programm an unterschiedlichen Stellen fortgesetzt.
- **Schleifen** – Damit können Sie Anweisungen oder Anweisungsblöcke mehrmals wiederholen, bis eine Abbruchbedingung, die zuvor definiert wurde, erfüllt wird.
- **Sprünge** – Die Programmausführung wird an einer bestimmten Stelle unterbrochen und an einer anderen Stelle fortgesetzt, die mit einer Sprungmarke versehen ist. Sprünge sind fehlerträchtig und sollten nach Möglichkeit vermieden werden. Fast alle Aufgabenstellungen lassen sich ohne Sprünge lösen.

Die if-Verzweigung und Vergleichsoperatoren

Soll eine Anweisung oder ein Anweisungsblock nur dann ausgeführt werden, wenn eine bestimmte Bedingung erfüllt wurde, dann verwenden Sie die `if`-Verzweigung. Zum besseren Verständnis hier die Syntax von `if`:

```
if(Bedingung)
{
  Anweisung(en);
}
```

Ist die `Bedingung`, die zwischen den Klammern definiert wurde, wahr, dann werden die `Anweisungen` im darauf folgenden Anweisungsblock ausgeführt. Ist die `Bedingung` dagegen nicht wahr, wird der Anweisungsblock ignoriert und die Programmausführung mit den darauf folgenden Anweisungen fortgesetzt.

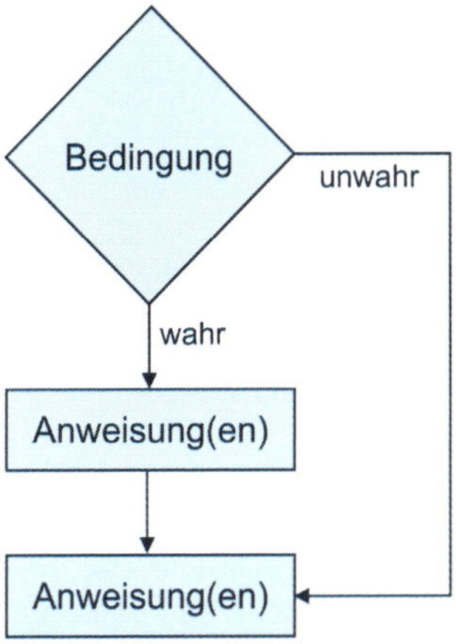

Hinweis

In Verbindung mit der Programmiersprache C ist alles wahr, was einen Wert größer als 0 besitzt. Dagegen wird unwahr zurückgeliefert, wenn der Wert gleich oder kleiner als 0 ist. Zwischenwerte gibt es nicht, eine Bedingung ist stets wahr oder unwahr. Es stellt sich nun die Frage, was C bei einer Bedingung zurückliefert. Es gibt nämlich bei C keinen Datentyp, der die Werte wahr und unwahr ausdrückt, so wie dies in den meisten anderen Programmiersprachen wie zum Beispiel C++ der Fall ist (dort gibt es einen so genannten booleschen Datentyp). In C wird bei einer wahren Bedingung der Wert 1 zurückgegeben, bei einer unwahren Bedingung dagegen der Wert 0.

Jetzt wird es Zeit, Ihnen die `if`-Bedingung anhand eines einfachen Programms zu demonstrieren. Sie werden aufgefordert, eine Ganzzahl einzugeben. In der `if`-Bedingung überprüfen Sie, ob der Wert, den Sie eingegeben haben, größer als 50 ist.

1 Beginnen Sie ein neues Programm (siehe Kapitel 3).

2 Schreiben Sie ein Programmgerüst.

```
/* Beispiel fuer eine if-Bedingung*/
#include <stdio.h>

int main()
{

  return 0;
}
```

3 Definieren Sie eine `int`-Variable und lesen Sie über die Tastatur eine Zahl ein.

```
/* Beispiel fuer eine if-Bedingung*/
#include <stdio.h>

int main()
{
  int zahl;

  printf("Bitte geben Sie eine Zahl ein : ");
  scanf("%d",&zahl);

  return 0;
}
```

4 Jetzt formulieren Sie die `if`-Bedingung. Prüfen Sie, ob der eingegebene Wert in der Variablen `zahl` kleiner als 50 ist. Trifft dies zu, geben Sie eine Meldung mithilfe der `printf()`-Anweisung aus, die Sie in dem Anweisungsblock einfügen, der von der `if`-Verzweigung eingeleitet wird.

```
/* Beispiel fuer eine if-Bedingung*/
#include <stdio.h>

int main()
{
  int zahl;

  printf("Bitte geben Sie eine Zahl ein : ");
  scanf("%d",&zahl);

  if(zahl < 50)
    {
      printf("Zahl ist kleiner als 50\n");
    }

  printf("Programmende\n");
  return 0;
}
```

Achtung

Machen Sie nicht den Fehler, hinter eine Bedingung ein Semikolon zu setzen. Damit wird nämlich eine neue Anweisung eingeleitet, der darauf folgende Anweisungsblock steht dann isoliert von der Bedingung und wird folglich immer ausgeführt. Im konkreten Beispiel wird dann unabhängig vom eingegebenen Wert immer die Meldung ausgegeben, dass die Zahl kleiner als 50 ist.

Wie Sie sicher erkannt haben, wurde hier als Vergleichsoperator der Kleiner-als-Operator (<) verwendet. Natürlich gibt es noch eine Reihe weiterer Vergleichsoperatoren:

Vergleichsoperator	Bedeutung
a < b	Wahr, wenn a kleiner als b
a <= b	Wahr, wenn a kleiner oder gleich b
a > b	Wahr, wenn a größer als b
a >= b	Wahr, wenn a größer oder gleich b
a == b	Wahr, wenn a gleich b
a != b	Wahr, wenn a ungleich b

Fügen Sie jetzt in dem Programm eine weitere `if`-Bedingung ein. Dieses Mal soll überprüft werden, ob der Wert gleich 50 ist.

5 Formulieren Sie eine weitere `if`-Bedingung, mit der überprüft wird, ob die eingegebene Zahl dem Wert 50 entspricht.

```
/* Beispiel fuer eine if-Bedingung*/
#include <stdio.h>

int main()
{
  int zahl;

  printf("Bitte geben Sie eine Zahl ein : ");
  scanf("%d",&zahl);

  if(zahl < 50)
   {
     printf("Zahl ist kleiner als 50\n");
   }

  if(zahl == 50)
   {
     printf("Zahl ist gleich 50!\n");
   }

  printf("Programmende\n");
  return 0;
}
```

Achtung

Ein häufig gemachter Fehler (nicht nur bei Einsteigern) liegt darin, anstelle des Vergleichsoperators, der auf Gleichheit (==) prüft, den Zuweisungsoperator (=) zu verwenden. Rein syntaktisch ist dann kein Fehler vorhanden. Dies führt zunächst einmal dazu, dass die Variable einen Wert zugewiesen bekommt. Diese Zuweisung wird dann als wahr eingestuft, die Bedingung ist dann immer erfüllt und es kommt zu einem unerwünschten Verhalten. Achten Sie daher darauf, wirklich den Vergleichsoperator == einzusetzen, auch wenn in vielen anderen Programmiersprachen ein =-Zeichen für eine Überprüfung auf Gleichheit verwendet werden muss.

6 Kompilieren Sie das Programm und führen Sie es aus.

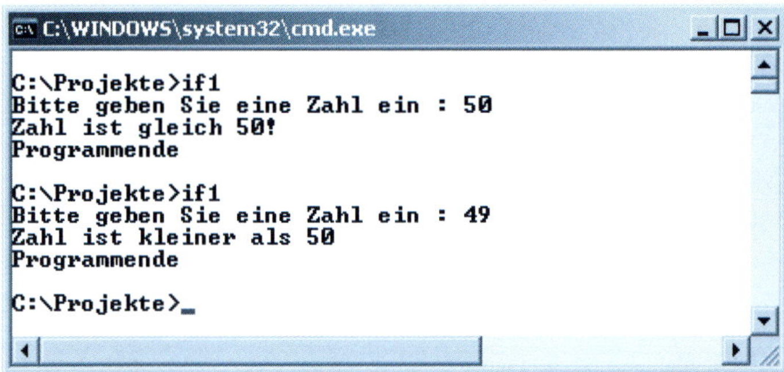

Jetzt könnten Sie als Letztes eine `if`-Bedingung einbauen, die feststellt, ob die eingegebene Zahl größer als 50 ist. Aber bevor Sie sich die Mühe dafür machen, lesen Sie den nächsten Abschnitt – es gibt nämlich eine elegantere Lösung als eine weitere `if`-Verzweigung.

Die else-Verzweigung (Alternative)

Die `else`-Verzweigung dient als Ergänzung der `if`-Verzweigung. Sie wird abgearbeitet, wenn die `if`-Bedingung nicht erfüllt ist, gewissermaßen als Alternative dazu. Hier die Syntax:

```
if(Bedingung)
{
   Anweisung(en);
}
else
{
   Anweisung(en);
}
```

Ist die `if`-Bedingung wahr, wird der zugehörige Anweisungsblock ausgeführt. Ist die `if`-Bedingung dagegen nicht wahr, werden automatisch die alternativen Anweisungen im `else`-Anweisungsblock ausgeführt.

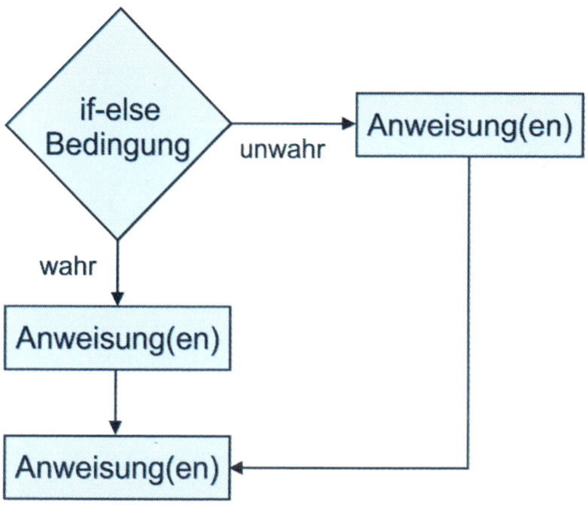

Bauen Sie nun den `else`-Block in das vorangegangene Programmbeispiel ein.

1 Laden Sie das vorangegangene Programm in Ihren Editor.

2 Hängen Sie am Ende des letzten `if`-Anweisungsblocks den `else`-Anweisungsblock an.

```
/* Beispiel fuer eine if-else-Bedingung*/
#include <stdio.h>

int main()
{
  int zahl;

  printf("Bitte geben Sie eine Zahl ein : ");
  scanf("%d",&zahl);

  if(zahl < 50)
   {
     printf("Zahl ist kleiner als 50\n");
   }
```

```
  if(zahl == 50)
   {
     printf("Zahl ist gleich 50!\n");
   }
  else
   {
     printf("Zahl ist groesser als 50!\n");
   }

  printf("Programmende\n");
  return 0;
}
```

3 Kompilieren Sie das Programm und führen Sie es aus.

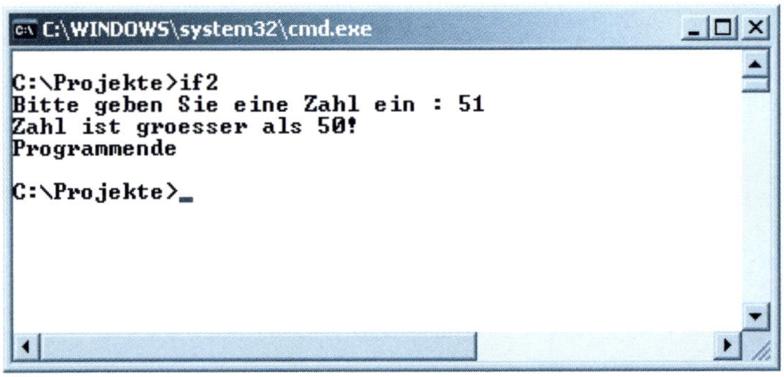

Der `else`-Anweisungsblock wird ausgeführt, wenn die Zahl nicht kleiner als oder gleich 50 ist. Dann kann die Zahl logischerweise nur noch größer als 50 sein. Eine dritte `if`-Verzweigung ist daher nicht notwendig.

Achtung

Eine `else`-Verzweigung ist wie bereits angedeutet eine Ergänzung für die `if`-Verzweigung. Eine `else`-Verzweigung darf daher nicht alleine – ohne vorangehende, zugehörige `if`-Verzweigung – stehen.

Die else if-Verzweigung

Wenn Sie mehr als zwei Fälle vergleichen, ist es empfehlenswert, eine `else if`-Verzweigung zu verwenden. Hier die Syntax dazu:

```
if(Bedingung)
{
   Anweisung(en);
}
else if(Bedingung)
{
   Anweisung(en);
}
else
{
   Anweisung(en);
}
```

Ist die `if`-Bedingung wahr, wird der entsprechende Anweisungsblock ausgeführt. Ist die `if`-Bedingung dagegen nicht wahr, wird die else `if`-Bedingung überprüft. Ist diese wahr, wird deren Anweisungsblock ausgeführt. Liefert auch die `else if`-Bedingung unwahr, wird als letzte Alternative die `else`-Bedingung ausgeführt. Diese `else`-Alternative ist natürlich optional und muss nicht angegeben werden.

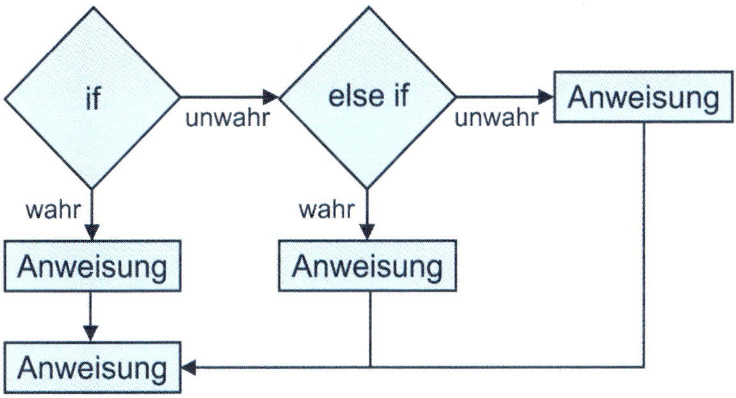

Die `else if`-Verzweigung soll nun in das vorige Beispiel eingebaut werden. Sie können das Programm damit ein wenig optimieren. Denn wenn die erste `if`-Bedingung wahr ist, wurde zuvor trotzdem die zweite `if`-Bedingung überprüft, was nicht erforderlich ist und die Programmausführung unnötigerweise verlangsamt. Mit der `else if`-Bedingung gestalten Sie eine elegantere Abfrage.

1 Laden Sie das vorherige Programm in Ihren Editor.

2 Schreiben Sie vor die zweite `if`-Bedingung das Schlüsselwort `else`.

```
/* Beispiel fuer eine else if-Bedingung*/
#include <stdio.h>

int main()
{
  int zahl;

  printf("Bitte geben Sie eine Zahl ein : ");
  scanf("%d",&zahl);

  if(zahl < 50)
   {
     printf("Zahl ist kleiner als 50\n");
   }
  else if(zahl == 50)
   {
     printf("Zahl ist gleich 50!\n");
   }
  else
   {
     printf("Zahl ist groesser als 50!\n");
   }

  printf("Programmende\n");
  return 0;
}
```

3 Kompilieren Sie das Programm und führen Sie es aus.

Hinweis

Folgt einer `if`-Bedingung nur genau eine Anweisung, so können Sie den Anweisungsblock (die geschweiften Klammern) auch weglassen. Dies gilt natürlich ebenso für die `else if`- und `else`-Verzweigungen.

Es ist außerdem möglich, mehrere Bedingungen und Anweisungsblöcke ineinander zu verschachteln. Hier das Programmbeispiel von eben, aber ein wenig verschachtelter:

```
/* Beispiel der else if-Bedingung*/
#include <stdio.h>

int main()
{
  int zahl;
```

```
    printf("Bitte geben Sie eine Zahl ein : ");
    scanf("%d",&zahl);

    if(zahl <= 50)
     {
       if(zahl == 50)
        {
          printf("Zahl ist gleich 50!\n");
        }
       else
        {
           printf("Zahl ist kleiner als 50!!\n");
        }
     }
    else
     {
       printf("Zahl ist groesser als 50!\n");
     }

    printf("Programmende\n");
    return 0;
}
```

Der Ablauf des Programms bleibt hierbei gleich. Wenn der eingegebene Wert kleiner als oder gleich 50 ist, geht es im zugehörigen Anweisungsblock weiter, in dem überprüft wird, was genau zutrifft – kleiner als oder gleich 50? Ist der Wert aber nicht kleiner als bzw. gleich 50, wird die `else`-Verzweigung ausgeführt, der Wert ist dann größer als 50.

Tipp

Damit Sie bei den vielen `if`-Bedingungen im Quellcode den Überblick behalten, sollten Sie jeden neuen Anweisungsblock einrücken (so wie im obigen Beispiel gezeigt). Manche Editoren machen dies automatisch.

Die switch-Verzweigung

In der Praxis kommt es häufig vor, dass sehr viele einzelne Fälle einer Bedingung abgefragt werden müssen. Natürlich könnten Sie viele einzelne `if else`-Bedingungen formulieren. Besonders komfortabel ist dies jedoch nicht. Eine bequemere Variante ist die `switch`-Verzweigung, die auch als Fallunterscheidung bezeichnet wird. Hier die zugehörige Syntax:

```
switch(Ausdruck)
 {
  case Ausdruck1 : Anweisung(en);
                   break;
  case Ausdruck2 : Anweisung(en);
                   break;
  case Ausdruck3 : Anweisung(en);
                   break;
  case Ausdruck4 : Anweisung(en);
                   break;
  case Ausdruck5 : Anweisung(en);
                   break;
  ...
  default        : Anweisung(en);
}
```

Als Ausdruck in der `switch`-Anweisung können Sie eine beliebige Ganzzahl- oder `char`-Variable angeben. In den einzelnen `case`-Fallunterscheidungen wird überprüft, ob einer dieser Ausdrücke mit dem Ausdruck aus der `switch`-Anweisung übereinstimmt. Trifft dies zu, werden die entsprechenden Anweisungen ausgeführt. Mit `break` sorgen Sie dafür, dass Ihr Programm am Ende des `switch`-Anweisungsblocks fortfährt.

Achtung

Vergessen Sie nicht die `break`*-Anweisung. Fehlt sie, bedeutet dies, dass die nächste* `case`*-Anweisung ausgeführt wird (obwohl diese nicht zutrifft). Befindet sich in dieser ebenfalls kein* `break`*, wird die übernächste ebenso ausgeführt usw.*

Gibt es keine Übereinstimmung bei den `case`-Marken, wird zu den Anweisungen verzweigt, die hinter `default` definiert sind. `default` verhält sich demnach ähnlich wie `else` bei den `if`-Bedingungen.

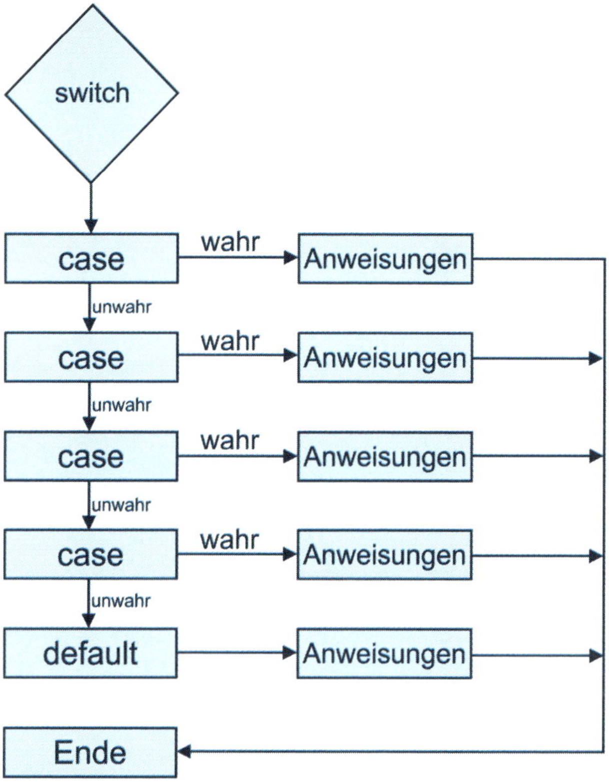

Hinweis

Die `default`*-Anweisung in der* `switch`*-Verzweigung ist optional und muss nicht unbedingt verwendet werden. Aber für den Fall, dass kein Ausdruck übereinstimmt, sollten Sie unbedingt Gebrauch von* `default` *machen.*

Achtung

In `switch`*-Anweisungen dürfen nur dezimale Ganzzahlen und einzelne Zeichen verwendet werden. Bei anderen Überprüfungen müssen Sie auf* `switch` *verzichten und mit* `if else`*-Verzweigungen arbeiten.*

Im Anschluss folgt ein Beispiel für die `switch`-Verzweigung. In diesem werden Sie aufgefordert, eine Zahl zwischen 1 und 5 einzugeben. In der `switch`-Verzweigung werten Sie die Eingabe aus.

1 Legen Sie ein neues Projekt mit folgendem Grundgerüst an. Fordern Sie dabei den Anwender auf, eine Ganzzahl zwischen 1 und 5 einzugeben, und lesen Sie den Wert ein.

```
/* Beispiel einer switch-Verzweigung*/
#include <stdio.h>

int main()
{
  int zahl;

  printf("Geben Sie eine Zahl zwischen 1 und 5 ein : );
  scanf("%d",&zahl);

  return 0;
}
```

2 Setzen Sie die Variable `zahl` als Ausdruck der `switch`-Anweisung ein.

```
/* Beispiel einer switch-Verzweigung*/
#include <stdio.h>

int main()
{
  int zahl;

  printf("Geben Sie eine Zahl zwischen 1 und 5 ein : ");
  scanf("%d",&zahl);

  switch(zahl)
   {

  return 0;
}
```

3 Geben Sie die einzelnen Verzweigungen für die `switch`-Anweisung ein, wobei Sie die Werte von 1 bis 5 überprüfen. Vergessen Sie `break` nicht.

```
/* Beispiel einer switch-Verzweigung*/
#include <stdio.h>

int main()
{
  int zahl;

  printf("Geben Sie eine Zahl zwischen 1 und 5 ein : ");
  scanf("%d",&zahl);
```

```
  switch(zahl)
   {
     case 1  :  printf("1 ist eine gute Zahl\n");
                break;
     case 2  :  printf("2 ist nicht schlecht\n");
                break;
     case 3  :  printf("Die 3 wurde hier eingegeben\n");
                break;
     case 4  :  printf("4 ist eine Zahl\n");
                break;
     case 5  :  printf("5 ist die beste Zahl\n");
                break;

  return 0;
}
```

4 Definieren Sie eine `default`-Verzweigung, damit auch dann eine Ausgabe erfolgt, wenn keine der `case`-Bedingungen zutrifft. Schließen Sie daraufhin den `switch`-Anweisungsblock ab.

```
/* Beispiel einer switch-Verzweigung*/
#include <stdio.h>

int main()
{
  int zahl;

  printf("Geben Sie eine Zahl zwischen 1 und 5 ein : ");
  scanf("%d",&zahl);

  switch(zahl)
   {
     case 1  :  printf("1 ist eine gute Zahl\n");
                break;
     case 2  :  printf("2 ist nicht schlecht\n");
                break;
     case 3  :  printf("Die 3 wurde hier eingegeben\n");
                break;
     case 4  :  printf("4 ist auch ein gute Zahl\n");
                break;
     case 5  :  printf("5 ist die beste Zahl\n");
                break;
     default :  printf("Unbekannte Zahl?!\n");
   }
  return 0;
}
```

5 Kompilieren Sie das Programm und führen Sie es aus.

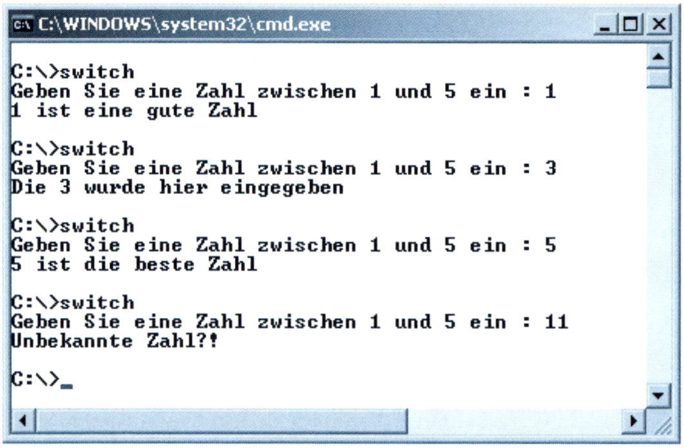

> **Tipp**
>
> *Testen Sie das Programm doch einmal aus, indem Sie eine oder mehrere* `break`*-Anweisungen entfernen.*

Natürlich lässt sich eine derartige Abfrage auch in Verbindung mit Zeichen durchführen. Sie müssen aber dabei beachten, dass die Zeichen bei `case` zwischen einfache Anführungszeichen gesetzt werden (`'a'`, `'b'`, `'c'`).

Weiter hinten in diesem Kapitel werden Sie sehen, dass sich die `switch`-Verzweigung hervorragend für Menüs von Konsolenprogrammen eignet.

Inkrement- und Dekrement-Operator

Man spricht vom Inkrementieren bzw. Dekrementieren, wenn sich der Wert einer Variablen um den Wert 1 erhöht (Inkrement) bzw. verringert (Dekrement). Bislang haben Sie den Wert einer Variablen wie folgt um den Wert 1 erhöht:

```
var+=1; /* oder auch var = var + 1; */
```

Mit dem Inkrement-Operator können Sie dies so schreiben:

```
var++;     /* Wert von var um 1 erhöht */
```

(Jetzt wissen Sie, warum der Nachfolger der Programmiersprache C nicht C+, sondern C++ heißt.)

Dasselbe gilt natürlich ebenfalls für den Dekrement-Operator, mit dem Sie den Wert der Variablen um 1 verringern können:

```
var--;    /* Wert von var wird um 1 verringert */
```

Operator	Bedeutung
++	Inkrement (Variable um 1 erhöhen)
--	Dekrement (Variable um 1 verringern)

Sie können diese Operatoren außerdem ebenso vor die Variablen setzen:

```
++var;
--var;
```

In diesem Fall spricht man von der Präfix-Schreibweise. Folgt der Operator hinter der Variablen, spricht man von der Postfix-Schreibweise.

Schreibweise	Bedeutung
var++	Inkrement in Postfix-Schreibweise
++var	Dekrement in Präfix-Schreibweise
var--	Inkrement in Postfix-Schreibweise
--var	Dekrement in Präfix-Schreibweise

Die beiden Schreibweisen haben einen sehr bedeutenden Unterschied: Die Postfix-Schreibweise erhöht bzw. verringert den Wert der Variablen, gibt aber noch den alten Wert an den aktuellen Ausdruck weiter. Die Präfix-Schreibweise dagegen erhöht bzw. verringert den Wert der Variablen und gibt diesen geänderten Wert sofort an den aktuellen Ausdruck weiter.

Das folgende Beispiel demonstriert den Einsatz des Inkrement- und des Dekrement-Operators sowie den Unterschied zwischen Postfix- und Präfix-Schreibweise.

1 Erstellen Sie ein neues Projekt und schreiben Sie das Programmgerüst.

```
/* Demonstration des Inkrement- und Dekrementoperators*/
#include <stdio.h>

int main()
{
  return 0;
}
```

2 Deklarieren Sie eine `int`-Variable und initialisieren Sie diese mit dem Wert 1. Inkrementieren Sie anschließend den Wert dieser Variablen. Geben Sie den aktuellen Wert der Variablen aus.

```
/* Demonstration des Inkrement- und Dekrementoperators*/
#include <stdio.h>

int main()
{
  int wert=1;
  wert++;
  printf("Wert : %d\n",wert);     /* wert  = 2 */

  return 0;
}
```

3 Schreiben Sie die Inkrementierung der Variablen in die Variablenliste der Funktion `printf()`. Inkrementieren Sie die Variable in der Postfix-Schreibweise.

```
/* Demonstration des Inkrement- und Dekrementoperators*/
#include <stdio.h>

int main()
{
  int wert=1;
  wert++;
  printf("Wert : %d\n",wert);    /* wert = 2 */
  printf("Wert : %d\n",wert++);  /* wert = 2 */

  return 0;
}
```

Sie sind möglicherweise davon irritiert, dass im Kommentar `wert = 2` steht, obwohl der Wert um 1 inkrementiert wurde und damit 3 betragen sollte. Da aber der Wert auf Grund der eingesetzten Postfix-Schreibweise erst inkrementiert wird, wenn auf ihn zugegriffen (und dieser damit ausgegeben) wurde, wird tatsächlich 2 ausgegeben.

4 Inkrementieren Sie den Wert wie in Schritt 3, diesmal aber in der Präfix-Schreibweise.

```
/* Demonstration des Inkrement- und Dekrementoperators*/
#include <stdio.h>

int main()
{
  int wert=1;
  wert++;
  printf("Wert : %d\n",wert);    /* wert = 2 */
  printf("Wert : %d\n",wert++);  /* wert = 2 */
  printf("Wert : %d\n",++wert);  /* wert = 4 */
```

```
  return 0;
}
```

Der Wert 4 dürfte Sie hierbei nicht mehr überraschen. Die Variable hatte ja nach Abarbeitung der zweiten `printf()`-Funktion bereits den Wert 3 (obwohl noch 2 ausgegeben wurde). Mit der Präfix-Schreibweise in der nächsten `printf()`-Funktion wird erreicht, dass der Wert bereits vor dem Zugriff auf die Variable (und damit der Ausgabe) um 1 erhöht wird, sodass 4 angezeigt wird.

5 Jetzt dekrementieren Sie die Variable jeweils einmal in der Postfix- und einmal in der Präfix-Schreibweise.

```
/* Demonstration des Inkrement- und Dekrementoperators*/
#include <stdio.h>

int main()
{
  int wert=1;
  wert++;
  printf("Wert : %d\n",wert);     /* wert = 2 */
  printf("Wert : %d\n",wert++);   /* wert = 2 */
  printf("Wert : %d\n",++wert);   /* wert = 4 */
  printf("Wert : %d\n",wert--);   /* wert = 4 */
  printf("Wert : %d\n",--wert);   /* wert = 2 */

  return 0;
}
```

6 Kompilieren Sie das Programm und führen Sie es aus.

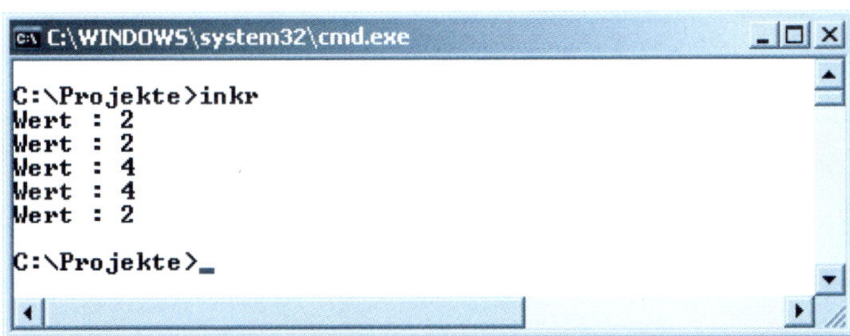

Hinweis

Auch wenn man die Inkrementierung und Dekrementierung nicht unbedingt benötigt (Sie können auch `+=1` bzw. `-=1` schreiben), sollten Sie darauf zurückgreifen, wenn Sie eine Addition oder Subtraktion um 1 benötigen. Ein Inkrement bzw. Dekrement ist eleganter und kompakter und wird außerdem schneller ausgeführt als eine normale Addition bzw. Subtraktion.

Die while-Schleife

Mit Schleifen sind Sie in der Lage, einen Anweisungsblock mehrmals zu wiederholen. In der Programmierung müssen Anweisungen häufig wiederholt werden. Sicherlich könnten Sie die Anweisungen auch Zeile für Zeile wiederholen. Angenommen, Sie möchten das kleine Einmaleins berechnen:

```
printf("1*1 = %d\n",1*1);
printf("2*1 = %d\n",2*1);
printf("3*1 = %d\n",3*1);
printf("4*1 = %d\n",4*1);
printf("5*1 = %d\n",5*1);
printf("6*1 = %d\n",6*1);
...
```

Dies ist wenig effektiv, gerade, wenn Sie eine Anweisung sehr oft wiederholen möchten. Zugleich ist es fehleranfällig, da Sie bei jeder Zeile aufpassen müssen, die Elemente, die sich verändern – im Beispiel die Multiplikatoren – auch korrekt einzusetzen.

Hier helfen Schleifen weiter. Im Grunde verwendet man Schleifen allgemein in den folgenden drei Schritten:

- **Initialisierung** – Die Schleifenvariable bekommt ihren Anfangswert.
- **Bedingung** – Die Schleifenvariable wird auf ihre Bedingung überprüft.
- **Reinitialisierung** – Die Schleifenvariable erhält einen anderen Wert.

Was ist das?

Eine Schleifenvariable wird zum Steuern der Schleife verwendet. Ansonsten weist eine Schleifenvariable keine Besonderheiten auf, kann also wie jede andere Variable behandelt werden.

Als erste Schleifenart lernen Sie die `while`-Schleife kennen. Die Syntax dazu:

```
while(Bedingung)
 {
   Anweisung(en);
 }
```

Ist die Bedingung zwischen den Klammern wahr, werden die Anweisungen im Anweisungsblock ausgeführt. Nach deren Ausführung wird wieder die Bedingung überprüft. Ist diese wiederum wahr, werden die Anweisungen im Anweisungsblock erneut ausgeführt. Dies wird so lange fortgesetzt, bis die Bedingung unwahr ist.

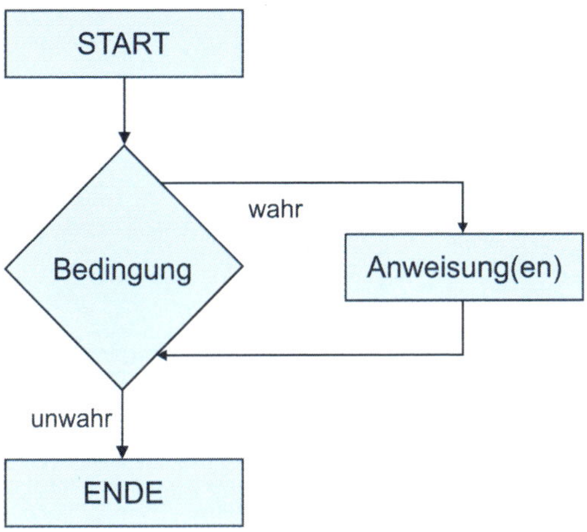

In der Praxis sieht die Anwendung der `while`-Schleife in etwa so wie im folgenden Quellcode gezeigt aus:

```
int var=1;  /* Initialisierung der Schleifenvariablen */

/* Bedingung - solange Wert von var kleiner als 10 */
while(var < 10)
 {
   var+=1;      /* Reinitialisierung - Wert von var
                   wird um den Wert 1 erhöht */
 }
```

Dieses Beispiel demonstriert die drei Schritte, nach denen normalerweise eine Schleife abläuft.

Dazu folgt wieder eine Problemstellung, die es zu lösen gilt. Sie müssen als Abteilungsleiter einer Milchabfüllfirma 1000 Milliliter Milch in eine zylinderförmige Verpackung abfüllen. Wegen einiger technischer Einschränkungen darf der Durchmesser der Verpackung nur 8 Zentimeter betragen. Für die Verpackungshöhe stehen Ihnen Verpackungen mit 16 bis 24 Zentimeter zur Verfügung. Sie benötigen dabei den Packungsinhalt, der aus den einzelnen Höhen resultiert, den Sie mit einer `while`-Schleife ausrechnen können.

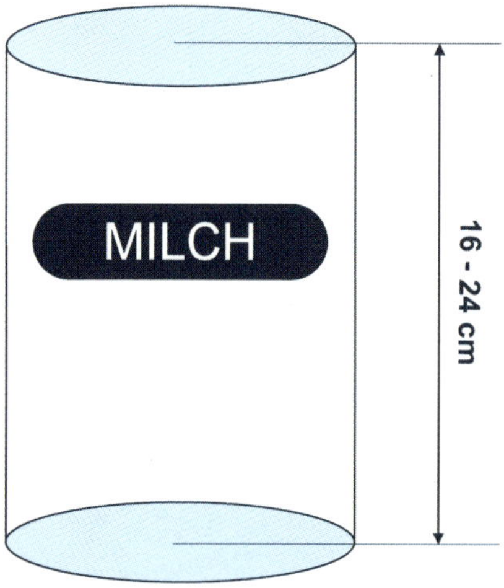

1 Erstellen Sie ein neues Projekt und schreiben Sie ein Programmgerüst mit den Variablen, die Sie für das Programm benötigen. Die Variable für die Höhe der Verpackung verwenden Sie als Schleifenvariable.

```
/* Demonstration einer while-Schleife */
#include <stdio.h>

int main()
{
  int d=8;
  int hoehe = 16;     /* Schleifenvariablen */
  float volumen, pi = 3.1415;

  return 0;
}
```

2 Setzen Sie den Schleifenkopf mit der Bedingung und dem Anweisungsblock auf.

```
/* Demonstration einer while-Schleife */
#include <stdio.h>

int main()
{
  int d=8;
  int hoehe = 16;     /* Schleifenvariablen */
  float volumen, pi = 3.1415;
```

```
  while(hoehe <= 24)
    {
    }

  return 0;
}
```

Der Anweisungsblock wird so lange wiederholt, bis die Verpackungshöhe von 24 cm erreicht ist.

Achtung

Achten Sie darauf, dass die Bedingung einer Schleife irgendwann erfüllt wird, sonst läuft die Schleife gewissermaßen unendlich oft und wird zur Endlosschleife. Dies kann die Ressourcen des Computers stark beeinträchtigen und auch zu Problemen führen, das Programm abbrechen zu können. Ein fataler Fehler ist, die Schleife vor dem zugehörigen Anweisungsblock mit einem Semikolon abzuschließen. Auch dann entsteht eine Endlosschleife, da die Bedingung in den Klammern immer wahr ist; es erfolgt ja keine Wiederholung des Anweisungsblocks und somit keine Veränderung der Schleifenvariablen, da der Anweisungsblock durch das Semikolon von der Schleife isoliert wurde.

3 Führen Sie im Anweisungsblock die Volumenberechnung sowie die Ausgabe von Höhe und Volumen durch. Die Formel für das Zylindervolumen lautet:

Volumen = Durchmesser^2 * p * Höhe / 4

```
/* Demonstration einer while-Schleife */
#include <stdio.h>

int main()
{
  int d=8;
  int hoehe = 16;     /* Schleifenvariablen */
  float volumen, pi = 3.1415;

  while(hoehe <= 24)
  {
   volumen =(float) d*d*pi/4*hoehe;
   /* 1 Kubikzentimeter entspricht 1 Milliliter */
   printf("Hoehe %d cm=%.2f ml\n",hoehe,volumen);
  }

  return 0;
}
```

4 Jetzt kommt die wichtigste Zeile: Inkrementieren Sie die Schleifenvariable hoehe um 1.

```
/* Demonstration einer while-Schleife */
#include <stdio.h>

int main()
{
  int d=8;
  int hoehe = 16;    /* Schleifenvariablen */
  float volumen, pi = 3.1415;

  while(hoehe <= 24)
  {
   volumen =(float) d*d*pi/4*hoehe;
   /* 1 Kubikzentimeter entspricht 1 Milliliter */
   printf("Hoehe %d cm=%.2f ml\n",hoehe,volumen);
   hoehe++;
  }
  return 0;
}
```

Achtung

Sollten Sie das Inkrementieren der Schleifenvariablen vergessen, erzeugen Sie eine Endlosschleife, da die Bedingung nie erfüllt wird. Sie sollten dies lieber nicht ausprobieren, da Ihr Computer möglicherweise unangenehm darauf reagiert; andere Programme, die gleichzeitig laufen, können sehr langsam werden und Sie können Schwierigkeiten bekommen, das Programm »abzuschießen«, das die Endlosschleife verursacht hat. Aber auch, wenn Sie einmal versehentlich eine Endlosschleife erzeugen, wird im Allgemeinen kein wirklicher Schaden angerichtet.

5 Kompilieren Sie das Programm und führen Sie es aus.

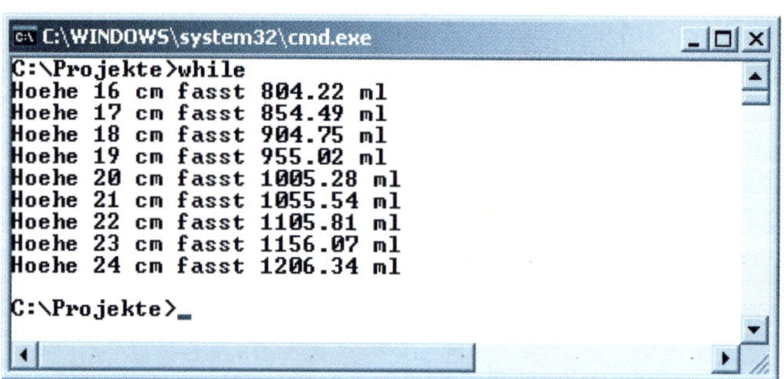

Anhand der Ausgabe können Sie feststellen, welche Verpackungsgröße für die Abfüllung in Frage kommt. In diesem Fall könnten Sie eine Verpackungshöhe von 20 cm verwenden, denn diese fasst bereits über 1000 Milliliter (es bleibt Ihnen natürlich überlassen, eine größere Verpackungshöhe zu verwenden, damit Sie etwas Spielraum bei der Abfüllung haben).

Achtung

Vermeiden Sie es, in Schleifen auf Gleichheit zu überprüfen. Ein Beispiel:

```
int i=3;
while(i == 10)
  {
     /* Anweisungen */
     i=i*2;
  }
```

Hier würde eine Endlosschleife entstehen, da der Wert 10 nie erreicht wird (wohl aber Werte über 10). Schreiben Sie die Bedingung lieber wie folgt dargestellt, dadurch haben Sie mehr Sicherheit:

```
while(i <= 10)
```

Die do while-Schleife

Die `do while`-Schleife entspricht weitgehend der `while`-Schleife. Der einzige Unterschied liegt darin, dass die Bedingung der Schleife erst am Ende des Anweisungsblocks überprüft wird. Die `do while`-Schleife bezeichnet man daher auch als fußgesteuerte Schleife (da die Bedingung am Schleifenfuß zu finden ist), im Gegensatz zur `while`-Schleife, die folglich eine kopfgesteuerte Schleife ist (Bedingung am Schleifenanfang). Die Syntax der `do while`-Schleife:

```
do{
    Anweisung(en);
  }while(Bedingung);
```

Die `do while`-Schleife wird mit dem Schlüsselwort `do` eingeleitet. Anschließend werden die Anweisungen im Anweisungsblock ausgeführt. Am Ende des Anweisungsblocks wird dann mit `while` die Bedingung überprüft. Ist diese wahr, wird die Schleife erneut ab dem Schlüsselwort `do` wiederholt und die Anweisungen werden erneut abgearbeitet. Ist die Bedingung hingegen unwahr, fährt das Programm unterhalb der Schleife mit der Ausführung fort.

Achtung

Bei der `do while`*-Schleife muss die* `while`*-Anweisung mit einem Semikolon abgeschlossen werden.*

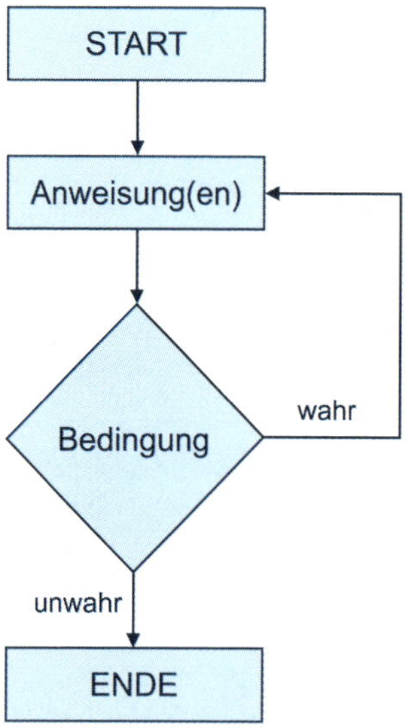

Ein sinnvolles Beispiel dazu ist ein Menü für Ihr Konsolenprogramm. Dazu folgt wieder ein Programmbeispiel.

1 Erstellen Sie ein neues Projekt mit einem Programmgerüst.

```
/* Demonstration einer do while-Schleife */
#include <stdio.h>

int main()
{
  return 0;
}
```

2 Geben Sie ein Benutzermenü mit fünf Menüpunkten auf dem Bildschirm aus und fragen Sie den Anwender, welchen Punkt er verwenden will. Der Menüpunkt 5 dient zum Beenden des Programms.

```
/* Demonstration einer do while-Schleife */
#include <stdio.h>
```

```
int main()
{
  int abfrage;

  printf("Beispiel eines Menues in der Konsole\n\n");
  printf("<1> Auswahl 1\n");
  printf("<2> Auswahl 2\n");
  printf("<3> Auswahl 3\n");
  printf("<4> Auswahl 4\n\n");
  printf("<5> Programmende\n\n");

  printf("Bitte auswaehlen < >\b\b");
  scanf("%d",&abfrage);

  return 0;
}
```

3 Bauen Sie eine `switch`-Verzweigung in das Programm ein, die alle fünf Punkte überprüft und entsprechende Meldungen auf dem Bildschirm ausgibt.

```
/* Demonstration einer do while-Schleife */
#include <stdio.h>

int main()
{
  int abfrage;

  printf("Beispiel eines Menues in der Konsole\n\n");
  printf("<1> Auswahl 1\n");
  printf("<2> Auswahl 2\n");
  printf("<3> Auswahl 3\n");
  printf("<4> Auswahl 4\n\n");
  printf("<5> Programmende\n\n");

  printf("Bitte auswaehlen < >\b\b");
  scanf("%d",&abfrage);

  switch(abfrage)
  {
   case 1  :  printf("\n\nAuswahl war die 1\n\n");
              break;
   case 2  :  printf("\n\nAuswahl war die 2\n\n");
              break;
   case 3  :  printf("\n\nAuswahl war die 3\n\n");
              break;
   case 4  :  printf("\n\nAuswahl war die 4\n\n");
              break;
   case 5  :  printf("\n\nAuswahl war die 5\n\n");
              break;
   default :  printf("Unbekannte Auswahl\n");
  }
 return 0;
}
```

Wenn Sie das Programm jetzt ausführen würden, würde es sich immer nach einer Eingabe hinter der `switch`-Verzweigung beenden.

4 Fügen Sie die `do while`-Schleife ins Programm ein. Der Anfang der Schleife kommt vor der Ausgabe des Menüs und das Schleifenende nach dem Ende des Anweisungsblocks der `switch`-Verzweigung.

```
/* Demonstration einer do while-Schleife */
#include <stdio.h>

int main()
{
  int abfrage;

  do{
     printf("Beispiel eines Menues in der Konsole\n\n");
     printf("<1> Auswahl 1\n");
     printf("<2> Auswahl 2\n");
     printf("<3> Auswahl 3\n");
     printf("<4> Auswahl 4\n\n");
     printf("<5> Programmende\n\n");

     printf("Bitte auswaehlen < >\b\b");
     scanf("%d",&abfrage);

     switch(abfrage)
      {
       case 1  :  printf("\n\nAuswahl war die 1\n\n");
                  break;
       case 2  :  printf("\n\nAuswahl war die 2\n\n");
                  break;
       case 3  :  printf("\n\nAuswahl war die 3\n\n");
                  break;
       case 4  :  printf("\n\nAuswahl war die 4\n\n");
                  break;
       case 5  :  printf("\n\nAuswahl war die 5\n\n");
                  break;
       default :  printf("Unbekannte Auswahl\n");
      }
    /* Solange nicht 5 eingegeben wurde */
    } while(abfrage!=5);
 return 0;
}
```

Das Programm wird nun so lange ausgeführt, bis die Zahl 5 für das Programmende eingegeben wird.

5 Kompilieren Sie das Programm und führen Sie es aus.

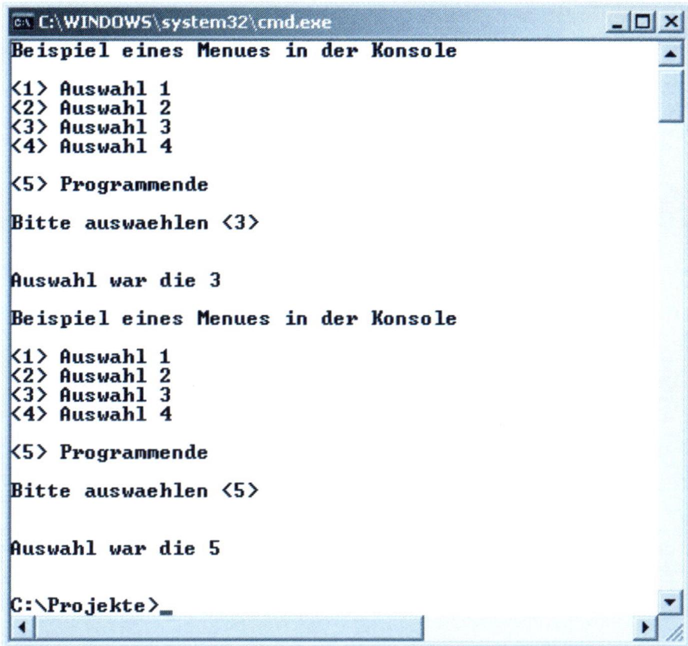

Tipp

Die `do while`*-Schleife sollten Sie dann einsetzen, wenn der Anweisungsblock der Schleife auf jeden Fall ein Mal durchlaufen werden soll, so wie es bei dem Menü der Fall ist, das ja unabhängig von der Auswahl mindestens ein Mal angezeigt werden soll.*

Die for-Schleife

Die kompakteste Schleife ist die `for`-Schleife. Bei dieser Schleife werden Initialisierung, Bedingung und Veränderung der Schleifenvariablen im Schleifenkopf zusammengefasst. Hier die Syntax:

```
for(Initialisierung; Bedingung, Reinitialisierung)
 {
   Anweisung(en);
 }
```

Bei der Ausführung der Schleife wird (meist) als Erstes die Schleifenvariable initialisiert. Dies geschieht allerdings nur einmal, also unabhängig davon, wie oft die Schleife ausgeführt wird. Als Nächstes wird die Bedingung überprüft. Ist diese wahr, werden die Anweisungen im Anweisungsblock ausgeführt. Nach Ausführung der Anweisungen wird die Schleife im Schleifenkopf reinitialisiert (verändert). Danach wird wieder die Bedingung überprüft. Ist diese erfüllt, wiederholt sich der Vorgang, ansonsten wird das Programm mit der Ausführung unterhalb des Anweisungsblocks fortgesetzt.

Achtung

Die einzelnen Anweisungen im Schleifenkopf (mit Ausnahme der letzten, der Reinitialisierung) müssen jeweils mit einem Semikolon abgeschlossen werden. Falls eine Anweisung nicht verwendet wird, muss trotzdem ein Semikolon eingefügt werden. Das bedeutet, dass sich in der Schleifendefinition immer genau zwei Semikola befinden müssen.

Falls Sie sich entscheiden, alle drei Anweisungen wegzulassen – was jedoch zu einer Endlosschleife führen würde –, sieht die Schleifendefinition folglich so aus:

```
for(;;)
```

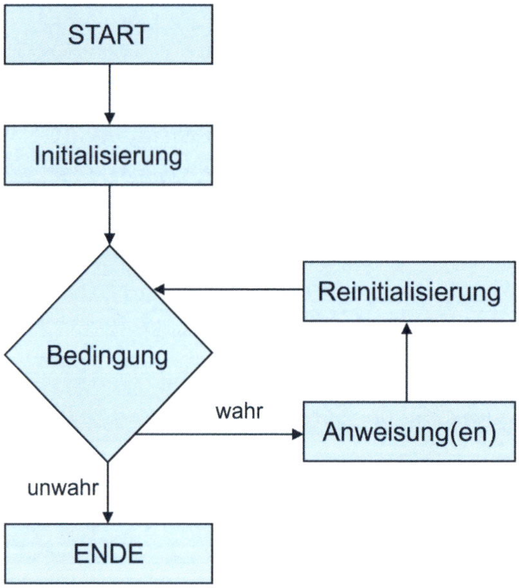

Das folgende Beispiel demonstriert die Funktionsweise der for-Schleife, wobei der Inhalt der Schleifenvariablen auf dem Bildschirm ausgegeben wird.

1 Erstellen Sie ein neues Projekt mit einem Programmgerüst.

```
/* Demonstration einer for-Schleife */
#include <stdio.h>

int main()
{
  return 0;
}
```

2 Deklarieren Sie eine Schleifenvariable und setzen Sie den Schleifenkopf mit Anweisungsblock auf.

```
/* Demonstration einer for-Schleife */
#include <stdio.h>

int main()
{
  int i;

  for (i=1; i<=5; i++)
   {
   }

  return 0;
}
```

Im Schleifenkopf wird die Schleifenvariable mit dem Wert 1 initialisiert. Anschließend überprüfen Sie in der Bedingung, ob der Wert der Schleifenvariablen kleiner als oder gleich 5 ist. Falls dies zutrifft, wird der Anweisungsblock ausgeführt. Nach Ausführung des Anweisungsblocks wird die Schleifenvariable inkrementiert. Danach wird die Bedingung wieder überprüft. Daraufhin beginnt der Vorgang von vorne.

3 Geben Sie den Inhalt der Schleifenvariablen der for-Schleife im Anweisungsblock aus.

```
/* Demonstration einer for-Schleife */
#include <stdio.h>

int main()
{
  int i;

  for (i=1; i<=5; i++)
   {
    printf("for(i=1; %d<=5; %d++)\n",i,i);
```

```
    }
  return 0;
}
```

Der Schleifenabbruch ist erreicht, wenn der Wert der Schleifenvariablen 6 beträgt.

Hinweis

Besteht der Anweisungsblock aus nur einer Anweisung, können die geschweiften Klammern weggelassen werden. (Dies gilt ebenfalls für die `while`*-Schleife.) In Bezug auf das obige Beispiel sieht dies wie folgt aus:*

```
for (i=1; i<=5; i++)
  printf("for(i=1; %d<=5; %d++)\n",i,i);
```

4 Kompilieren Sie das Programm und führen Sie es aus.

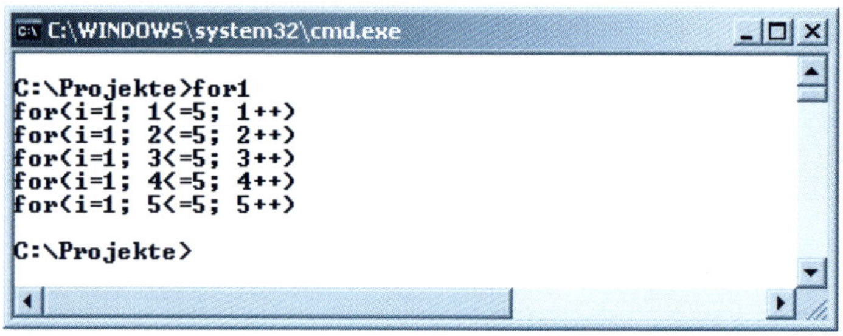

Hinweis

Die Schleifenvariable in der `for`*-Schleife können Sie ebenso dekrementieren oder in jeder anderen denkbaren Weise verändern, zum Beispiel durch eine Multiplikation. Entscheidend ist, dass die Schleife wieder verlassen wird. Achten Sie also darauf, dass die Bedingung irgendwann erfüllt wird.*

Schleifen abbrechen

Im Prinzip gibt es vier Möglichkeiten, eine Schleife abzubrechen:

- `break` – Beendet die komplette Schleife.
- `continue` – Bricht den aktuellen Schleifendurchlauf ab und setzt die Schleife mit dem nächsten Schleifendurchlauf fort.
- `return` – Beendet nicht nur die Schleife, sondern die ganze Funktion. Im Falle der `main()`-Funktion wird das ganze Programm beendet.
- `exit` – Beendet das Programm.

Es ist aber anzumerken, dass `return` und `exit` keine schleifentypischen, sondern generelle Abbruchanweisungen sind.

Schleifenabbruch mit continue

Wenn Sie einen Schleifendurchgang mit `continue` abbrechen, beenden Sie nicht die komplette Schleife, sondern nur den aktuellen Schleifendurchgang. Dies kann zum Beispiel recht nützlich sein, wenn Sie eine Berechnung durchführen und sich aktuelle Zwischenergebnisse nicht mehr für weitere Berechnungen eignen. Somit werden nicht die weiteren Anweisungen ausgeführt, sondern es wird wieder zum Anfang der Schleife gesprungen.

Dazu ein Programm, mit dem Sie die Summen aller geraden Zahlen von 2 bis 20 addieren. Dafür bauen Sie die Anweisung `continue` mit ein.

1 Beginnen Sie ein neues Programm und tippen Sie folgenden Quellcode ein.

```
/* Demonstration von continue */
#include <stdio.h>

int main()
{
  int wert=1;
  int summe=0;

  while(wert <= 20)
   {
     summe+=wert;
     wert++;
   }
  printf("Die Summe betraegt : %d\n",summe);
  return 0;
}
```

In diesem Beispiel wird die Summe aller Zahlen zwischen 1 und 20 berechnet. Sie wollen aber nur die Summe aller geraden Zahlen erhalten.

2 Schreiben Sie eine `if`-Bedingung, die überprüft, ob es sich bei der Variablen wert um eine gerade oder um eine ungerade Zahl handelt. Dies können Sie ganz einfach mit dem `%`-Operator (Modulo) realisieren.

```
/* Demonstration von continue */
#include <stdio.h>

int main()
{
  int wert=1;
  int summe=0;

  while(wert <= 20)
   {
     if(wert%2)
     summe+=wert;
     wert++;
   }
  printf("Die Summe betraegt : %d\n",summe);
  return 0;
}
```

Gibt die `if`-Bedingung einen Divisionsrest zurück, handelt es sich um eine ungerade Zahl. Ist der Wert aber ohne Rest durch 2 teilbar, ist die Zahl gerade. Sie erinnern sich: Der Modulo-Operator liefert den Rest einer ganzzahligen Division.

3 Ist die `if`-Bedingung erfüllt, ist die Zahl ungerade. Die restlichen Anweisungen in der Schleife können in diesem Fall ignoriert werden, indem mit `continue` zum Schleifenanfang zurückgesprungen wird. Vergessen Sie dabei aber nicht, die Schleifenvariable zu inkrementieren.

```
/* Demonstration von continue */
#include <stdio.h>

int main()
{
  int wert=1;
  int summe=0;

  while(wert <= 20)
   {
     if(wert%2)
       {
         wert++;
         continue;
       }
     summe+=wert;
     wert++;
   }
  printf("Die Summe betraegt : %d\n",summe);
  return 0;
}
```

Kürzer und kompakter könnten Sie das Programm mit einer for-Schleife schreiben.

```
/* Demonstration von continue */
#include <stdio.h>

int main()
{
  int wert;
  int summe=0;

  for(wert=1; wert<=20; wert++)
   {
     if(wert%2)
         continue;
     summe+=wert;
   }
  printf("Die Summe betraegt : %d\n",summe);
  return 0;
}
```

4 Kompilieren Sie das Programm und führen Sie es aus.

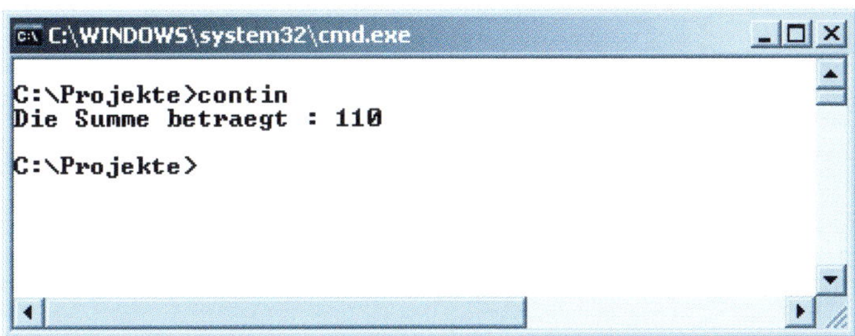

Schleifenabbruch mit break

Im Gegensatz zu continue beendet die Anweisung break die Schleife komplett. Die Programmausführung wird unterhalb des Anweisungsblocks fortgesetzt.

Ein einfaches Beispiel: Sie fordern einen Anwender so lange auf, Ganzzahlen einzugeben, bis er die Zahl 0 verwendet hat.

1 Beginnen Sie ein neues Programm und tippen Sie folgenden Quellcode ein.

```
/* Demonstration von break */
#include <stdio.h>

int main()
{
  int eingabe=1;

  while(eingabe!=0)
   {
     printf("Bitte geben Sie eine Ganzzahl ein : ");
     scanf("%d",&eingabe);
   }
  printf("Sie sind raus aus der Schleife!!\n");
  return 0;
}
```

2 Wandeln Sie die Schleife in eine Endlosschleife um.

```
/* Demonstration von break */
#include <stdio.h>

int main()
{
  int eingabe=1;

  while(1)
   {
     printf("Bitte geben Sie eine Ganzzahl ein : ");
     scanf("%d",&eingabe);
   }
  printf("Sie sind raus aus der Schleife!!\n");
  return 0;
}
```

Hinweis

Hier wird als Bedingung der `while`*-Schleife eine* `1` *angegeben. Diese Bedingung ist immer wahr (der konstante Wert 1 kann sich ja nicht ändern). Auf diese Weise wurde eine Endlosschleife erzeugt.*

3 Fügen Sie eine `if`-Abfrage mit einer `break`-Anweisung ein, um eine Abbruchbedingung für die Schleife zu erzeugen.

```
/* Demonstration von break */
#include <stdio.h>

int main()
{
  int eingabe;

  while(1)
   {
     printf("Bitte geben Sie eine Ganzzahl ein : ");
     scanf("%d",&eingabe);
     if(eingabe==0)
       break;
   }
  printf("Sie sind raus aus der Schleife!!\n");
  return 0;
}
```

4 Kompilieren Sie das Programm und führen Sie es aus.

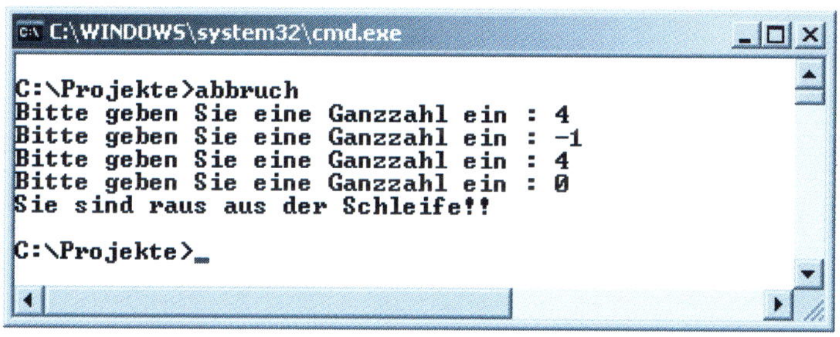

Hinweis

Auch wenn es bequemer und einfacher scheint, eine Schleife mit `break` *oder mit* `continue` *abzubrechen, sollten Sie diese Variante nur sparsam einsetzen. Es ist sauberer und transparenter, die schleifeneigenen Abbruchbedingungen (im Schleifenkopf bzw. -fuß) zu verwenden. Wenn Sie mehrere Abbruchbedingungen auf Basis von* `break` *und* `continue` *eingebaut haben, sollten Sie überprüfen, ob die Arbeitsweise Ihrer Schleife überhaupt sinnvoll ist. Es gibt jedoch in der Praxis Aufgabenstellungen, die sich nur lösen lassen, wenn neben der schleifeneigenen Abbruchbedingung weitere Abbruchbedingungen in Form von* `break` *und* `continue` *eingesetzt werden. Außerdem kann es sinnvoll sein, eine Schleife abzubrechen – mit* `break` *–, wenn ein Fehler aufgetreten ist.*

Eine kleine Erfolgskontrolle

1. Das folgende Programm enthält einige Fehler. Korrigieren Sie diese und bringen Sie das Programm zur Ausführung.

```
#include <stdio.h>

int main()
{
  int x;

  printf("Geben Sie eine Ganzzahl ein: ");
  scanf("%d",&x);

  if(x <= 100);
   printf("Sorry, der Wert ist zu klein!!!\n");
  else if(y=200)
   printf("Sie haben den Wert 200 eingeben\n");
  else(x > 1000)
   printf("Der eingegebene Wert ist zu gross\n");
  else
   printf("Danke fuer Ihre Eingabe!!!\n");

  return 0;
}
```

2. Warum werden beim folgenden Programm alle `case`-Anweisungen ausgeführt?

```
#include <stdio.h>

int main()
{
 int wert = 1;

 switch(wert)
  {
    case 1 : printf("Wert ist 1\n");
    case 2 : printf("Wert ist 2\n");
    case 3 : printf("Wert ist 3\n");
    case 4 : printf("Wert ist 4\n");
  }
  return 0;
}
```

3. Welche Werte werden hier ausgegeben?

```
int i=1;
printf("%d\n",i++);
printf("%d\n",--i);
printf("%d\n",i--);
printf("%d\n",++i);
```

4. Welcher Fehler wurde im folgenden Programmabschnitt gemacht?

```
int i=1;

while(i < 10)
 {
   if(i%2)
    continue;
   printf("Gerade Zahl : %d\n",i);
   i++;
 }
```

5. Welche dieser drei `for`-Schleifen ist fehlerhaft?

```
a.  for(i=1; i<=10; i++;)
b.  for(;i>100; i*=10)
c.  for(; ;i++)
```

Kapitel 8

Eigene Funktionen schreiben

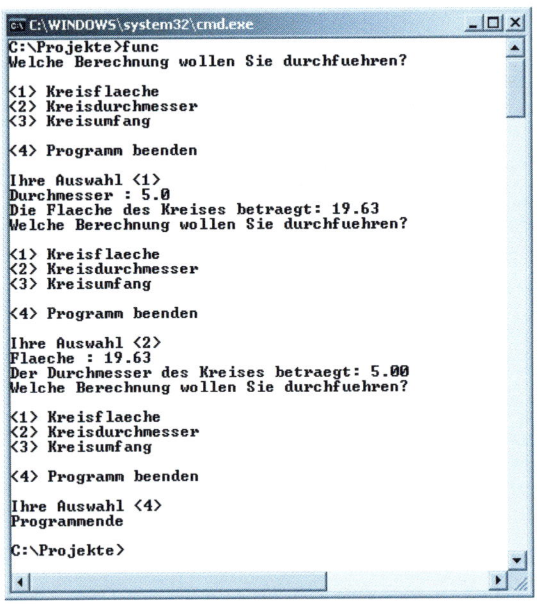

Sie haben schon des Öfteren von Funktionen wie `printf()`, `scanf()` oder auch der `main()`-Funktion Gebrauch gemacht. Jetzt ist es an der Zeit, eigene Funktionen zu entwickeln. In diesem Kapitel werden Sie lernen, wie Sie für Problemlösungen eigene Funktionen schreiben.

Das können Sie schon:

Das lernen Sie neu:

Was sind Funktionen und wozu sind sie gut?

Mit Funktionen sind Sie in der Lage, Teilprobleme auszulagern. Die Lösung für eines der Teilprobleme wird dann als Funktion realisiert. Eine Funktion ist ein zusammengefasster Programmcode, der unter einem Namen – dem Funktionsnamen – abgelegt wird.

Zwar lassen sich Programme auch ohne Funktionen erstellen. Aber spätestens, wenn Sie mindestens zweimal im Programm auf dasselbe Teilproblem stoßen, lohnt es sich, eine eigene Funktion dafür zu schreiben.

Sie können auch mehrere Funktionen schreiben und diese in eine Bibliothek packen, sodass Sie jederzeit auf diese Funktionen zugreifen können. Auf diese Weise lassen sich die Funktionen praktisch von jedem Programm aus nutzen, genauso wie Sie die Funktionen der Laufzeitbibliothek *stdio.h* in den bisherigen Programmen aufgerufen haben.

Ein weiterer erheblicher Vorteil von Funktionen liegt in der einfachen Wartbarkeit. Änderungen und Verbesserungen müssen nur in der Funktion durchgeführt werden und nicht im kompletten Programm (oder über mehreren Programme) verteilt.

Funktionen definieren

Hierzu erst einmal die allgemeine Syntax für die Definition einer Funktion:

```
Rückgabetyp Funktionsname(Parameter)
  {
    Anweisung(en);
  }
```

Wenn Sie die Syntax betrachten, werden Sie feststellen, dass diese Definition gar nicht so fremd erscheint. Schließlich haben Sie ja bereits in allen Programmen eine solche Funktion verwendet, nämlich die `main()`-Funktion.

```
int main()
{
}
```

Hinweis

Ein C-Programm ist ohne eine Funktion mit dem Namen `main()` *nicht ausführbar. Die* `main()`*-Funktion ist immer die erste Funktion in einem Programm, die aufgerufen wird – unabhängig davon, ob weitere Funktionen enthalten sind.*

Jetzt folgt die Aufteilung der einzelnen Bestandteile einer Funktionsdefinition und deren Bedeutung:

- **Rückgabetyp** – Hiermit wird der Datentyp festgelegt, den die Funktion an den Aufrufer zurückgibt. Dabei können Sie jeden bisher kennen gelernten Datentyp verwenden. Wollen Sie eine Funktion definieren, die keinen Wert zurückgibt, so geben Sie anstelle eines Datentyps das Schlüsselwort `void` an.
- **Funktionsname** – Dies ist der Name, mit dem Sie die Funktion aufrufen. Sie können dabei einen beliebigen Namen verwenden, wobei dieselben Regeln wie bei der Benennung von Variablen gelten. Außerdem sollten Sie keine Funktionsnamen verwenden, die in den Laufzeitbibliotheken definiert sind, um Namenskonflikte zu vermeiden. So sollten Sie zum Beispiel Ihre Funktion nicht mit `printf()` benennen, da `printf()` eine Funktion der Laufzeitbibliotheken ist.
- **Parameter** – Dies sind die Werte, die Sie einer Funktion als Argumente übergeben können. Parameter werden durch einen Datentyp und den Parameternamen spezifiziert. Soll kein Parameter verwendet werden, lassen Sie das Feld zwischen den Klammern leer oder setzen das Schlüsselwort `void` ein.
- **Anweisung(en)** – Die Anweisungen der Funktion (Deklarationen, Zuweisungen, Schleifen usw.).

Was ist das?

Das Schlüsselwort `void` *können Sie überall dort einsetzen, wo der Compiler eine Typenangabe erwartet, Sie aber keinen Typ angeben wollen oder können.*

Sehen Sie sich das Ganze anhand einer einfachen Funktion an. Diese Funktion soll nichts anderes machen, als etwas mit `printf()` auf dem Bildschirm auszugeben.

1 Überlegen Sie sich einen Namen für die Funktion und setzen Sie hinter dem Namen zwei runde Klammern. Mit den runden Klammern wird der Name als Funktion gekennzeichnet.

```
func_sinnlos()
```

2 Geben Sie den Datentyp des Rückgabewertes der Funktion an. Hier soll kein Wert an den Aufrufer zurückgegeben werden, sodass Sie das Schlüsselwort `void` verwenden.

```
void func_sinnlos()
```

3 Fügen Sie den Anweisungsblock hinter dem Funktionsnamen ein.

```
void func_sinnlos()
{
}
```

4 Setzen Sie im Anweisungsblock die Anweisungen ein, die in der Funktion ausgeführt werden sollen.

```
void func_sinnlos()
{
  printf("Ich bin eine sinnlose Funktion\n");
}
```

In diesem Fall besteht die Anweisung nur aus der Ausgabe einer Stringkonstanten.

Funktionen aufrufen

Um die Funktion `func_sinnlos()` aufzurufen, fügen Sie den Funktionsnamen – inklusive der runden Klammern – an der gewünschten Stelle im Programm ein.

1 Erstellen Sie ein neues Projekt mit dem folgenden Grundgerüst.

```
/* Funktionsaufruf */
#include <stdio.h>

int main()
{

  return 0;
}
```

2 Definieren Sie die Funktion `func_sinnlos()` oberhalb der `main()`-Funktion.

```
/* Funktionsaufruf */
#include <stdio.h>

void func_sinnlos()
{
  printf("Ich bin eine sinnlose Funktion\n");
}
```

```
int main()
{
  return 0;
}
```

Hinweis

Sie können eine Funktion auch unterhalb der `main()`*-Funktion einfügen, müssen dann aber den Compiler – jedenfalls in Verbindung mit bestimmten Compilern – oberhalb der* `main()`*-Funktion von der Existenz dieser Funktion unterrichten. Dies wird mit einer Vorwärtsdeklaration realisiert. Dabei wird der komplette Funktionsname angegeben, aber mit einem Semikolon abgeschlossen, zum Beispiel wie folgt:*

```
void func_sinnlos();
```

3 Rufen Sie die Funktion `func_sinnlos()` in der `main()`-Funktion auf.

```
/* Funktionsaufruf */
#include <stdio.h>

void func_sinnlos()
{
  printf("Ich bin eine sinnlose Funktion\n");
}

int main()
{
  func_sinnlos();
  return 0;
}
```

4 Bauen Sie zur Demonstration weitere Anweisungen in die `main()`-Funktion ein und rufen Sie am Ende (vor der `return`-Anweisung) die Funktion `func_sinnlos()` erneut auf.

```
/* Funktionsaufruf */
#include <stdio.h>

void func_sinnlos()
{
  printf("Ich bin eine sinnlose Funktion\n");
}

int main()
{
  printf("Vor dem Funktionsaufruf\n");
  func_sinnlos();
  printf("Wieder zurueck in der main()-Funktion\n");
```

```
  printf("Ein erneuter Funktionsaufruf aus main()\n");
  func_sinnlos();
  return 0;
}
```

5 Kompilieren Sie das Programm und führen Sie es aus.

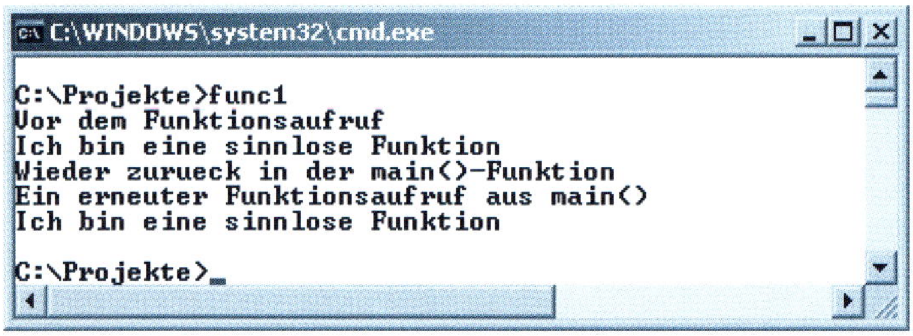

Datenaustausch zwischen Funktionen

In der Praxis werden Sie wohl kaum eine Funktion schreiben, die keine veränderlichen Elemente bietet, wie es im vorigen Beispiel der Fall war. Eine Funktion ergibt erst dann einen richtigen Sinn, wenn Sie sie für den allgemeinen Fall rüsten. Dies bedeutet, dass eine Funktion eine Art Schnittstelle für Daten haben sollte. Dabei kann man einer Funktion Daten übergeben und von dieser zurückerhalten und auch beides kombinieren:

- **Wertübergabe** – Daten »fließen« in die Funktion hinein für die Weiterarbeit in der Funktion.
- **Wertrückgabe** – Daten »fließen« aus der Funktion heraus für die Weiterarbeit außerhalb der Funktion.

Funktionen mit Wertübergabe

Sie haben bereits Funktionen kennen gelernt, die Argumente erwarten. Ein Beispiel dafür ist `printf()`. Dieser werden normalerweise eine Stringkonstante mit Formatbezeichnern sowie eine Variablenliste übergeben, also Werte, die dann von der Funktion verarbeitet – im konkreten Fall auf den Bildschirm ausgegeben – werden.

Was ist das?

Die Begriffe Parameter und Argumente sorgen immer wieder für Verwirrung, werden auch häufig gleichgesetzt, obwohl dies nicht korrekt ist. Als Parameter bezeichnet man die in runden Klammern angegebenen Variablen der Funktionsdefinition. Argumente sind dagegen die Werte, die beim Aufruf der Funktion an diese Parameter übergeben werden können. Dementsprechend einfach: Beim Funktionsaufruf spricht man von Argumenten und bei der Funktionsdefinition von Parametern.

Im Folgenden wird ein Programm vorgestellt, das Kreisberechnungen durchführt. Es ermittelt Fläche, Durchmesser und Umfang eines Kreises. Dafür benötigen Sie drei Funktionen.

1 Erstellen Sie ein neues Projekt. Schreiben Sie einen Funktionskopf für die Berechnung der Kreisfläche. Verwenden Sie als Parameter für den Durchmesser den Datentyp `float`.

```
void kreis_area(float d)
```

2 Fügen Sie den Anweisungsblock mit den benötigten Deklarationen der Variablen sowie den entsprechenden Anweisungen ein. Verwenden Sie bei der Berechnung den Parameter der Funktion im Anweisungsblock. Die Formel für die Fläche eines Kreises lautet:

Fläche = Durchmesser^2 * p / 4

```
void kreis_area(float d)
{
 float flaeche, pi = 3.1415;
 flaeche = d*d*pi/4;
 printf("Flaeche des Kreises = %.2f\n",flaeche);
}
```

3 Schreiben Sie eine weitere Funktion, die den Durchmesser eines Kreises berechnet. Die Formel dazu lautet:

Durchmesser = Wurzel aus (4 * Fläche / p)

```
void kreis_durchmesser(float flaeche)
{
 float d, pi = 3.1415;
 d = sqrt(4 * flaeche / pi);
 printf("Durchmesser des Kreises :%.2f\n",d);
}
```

4 Jetzt erstellen Sie noch eine Funktion, die den Umfang eines Kreises berechnet. Die Formel hierzu lautet:

Umfang = Durchmesser * p

```
void kreis_umfang(float d)
{
 float umfang, pi = 3.1415;
 umfang = d * pi;
 printf("Umfang des Kreises betraegt : %.2f\n",umfang);
}
```

5 Erstellen Sie die `main()`-Funktion, in der der Benutzer gefragt wird, welche der zur Verfügung stehenden Berechnungen durchgeführt werden soll. Verwenden Sie dazu ein Konsolenmenü.

```
int main()
{
 float var;
 int abfrage;

 do{
     printf("Welche Berechnung wollen Sie durchfueh-
ren?\n\n");
     printf("<1> Kreisflaeche\n");
     printf("<2> Kreisdurchmesser\n");
     printf("<3> Kreisumfang\n\n");
     printf("<4> Programm beenden\n\n");
     printf("Ihre Auswahl < >\b\b");
     scanf("%d",&abfrage);

     switch(abfrage)
      {
        case  1  :  printf("Durchmesser : ");
                    scanf("%f",&var);
                    break;
        case  2  :  printf("Flaeche     : ");
                    scanf("%f",&var);
                    break;
        case  3  :  printf("Durchmesser : ");
                    scanf("%f",&var);
                    break;
        case  4  :  printf("Programmende\n");
                    break;
        default  :  printf("Unbekannte Eingabe\n");
      }
   }while(abfrage!=4);
  return 0;
}
```

6 Bauen Sie die Funktionsaufrufe mit dem entsprechenden Argument in die `main()`-Funktion ein.

```
/* Funktionsaufruf mit Wertübergabe */
#include <stdio.h>
#include <math.h>

void kreis_area(float d)
{
 float flaeche, pi = 3.1415;
 flaeche = d*d*pi/4;
 printf("Flaeche des Kreises : %.2f\n",flaeche);
}

void kreis_durchmesser(float flaeche)
{
 float d, pi = 3.1415;
 d = sqrt(4 * flaeche / pi);
 printf("Durchmesser des Kreises betraegt : %.2f\n",d);
}

void kreis_umfang(float d)
{
 float umfang, pi = 3.1415;
 umfang = d * pi;
 printf("Umfang des Kreises betraegt : %.2f\n",umfang);
}

int main()
{
 float var;
 int abfrage;

 do{
     printf("Welche Berechnung wollen Sie durchfueh-
ren?\n\n");
     printf("<1> Kreisflaeche\n");
     printf("<2> Kreisdurchmesser\n");
     printf("<3> Kreisumfang\n\n");
     printf("<4> Programm beenden\n\n");
     printf("Ihre Auswahl < >\b\b");
     scanf("%d",&abfrage);

     switch(abfrage)
      {
        case  1  :  printf("Durchmesser : ");
                    scanf("%f",&var);
                    kreis_area(var);
                    break;
        case  2  :  printf("Flaeche : ");
                    scanf("%f",&var);
                    kreis_durchmesser(var);
                    break;
        case  3  :  printf("Durchmesser : ");
```

```
                    scanf("%f",&var);
                    kreis_umfang(var);
                    break;
        case  4   : printf("Programmende\n");
                    break;
        default   : printf("Unbekannte Eingabe\n");
      }
   }while(abfrage!=4);
  return 0;
}
```

7 Kompilieren Sie das Programm und führen Sie es aus.

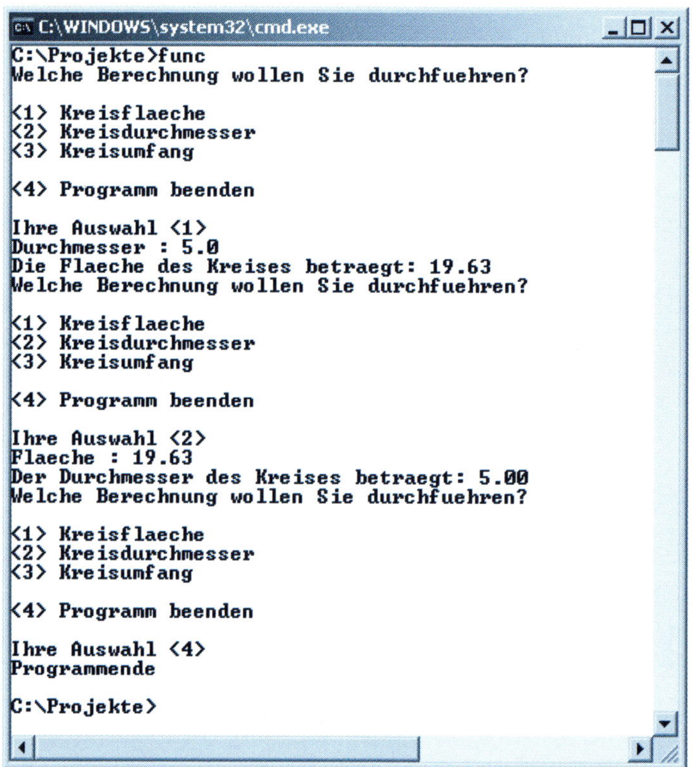

Hinweis

Die Werte, die Sie als Argumente an die Funktion übergeben, werden im so genannten Call-by-value-Verfahren übertragen. Dies bedeutet, dass beim Aufruf der Funktion eine Kopie des Originalwertes (des Arguments) angelegt wird. Somit stellen die Parameter in der Funktion eine Kopie der Werte dar. Wird der Wert dieser Kopie in der Funktion verändert, behält der Originalwert des Arguments, den Sie beim Aufruf angegeben haben, seinen Ursprungswert bei.

Es ist auch möglich, einer Funktion mehrere Argumente zu übergeben, vorausgesetzt, die Funktion wurde mit einer entsprechenden Anzahl von Parametern definiert.

Die einzelnen Parameter bei der Funktionsdefinition und die Argumente beim Aufruf der Funktion müssen durch Kommata getrennt werden:

```
void multi_func(int wert, char zeichen, float zahl)
{
}
```

Diese Funktion können Sie wie folgt aufrufen:

```
multi_func(10, 'a', 5.55);
```

Hinweis

Argumente können Sie sowohl als Konstanten als auch als Variablen an Funktionen übergeben.

Funktionen mit Wertrückgabe

Sie werden das Programm jetzt weiter verbessern und noch flexibler gestalten. Dies geschieht mit der Wertrückgabe einer Funktion.

Es stellt sich zum Beispiel die Frage, wie vorgegangen werden soll, wenn der Wert der Kreisfläche für andere Funktionen weiterverwendet werden soll, beispielsweise zum Berechnen des Mittelpunktwinkels eines Kreisausschnitts. Dabei wäre die `printf()`-Ausgabe in jeder Funktion, so wie sie derzeit noch erfolgt, störend. Diese Ausgabe könnte man sinnigerweise in eine separate Funktion packen und nur dann aufrufen, wenn sie wirklich benötigt wird.

Die Funktion `sqrt()` aus der Laufzeitbibliothek *math.h* gibt schließlich auch nichts auf dem Bildschirm aus. Sie sollten sich immer Gedanken machen, wie eine Funktion aufgebaut werden soll, um diese möglichst vielseitig zu halten, um sie gegebenenfalls auch später in Verbindung mit anderen Programmen wiederverwenden zu können.

Zur Rückgabe von Werten an den Aufrufer verwenden Sie den `return`-Befehl (den Sie bereits von der `main()`-Funktion her kennen). Dabei gibt es eine Einschränkung: Jede Funktion kann immer nur einen Wert zurückgeben.

Achtung

Neben der Tatsache, dass mit `return` *Werte zurückgeliefert werden können, beendet der* `return`*-Befehl gleichzeitig die Funktion. Damit können Sie – wie bei Schleifen mit* `break` *– mehrere Austrittspunkte für die Funktion schaffen. Dazu ein Beispiel:*

```
int func()
{
  if(Bedingung)
     return 1;
  else
     return 0;
 }
```

Je nachdem, ob die Bedingung in der `if`*-Verzweigung zutrifft oder nicht, wird 1 für wahr oder 0 für unwahr an den Aufrufer zurückgegeben.*

1 Laden Sie das Kreisberechnungsprogramm in Ihren Editor.

2 Ändern Sie die Funktion `kreis_area()` so, dass sie einen `float`-Wert an den Aufrufer zurückgibt.

```
float kreis_area(float d)
```

3 Führen Sie die Berechnung der Kreisfläche aus und geben Sie den Wert mit `return` an den Aufrufer zurück. Auf die Ausgabe und die Variablendeklarationen können Sie verzichten. Die Variable `pi` deklarieren Sie an einer anderen Stelle (außerhalb einer Funktion, irgendwo zwischen den `#include`-Anweisungen und der `main()`-Funktion).

```
float kreis_area(float d)
{
  return (d*d*pi/4);
}
```

Hier wird die Berechnung gleich direkt in der `return`-Anweisung ausgeführt. Natürlich wird erst die Berechnung durchgeführt und anschließend der Wert zurückgegeben. Die Klammern nach `return` dienen nur der besseren Übersicht, sie sind nicht unbedingt notwendig.

4 Führen Sie die Schritte 2 und 3 bei den übrigen beiden Funktionen aus.

```
float kreis_durchmesser(float flaeche)
{
  return sqrt(4 * flaeche / pi);
}

float kreis_umfang(float d)
{
  return d * pi;
}
```

Obwohl nicht viel geändert wurde (ein paar Zeilen entfernt, ein Rückgabewert angegeben), sind die Funktionen jetzt absolut universell einsetzbar.

5 Jetzt können Sie noch Funktionen gemäß eigenen Wünschen hinzufügen. Schreiben Sie zum Beispiel eine Funktion, die das Ergebnis der Berechnung auf dem Bildschirm ausgibt, falls dies erwünscht ist.

```
void ergebnis_ber(float erg, int welche)
{
  if(welche == 1)
    printf("Kreisflaeche : %.2f\n",erg);
  else if(welche == 2)
    printf("Kreisdurchmesser : %.2f\n", erg);
  else if(welche == 3)
    printf("Kreisflaeche : %.2f\n", erg);
  else
    printf("Fehler bei Aufruf der Funktion\n");
}
```

Als Argumente übergeben Sie dieser Funktion einen `float`-Wert, der in diesem Fall das Ergebnis einer Berechnung ist. Als zweites Argument übergeben Sie an diese Funktion einen `int`-Wert, damit die Funktion weiß, um welche Berechnungsart es sich handelt, sodass der zugehörige Text ausgegeben werden kann.

6 Deklarieren Sie in der `main()`-Funktion eine weitere `float`-Variable, der Sie den Wert der Berechnungen der einzelnen Funktionen übergeben. Rufen Sie außerdem noch die Funktion zur Ausgabe des Ergebnisses auf.

```
/* Funktionsaufruf mit Wertübergabe */
#include <stdio.h>
#include <math.h>

float pi = 3.1415;

float kreis_area(float d)
{
  return (d*d*pi/4);
}

float kreis_durchmesser(float flaeche)
{
  return sqrt(4 * flaeche / pi);
}

float kreis_umfang(float d)
{
  return d * pi;
}

void ergebnis_ber(float erg, int welche)
{
  if(welche == 1)
    printf("Kreisflaeche : %.2f\n",erg);
  else if(welche == 2)
    printf("Kreisdurchmesser : %.2f\n", erg);
  else if(welche == 3)
    printf("Kreisflaeche : %.2f\n", erg);
  else
    printf("Fehler bei Aufruf der Funktion\n");
}


int main()
{
 int abfrage;
 float ergebnis, var;

 do{
     printf("Welche Berechnung wollen Sie durchfueh-
ren?\n\n");
     printf("<1> Kreisflaeche\n");
     printf("<2> Kreisdurchmesser\n");
     printf("<3> Kreisumfang\n\n");
     printf("<4> Programm beenden\n\n");
     printf("Ihre Auswahl < >\b\b");
     scanf("%d",&abfrage);
```

```
      switch(abfrage)
        {
         case  1 : printf("Durchmesser : ");
                   scanf("%f",&var);
                   ergebnis=kreis_area(var);
                   ergebnis_ber(ergebnis, abfrage);
                   break;
         case  2 : printf("Flaeche : ");
                   scanf("%f",&var);
                   ergebnis=kreis_durchmesser(var);
                   ergebnis_ber(ergebnis, abfrage);
                   break;
         case  3 : printf("Durchmesser : ");
                   scanf("%f",&var);
                   ergebnis=kreis_umfang(var);
                   ergebnis_ber(ergebnis, abfrage);
                   break;
         case  4 : printf("Programmende\n");
                   break;
         default : printf("Unbekannte Eingabe\n");
        }
     }while(abfrage!=4);
   return 0;
}
```

Lokale und globale Variablen

Betrachten Sie noch einmal die Verschiebung der Deklaration der Variable pi. Diese Variable wurde außerhalb einer Funktion deklariert. Somit besitzt sie einen globalen Status. Das bedeutet, diese Variable ist für alle Funktionen sichtbar. Solche Variablen werden als globale Variablen bezeichnet.

Die Variablen, die Sie bisher verwendet haben, wurden stets in den Anweisungsblöcken der Funktionen deklariert. Man bezeichnet solche Variablen als lokale Variablen, da sie nur lokal – innerhalb der Funktion – gültig sind.

Tipp

Es empfiehlt sich, hauptsächlich die lokale Variablendeklaration zu verwenden. Betrachten Sie zum Beispiel folgende Funktion:

```
void rechnung()
{
  x = y + z * 2;
}
```

Hier lässt sich kaum auf den ersten Blick feststellen, auf welchen Datentypen die Variablen basieren, gerade wenn es sich um ein längeres Programm handelt. Außerdem stellt sich das Problem, dass es zu Überschneidungen kommen kann, wenn mehrere Funktionen globale Variablen verändern; eine andere Funktion geht dann möglicherweise von einem ursprünglichen Variableninhalt aus, wodurch Fehler entstehen können. Daher sollten Sie globale Variablen so sparsam wie nur möglich einsetzen. Die Variable `pi` *ist aber ein gutes Beispiel, wann eine globale Variable Sinn ergibt. Im konkreten Fall wird sie von mehreren Funktionen benötigt (aber nicht verändert, wozu es auch keinen Grund gibt, da* `p` *einen konstanten Wert besitzt), sodass mehrere gleiche lokale Deklarationen von* `p` *– wie in der ersten Version des Programms – weit weniger elegant sind.*

7 Kompilieren Sie das Programm und führen Sie es aus.

Eine kleine Erfolgskontrolle

1. Welche Fehler wurden bei den folgenden Funktionsdefinitionen gemacht?
   a. `void func1`
   b. `int func2(var1, var2)`
   c. `float func3(float a float b)`
2. Was bedeutet der Begriff »call by value«?
3. Wie können Sie aus einer Funktion einen Wert an den Aufrufer zurückgeben?
4. Erklären Sie den Unterschied zwischen Parameter und Argument.
5. Was sind globale und lokale Variablen?

Kapitel 9

Arrays und Strings

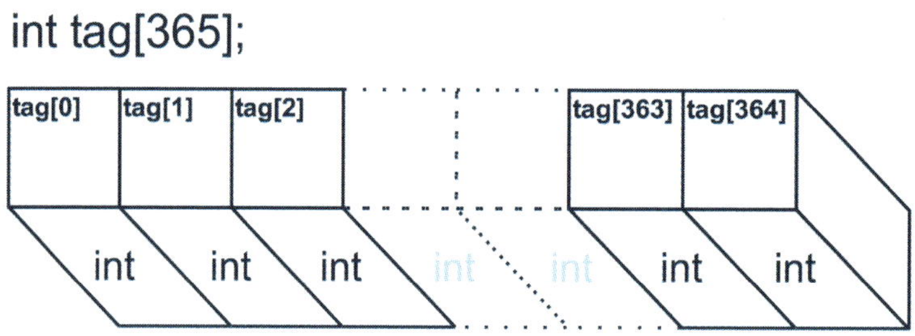

Bisher haben Sie sich auf einfache Datentypen beschränkt. Bei den Beispielen wurden lediglich Ganzzahlen (`short`*,* `int`*,* `long`*,* `char`*) und Fließkommazahlen (*`float`*,* `double`*,* `long double`*) eingesetzt. In diesem Kapitel lernen Sie zusammengesetzte Datentypen kennen: Arrays. Mit Arrays haben Sie die Möglichkeit, eine geordnete Folge von Werten eines bestimmten Datentyps zu speichern und zu bearbeiten.*

Das können Sie schon:

Das lernen Sie neu:

Arrays deklarieren

Angenommen, Sie bekommen den Auftrag, ein Programm zu schreiben, das Daten von Temperaturmessungen der letzten 365 Tage speichern soll. Natürlich könnten Sie 365 `int`-Variablen (oder – wenn mehr Genauigkeit erwartet wird – auch `float`-Variablen) deklarieren:

```
int tag1;
int tag2;
int tag3;
int tag4;
...
...
int tag365;
```

Dies ist natürlich alles andere als effektiv. Es gibt jedoch eine Alternative: Arrays. Dabei kann man mehrere Variablen eines Typs zusammenfassen. Die Anwendung von Arrays soll an einem Beispiel gezeigt werden:

1 Legen Sie ein neues Projekt an und beginnen Sie mit folgendem Grundgerüst.

```
/* Datenerfassung mit Arrays */
#include <stdio.h>

int main()
{

  return 0;
}
```

2 Geben Sie den Datentyp für das Element des Arrays an.

```
/* Datenerfassung mit Arrays */
#include <stdio.h>

int main()
{
  int

  return 0;
}
```

Achtung

Alle Elemente in einem Array beruhen auf dem Datentyp, mit dem das Array deklariert wurde. In diesem Beispiel können Sie dem Array nur `int`*-Werte zuweisen.*

3 Geben Sie den Namen für das Array an.

```
/* Datenerfassung mit Arrays */
#include <stdio.h>

int main()
{
  int tag

  return 0;
}
```

Für die Benennung von Arrays gelten dieselben Regeln wie bei Variablen und Funktionen.

4 Jetzt geben Sie an, wie viele Elemente Sie für das Array benötigen.

```
/* Datenerfassung mit Arrays */
#include <stdio.h>

int main()
{
  int tag[365];

  return 0;
}
```

Die Anzahl der Elemente, die für das Array reserviert werden, wird in eckige Klammern gesetzt. In diesem Beispiel wurde ein Array deklariert, in dem Sie 365 `int`-Variablen speichern können. Im Prinzip stellt diese Deklaration nur eine verkürzte Darstellung der Deklaration von 365 einzelnen `int`-Variablen dar.

Hierzu nochmals die Syntax zur Deklaration eines Arrays:

```
Datentyp Arrayname[Anzahl_der_Elemente];
```

Als »Datentyp« stehen alle Datentypen zur Verfügung, die Sie bisher kennen gelernt haben. Es sind damit sowohl Ganzzahl- als auch Fließkommavariablen erlaubt. Der Datentyp `char` nimmt allerdings eine besondere Stellung ein. Dazu aber ein paar Seiten später mehr.

Auf einzelne Array-Elemente zugreifen

Die einzelnen Elemente werden im Arbeitsspeicher als ein ganzer Block gespeichert.

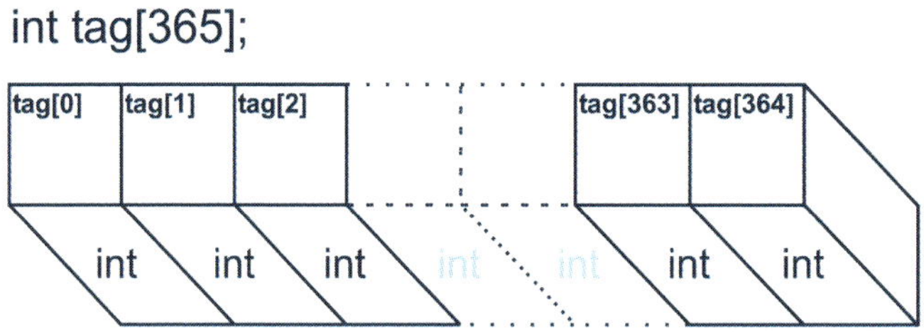

Über die Positionsnummer – man spricht hierbei von der Indexnummer – können Sie die einzelnen Elemente im Array identifizieren. Dabei wird die Indexnummer in eckigen Klammern angegeben.

Wie Sie der Abbildung entnehmen können, beginnt die Zählung nicht bei 1, sondern bei 0, sodass die Indexnummern 0 bis 364 zur Verfügung stehen. Sie müssen gegebenenfalls den Wert 1 abziehen, um von der Nummer des Tages auf die Indexnummer schließen zu können. Den ersten Tag im Jahr adressieren Sie also nicht mit der Indexnummer 1, sondern mit 0, und den letzten Tag, den 365., mit der Indexnummer 364.

Um zum Beispiel den ersten drei Array-Elementen einen Wert zuzuweisen, können Sie wie folgt vorgehen:

```
tag[0] = 28;
tag[1] = 21;
tag[2] = 19;
```

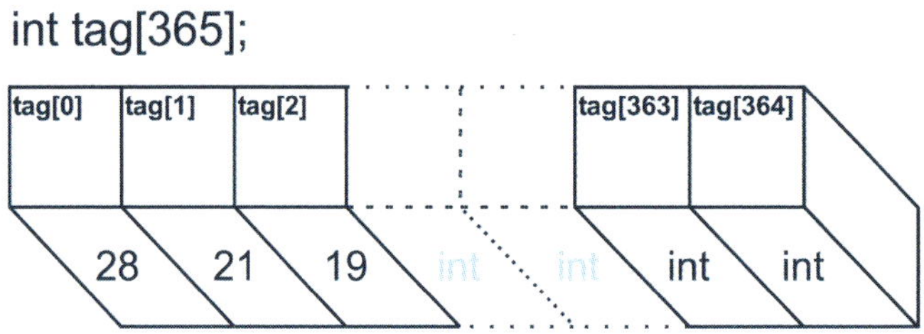

Das nun folgende Programm soll mithilfe einer Schleife für alle 365 Elemente von der Tastatur Werte einlesen. Dabei ist die Schleifenvariable zugleich auch die Position des Indexfeldes, in dem Sie die Daten im Array speichern.

5 Deklarieren Sie die Schleifenvariable.

```
/* Datenerfassung mit Arrays */
#include <stdio.h>

int main()
{
  int tag[365];
  int i;

  return 0;
}
```

6 Schreiben Sie eine `for`-Schleife, die vom ersten Element des Arrays bis zum letzten Element durchläuft.

```
/* Datenerfassung mit Arrays */
#include <stdio.h>

int main()
{
  int tag[365];
  int i;

  for(i=0; i<365; i++)
   {
   }

  return 0;
}
```

Achtung

Hier ist eine gefährliche Fehlerquelle. Da bei der Deklaration des Arrays 365 Elemente angegeben sind, schreibt man in der `for`*-Schleife gerne Folgendes:*

```
for(i=0; i<=365; i++)
```

Damit wird versucht, auf das Element mit dem Index 365 zuzugreifen. Diese Indexposition existiert aber nicht, da nur die Indexnummern 0 bis 364 zur Verfügung stehen. Darum müssen Sie entweder auf »kleiner als oder gleich 364« überprüfen (`<=364`*) oder aber auf »kleiner als 365« (*`<365`*).*

7 Fordern Sie den Anwender auf, einen Wert einzugeben.

```
/* Datenerfassung mit Arrays */
#include <stdio.h>

int main()
{
  int tag[365];
  int i;

  for(i=0; i<365; i++)
   {
     printf("Temperatur fuer Tag %3d : ",i);
   }

  return 0;
}
```

8 Verwenden Sie die Schleifenvariable als Index für das Einlesen der einzelnen Array-Elemente.

```
/* Datenerfassung mit Arrays */
#include <stdio.h>

int main()
{
  int tag[365];
  int i;

  for(i=0; i<365; i++)
   {
     printf("Temperatur fuer Tag %3d : ",i);
     scanf("%d",&tag[i]);
   }
  return 0;
}
```

Das Einlesen von der Tastatur funktioniert hier genauso wie bei normalen Variablen, nur müssen Sie in diesem Fall den Index in den eckigen Klammern mit angeben.

9 Fügen Sie noch eine Eingabeaufforderung nach der Schleife ein, die fragt, von welchem Tag die Temperatur ausgelesen werden soll. Überprüfen Sie die Eingabe auf ihre Richtigkeit, damit ein Wert, der größer ist als die höchste Indexnummer, ignoriert wird.

```
/* Datenerfassung mit Arrays */
#include <stdio.h>

int main()
{
  int tag[7];
```

```
  int i;

  for(i=0; i<7; i++)
   {
     printf("Temperatur fuer Tag %3d : ",i+1);
     scanf("%d",&tag[i]);
   }
  printf("Temperatur von welchem Tag : ");
  scanf("%d",&i);
  if(i<=7)
    printf("Tag %d:%d Grad Celsius\n",i,tag[i-1]);
  return 0;
}
```

Hinweis

Bei diesem Programm wurde die Anzahl der Tage auf 7 reduziert, damit Sie beim Ausprobieren nicht so viele Werte eingeben müssen.

Im Programmcode wird bei der Ausgabe der Temperatur eines bestimmten Tages von der Tagesnummer der Wert 1 subtrahiert bzw. es wird zu der Tagesnummer der Wert 1 addiert. Dies ist erforderlich, um bei der Benutzerschnittstelle eine bei 1 beginnende Zählung zu realisieren (so wie es im Alltag üblich ist). Mit diesen arithmetischen Operationen auf die Indexposition wird eine Angleichung an die 0-basierte Speicherung des Arrays erzielt.

10 Kompilieren Sie das Programm und führen Sie es aus.

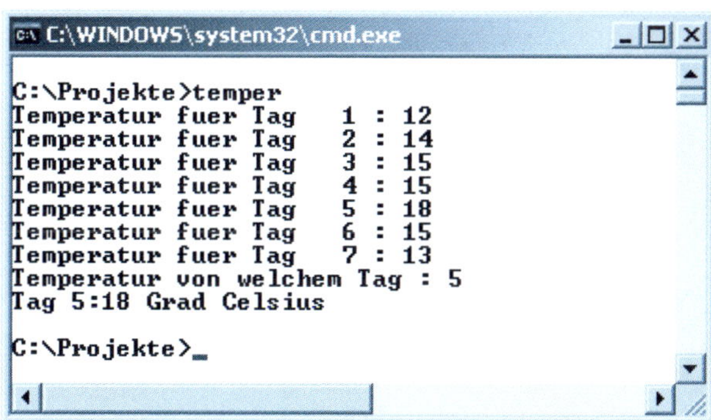

Arrays an Funktionen übergeben

Um einer Funktion ein Array als Argument übergeben zu können, müssen Sie in der Funktionsdefinition dem Parameternamen ein Paar eckige Klammern [] nachstellen. Ein Indexwert darf nicht angegeben werden:

```
void funktion(int arrayname[])
```

Damit die Funktion weiß, wie viele Elemente sich im Array befinden, sollten Sie diese Information als zweiten Parameter hinzufügen:

```
void funktion(int arrayname [], int anzahl_elemente)
```

Hinweis

Bei der Übergabe eines Arrays an eine Funktion wird nicht das Call-by-value-Verfahren verwendet wie bei gewöhnlichen Variablen, sondern das Call-by-reference-Verfahren. Was dies genau bedeutet, erfahren Sie im nächsten Kapitel zum Thema Zeiger. Sie sollten allerdings jetzt schon wissen, dass beim Call-by-reference-Verfahren mit den Originalwerten gearbeitet wird. Dies bedeutet, dass sich eine Änderung an den Array-Variablen in der Funktion ebenso auf die Array-Variablen der aufrufenden Funktion auswirkt. Dies liegt daran, dass beim Call-by-reference-Verfahren der Funktion nicht eine Kopie des Arrays übergeben wird, sondern die Anfangsadresse, an der das Array im Arbeitsspeicher abgelegt ist. Änderungen im Array bewirken dann zwangsläufig eine Auswirkung auf das übergegebene Array und das Original-Array. Dies hört sich jetzt möglicherweise etwas kompliziert an; spätestens nach dem Kapitel zum Thema Zeiger dürften Sie aber keine Probleme mehr damit haben.

Achtung

Wenn Sie ein Array dagegen als Argument an eine Funktion übergeben, schreiben Sie nur den Namen des Arrays ohne die eckigen Klammern. Es muss also zum Beispiel heißen:

```
Rueckgabewert = funktionsname(arrayname)
```

Nicht erlaubt ist dagegen die Form:

```
Rueckgabewert = funktionsname(arrayname[])
```

Jetzt erweitern Sie das Programm um eine Funktion, womit Sie die Durchschnittstemperatur aller eingegebenen Temperaturen berechnen können.

11 Verwenden Sie wieder das folgende Programm.

```
/* Datenerfassung mit Arrays */
#include <stdio.h>

int main()
{
  int tag[7];
  int i;

  for(i=0; i<7; i++)
   {
     printf("Temperatur fuer Tag %3d : ",i+1);
     scanf("%d",&tag[i]);
   }
  printf("Temperatur von welchem Tag : ");
  scanf("%d",&i);
  if(i<=7)
    printf("Tag %d : %d Grad Celsius\n",i,tag[i-1]);
  return 0;
}
```

12 Deklarieren Sie eine Funktion mit einem Array und der Anzahl der Elemente im Array als Parameter. Diese Funktion gibt das Ergebnis der Berechnung an den Aufrufer zurück.

```
/* Datenerfassung mit Arrays */
#include <stdio.h>

float durchschnitt(int array[], int n_elemente)
{
}

int main()
{
...
}
```

13 Deklarieren Sie eine Schleifenvariable und eine Variable für die Addition aller Werte. Erstellen Sie eine `for`-Schleife, die `n_elemente` im Array durchläuft.

```
/* Datenerfassung mit Arrays */
#include <stdio.h>

float durchschnitt(int array[], int n_elemente)
{
  int i, gesamt=0;
  for(i=0; i<n_elemente; i++)
}
```

```
int main()
{
...
}
```

14 Addieren Sie alle Werte des Arrays und berechnen Sie den Durchschnitt dieser Summe. Geben Sie zum Schluss den errechneten Durchschnitt an den Aufrufer zurück.

```
/* Datenerfassung mit Arrays */
#include <stdio.h>

float durchschnitt(int array[], int n_elemente)
{
  int i, gesamt=0;
  for(i=0; i<n_elemente; i++)
    gesamt+=array[i];

  return ((float)gesamt / n_elemente);
}

int main()
{
...
}
```

15 Rufen Sie die Funktion in der `main()`-Funktion mit den entsprechenden Argumenten auf und übergeben Sie das Ergebnis der Funktion an eine neu deklarierte Variable.

```
/* Datenerfassung mit Arrays */
#include <stdio.h>

float durchschnitt(int array[], int n_elemente)
{
  int i, gesamt=0;
  for(i=0; i<n_elemente; i++)
    gesamt+=array[i];

  return ((float)gesamt / n_elemente);
}

int main()
{
  int tag[7];
  int i;
  float schnitt;

  for(i=0; i<7; i++)
   {
     printf("Temperatur fuer Tag %3d : ",i+1);
     scanf("%d",&tag[i]);
```

```
  }
  printf("Temperatur von welchem Tag : ");
  scanf("%d",&i);
  if(i<=7)
    printf("Tag %d : %d Grad Celsius\n",i,tag[i-1]);

  schnitt = durchschnitt(tag, 7);
  printf("Durchschnitt:%.2f Grad Celsius\n",schnitt);
  return 0;
}
```

16 Kompilieren Sie das Programm und führen Sie es aus.

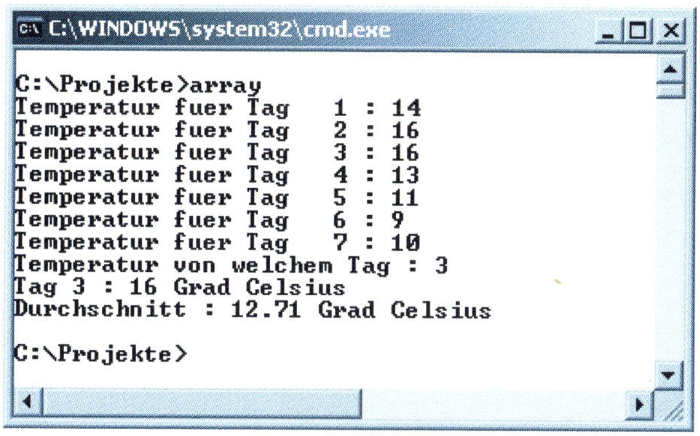

Hinweis

Beachten Sie, dass bei der Übergabe des Arrays an die Funktion `durchschnitt` *der Arrayname* `tag` *ohne eckige Klammern übergeben werden muss:*

```
schnitt = durchschnitt(tag, 7);
```

Strings (char-Array)

Sicherlich haben Sie sich schon gefragt, warum es keinen Datentyp für einen String gibt. Bisher wurden in den Beispielen nur Stringkonstanten verwendet.

Was ist das?

Als String bezeichnet man eine Kette von Zeichen.

Wie Sie sicher schon ahnen (und der Überschrift entnommen haben), führt der Weg zum String über ein `char`-Array. Nun könnten Sie ein `char`-Array deklarieren und einzelne Zeichen mithilfe einer `for`-Schleife einlesen, sodass dadurch zum Beispiel ein ganzes Wort entsteht. Dies ist natürlich alles andere als komfortabel. Glücklicherweise gibt es eine bequemere Variante. Die Verwendung von Strings wird in den nächsten Abschnitten detailliert erläutert.

Die Deklaration eines Strings läuft in der Regel genauso ab wie bei einem `int`-Array. Der wesentliche Unterschied ist, den Datentyp `char` zu verwenden:

```
char kette[100];
```

Hiermit haben Sie beispielsweise einen String deklariert, in dem Sie 100 einzelne Zeichen speichern können.

Jetzt stellt sich die Frage, wie ein Wert abgelegt werden kann, ohne dass jedes Zeichen einzeln gespeichert werden muss.

Hierfür verwenden Sie den Zuweisungsoperator und geben die zu speichernde Stringkonstante an, die Sie wie gewohnt in doppelte Anführungszeichen setzen. Die Stringkonstante kann – muss aber nicht – in geschweifte Klammern gesetzt werden. Deklaration und Initialisierung können zusammengefasst werden, was wie folgt aussieht:

```
char kette[] = { "Hallo" };
```

Hier muss keine Angabe zur Anzahl der Elemente erfolgen. (Die Anzahl der Elemente kann aber auf Wunsch angegeben werden.)

Alternativ kann man eine Stringkonstante auch wie folgt initialisieren (wobei in diesem Fall die geschweiften Klammern obligatorisch sind):

```
char kette[] = {'H','a','l','l','o','\0'};
```

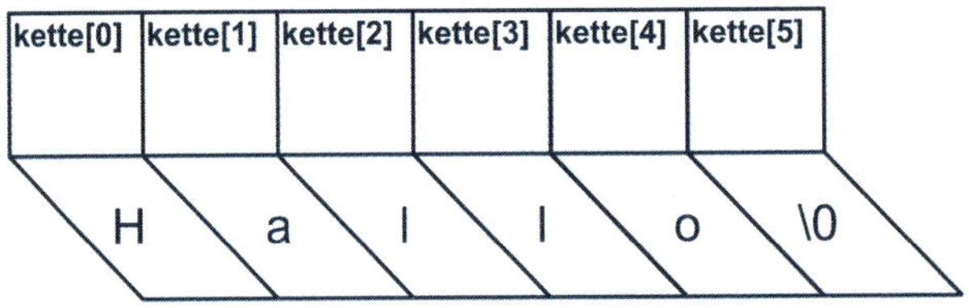

Es stellt sich die Frage, warum hier sechs Zeichen verwendet werden, obwohl das zu speichernde Wort nur fünf Zeichen lang ist. Unklar ist außerdem die Bedeutung des Zeichens `\0`.

Die Erklärung: Das Ende eines Strings muss gekennzeichnet werden, damit dieser vom Anfang der Adresse im Arbeitsspeicher bis zum Ende – zum Beispiel mit der Funktion `printf()` – ausgegeben werden kann. Diese String-Endekennzeichnung ist das Terminierungszeichen `\0`. Es ist das erste Zeichen im Zeichensatz (ASCII/ANSI 0) und ist nicht mit dem Dezimalwert `0` gleichzusetzen.

Bei Stringkonstanten, die zwischen zwei doppelten Anführungszeichen stehen, müssen Sie das Zeichen `\0` nicht explizit mit angeben; dort wird es automatisch hinzugefügt.

Achtung

Achten Sie bitte bei der Deklaration eines `char`-Arrays darauf, dass Platz für das `\0`-Zeichen vorhanden ist. Die Anzahl der Elemente muss also mindestens um 1 größer sein als die effektive (sichtbare) Stringlänge.

1 Erstellen Sie ein neues Projekt und schreiben Sie folgendes Grundgerüst.

```
/* Demonstration von Strings */
#include <stdio.h

int main()
{

  return 0;
}
```

2 Deklarieren Sie eine Stringkonstante.

```
/* Demonstration von Strings */
#include <stdio.h

int main()
{
  char str[] = {"Hallo Welt"};

  return 0;
}
```

3 Geben Sie die Stringkonstante mit `printf()` auf dem Bildschirm aus.

```
/* Demonstration von Strings */
#include <stdio.h>

int main()
{
  char str[] = {"Hallo Welt"};

  printf("%s\n",str);
  return 0;
}
```

> **Hinweis**
>
> *Für die formatierte Ausgabe eines Strings steht der Formatbezeichner `%s` zur Verfügung.*

4 Geben Sie den Buchstaben `'o'` des Strings `"Hallo Welt"` auf dem Bildschirm aus.

```
/* Demonstration von Strings */
#include <stdio.h>

int main()
{
  char str[] = {"Hallo Welt"};

  printf("%s\n",str);
  printf("%c\n",str[4]);
  return 0;
}
```

Hier sehen Sie, wie mithilfe des Index und des Formatbezeichners `%c` einzelne Zeichen eines Strings ausgegeben werden. Dabei gibt es keinen prinzipiellen Unterschied zu Arrays, in denen Zahlenwerte gespeichert sind.

5 Um zu zeigen, dass Strings nicht grundverschieden zu `int`-Arrays sind, bauen Sie eine `for`-Schleife in das Programm ein, die Zeichen für Zeichen über die Indexposition ausgibt.

```
/* Demonstration von Strings */
#include <stdio.h>

int main()
{
  char str[] = {"Hallo Welt"};
  int i;
```

```
    printf("%s\n",str);
    printf("%c\n",str[4]);

    for(i=0; str[i] != '\0'; i++)
        printf("%c",str[i]);
    printf("\n");

    return 0;
}
```

Diese `for`-Schleife zählt so lange hoch, bis das Terminierungszeichen `\0` des Strings erreicht ist. Bei einer formatierten Ausgabe mit dem Formatbezeichner `%s` geschieht übrigens prinzipiell dasselbe, nur bekommen Sie davon nichts mit, da die Schleife intern ausgeführt wird.

6 Kompilieren Sie das Programm und führen Sie es aus.

Sonderzeichen in Strings

Da einige Zeichen in Verbindung mit Strings eine reservierte Bedeutung haben, müssen Sie diese Zeichen umschreiben, um sie innerhalb von Strings verwenden zu können. Dazu stellen Sie dem entsprechenden Zeichen einen Backslash (\) voran. In Kapitel 6 haben Sie bereits einiges dazu erfahren.

Folgende Stringkonstanten werden so nicht zum gewünschten Ergebnis führen:

```
printf("c:\meinpfad\deinpfad\\n");
printf("Mein Nickname "John"\n");
```

Sonderzeichen	Ausgabe
`\"`	Das Zeichen " wird ausgegeben.
`\'`	Das Zeichen ' wird ausgegeben.
`\\`	Das Zeichen \ wird ausgegeben.

Durch Voranstellen eines Backslashes erzielen Sie die gewünschte Ausgabe:

```
printf("c:\\meinpfad\\deinpfad\\\n");
printf("Mein Nickname \"John\"\n");
```

Einen String einlesen

Wenn ein String mit `scanf()` eingelesen wird, führt dies zu einem Problem, falls dieser String ein Leerzeichen enthält. `scanf()` liest nämlich nur bis zum ersten Leerzeichen ein.

```
char str[100];

printf("Vorname und Nachname : ");
scanf("%s",&str[0]);
printf("%s\n",str);
```

Geben Sie hier zum Beispiel `Michaela Mustermann` ein, wird bei der darauf folgenden Ausgabe nur `Michaela` angezeigt. Somit ist die Funktion `scanf()` nur eingeschränkt für das Einlesen von Strings geeignet. Sie benötigen also eine Alternative.

Zum Einlesen von Strings dient die Funktion `fgets()`, die folgende Argumente kennt:

```
fgets(String, Zeichenlänge, Quelle);
```

Die Anwendung der Funktion `fgets()` soll an einem Beispiel demonstriert werden.

1 Erstellen Sie ein neues Projekt und schreiben Sie folgendes Grundgerüst.

```
/* Einlesen von Strings */
#include <stdio.h>

int main()
{

  return 0;
}
```

2 Deklarieren Sie einen String für die Eingabe von Vorname und Nachname.

```
/* Einlesen von Strings */
#include <stdio.h>

int main()
{
  char vorname_nachname[60];

  return 0;
}
```

3 Fordern Sie den Anwender auf, den Namen einzugeben, und lesen Sie diesen mit der Funktion `fgets()` ein.

```
/* Einlesen von Strings */
#include <stdio.h>

int main()
{
  char vorname_nachname[60];

  printf("Wie heissen Sie  : ");
  fgets();

  return 0;
}
```

4 Fügen Sie in die Funktion `fgets()` als Argument den Namen der Variablen ein, die den Namen aufnehmen soll.

```
/* Einlesen von Strings */
#include <stdio.h>

int main()
{
  char vorname_nachname[60];

  printf("Wie heissen Sie  : ");
  fgets(vorname_nachname);

  return 0;
}
```

5 Geben Sie die Anzahl der Zeichen an, die an den String `vorname_nachname` übergeben werden sollen. Für Vorname und Nachname sollten 60 Zeichen ausreichend sein.

```
/* Einlesen von Strings */
#include <stdio.h>

int main()
{
  char vorname_nachname[60];

  printf("Wie heissen Sie  : ");
  fgets(vorname_nachname, 60);

  return 0;
}
```

6 Geben Sie an, von welcher Quelle die Daten in den String eingelesen werden sollen.

```
/* Einlesen von Strings */
#include <stdio.h>

int main()
{
  char vorname_nachname[60];

  printf("Wie heissen Sie   : ");
  fgets(vorname_nachname, 60, stdin);

  return 0;
}
```

Was ist das?

`stdin` *ist eines von drei Standard-Ein-/Ausgabe-Geräten, die es in C gibt. Man spricht dabei von so genannten Streams (Datenströme). Die drei Standardstreams sind die Standardeingabe* `stdin` *(in der Regel die Tastatur), die Standardausgabe* `stdout` *(meist der Bildschirm) sowie die Standardfehlerausgabe* `stderr`*, die zur Ausgabe von Fehlern verwendet wird.*

7 Geben Sie den Namen formatiert auf dem Bildschirm aus.

```
/* Einlesen von Strings */
#include <stdio.h>

int main()
{
  char vorname_nachname[60];

  printf("Wie heissen Sie   : ");
  fgets(vorname_nachname, 60, stdin);

  printf("Hallo %s",vorname_nachname);
  return 0;
}
```

Hinweis

Beachten Sie, dass die Funktion `fgets()` *das* `\n`*-Zeichen am Ende des Strings mit anhängt.*

8 Kompilieren Sie das Programm und führen Sie es aus.

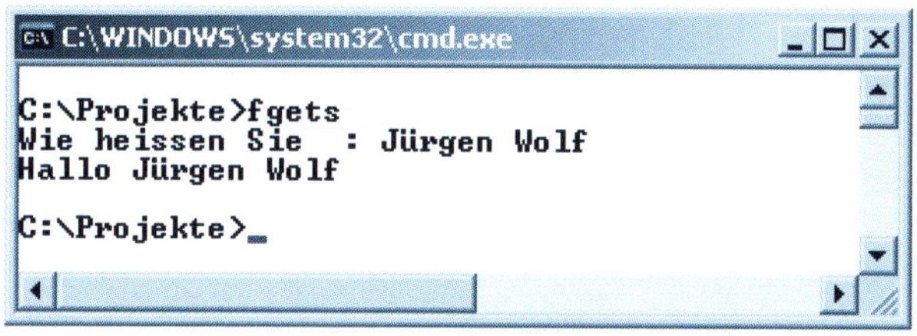

Einen String an einen anderen anhängen

Häufig ist es erforderlich, Strings aneinander zu hängen. Sie könnten zum Beispiel den Vornamen und den Nachnamen in zwei Strings ablegen und dann beide Strings aneinander hängen, also zusammensetzen. Zum Aneinanderhängen von Strings dient die Funktion `strcat()` aus der Laufzeitbibliothek *string.h*:

```
strcat(ziel_string, quell_string);
```

Mit dieser Funktion wird der `quell_string` an das Ende von `ziel_string` gehängt.

> **Was ist das?**
>
> *Das Aneinanderhängen von Strings wird auch als Konkatenation bezeichnet.*

Das Aneinanderhängen von Strings soll an einem Beispiel demonstriert werden.

1 Beginnen Sie ein neues Programm und setzen Sie das Programmgerüst auf. Binden Sie dabei die Headerdatei *string.h* mit ein.

```
/* Strings aneinander hängen */
#include <stdio.h>
#include <string.h>

int main()
{

  return 0;
}
```

2 Deklarieren Sie zwei Stringvariablen – eine mit einem Gruß und eine für Ihren Namen.

```
/* Strings aneinander hängen */
#include <stdio.h>
#include <string.h>

int main()
{
  char string[100] = {"Hallo"};
  char name[50];

  return 0;
}
```

> **Hinweis**
>
> *Für den String* `string` *wurden 100 Zeichen reserviert. Bedenken Sie, dass* `string` *bereits sechs Zeichen enthält (*`"Hallo"` *plus* `\0`*-Zeichen). Achten Sie beim Anhängen eines Strings an einen anderen darauf, dass der String, an den Sie etwas anhängen möchten, groß genug ist, um den anzuhängenden String aufnehmen zu können.*

3 Fordern Sie den Anwender auf, seinen Namen einzugeben, und lesen Sie diesen mit `fgets()` in den String `name` ein.

```
/* Strings aneinander hängen */
#include <stdio.h>
#include <string.h>

int main()
{
  char string[100] = {"Hallo"};
  char name[80];

  printf("Ihr Name lautet : ");
  fgets(name, 80, stdin);

  return 0;
}
```

4 Hängen Sie den String `name` an das Ende des Strings `string`.

```
/* Strings aneinander hängen */
#include <stdio.h>
#include <string.h>

int main()
{
```

```
  char string[100] = {"Hallo"};
  char name[80];

  printf("Ihr Name lautet : ");
  fgets(name, 80, stdin);

  strcat(string, " ");  /* Leerzeichen */
  strcat(string, name);

  return 0;
}
```

Hier wurde zuvor noch ein Leerzeichen an das Ende von `string` angehängt, damit Gruß und Name später mit einem Abstand ausgegeben werden.

Hinweis

Die Funktion `strcat()` *entfernt im Zielstring das Terminierungszeichen* `\0` *und fügt es nach dem Funktionsaufruf am Ende des Strings wieder an. Sie müssen sich also bei Anwendung der Funktion* `strcat()` *keine Gedanken machen, was das Terminierungszeichen betrifft.*

5 Geben Sie den kombinierten String auf dem Bildschirm aus.

```
/* Strings aneinander hängen */
#include <stdio.h>
#include <string.h>

int main()
{
  char string[100] = {"Hallo"};
  char name[80];

  printf("Ihr Name lautet : ");
  fgets(name, 80, stdin);

  strcat(string, " ");  /* Leerzeichen */
  strcat(string, name);

  printf("%s",string);

  return 0;
}
```

6 Kompilieren Sie das Programm und führen Sie es aus.

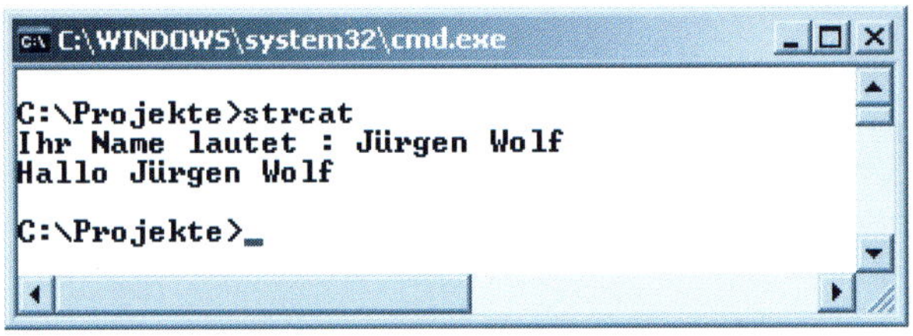

Die Länge eines Strings ermitteln

Gleich werden noch weitere Zeichen an den String angehängt. Um ein Überschreiten der reservierten Länge zu vermeiden, ist es wichtig zu ermitteln, wie viele Zeichen ein String enthält. Dazu dient die Funktion `strlen()`, die ebenfalls in der Headerdatei *string.h* deklariert ist. Verwenden Sie die Funktion `strlen()` wie folgt:

```
anzahl_zeichen = strlen(string);
```

Jetzt gibt die Variable `anzahl_zeichen` darüber Auskunft, wie viele Zeichen der String enthält. Das soll ein Programmbeispiel genauer zeigen.

1 Verwenden Sie das Beispielprogramm aus dem letzten Abschnitt.

2 Deklarieren Sie eine weitere `int`-Variable und weisen Sie dieser nach der zweiten Konkatenation mithilfe von `strlen()` die Anzahl der Zeichen zu, die `string` aufweist.

```
/* Strings aneinander hängen */
#include <stdio.h>
#include <string.h>

int main()
{
  char string[100] = {"Hallo"};
  char name[80];
  int size;

  printf("Ihr Name lautet : ");
  fgets(name, 80, stdin);

  strcat(string, " ");  /* Leerzeichen */
  strcat(string, name);

  size=strlen(string);

  return 0;
}
```

3 Überprüfen Sie mit einer `if`-Bedingung, ob noch ausreichend Platz im String vorhanden ist. Falls ja, fordern Sie den Anwender auf, noch etwas einzugeben. Hängen Sie die erneute Eingabe wieder an das Ende des Strings `string` an.

```
/* Strings aneinander hängen */
#include <stdio.h>
#include <string.h>

int main()
{
  char string[100] = {"Hallo"};
  char name[80];
  int size;

  printf("Ihr Name lautet : ");
  fgets(name, 80, stdin);

  strcat(string, " ");  /* Leerzeichen */
  strcat(string, name);

  size=strlen(string);
  if(size < 100)
   {
    printf("Platz noch f. %d Zeichen\n",100-size);
    printf("Erzaehlen Sie etwas von sich\n\n>");
    fgets(name, 99-size, stdin);
    strcat(string,name);
   }
  printf("\n%s",string);
  return 0;
}
```

Damit der Anwender nicht mehr Zeichen eingibt, als verfügbar sind, begrenzen Sie mit `99-size` die Anzahl der Zeichen, die von der Tastatur eingelesen werden. Damit verhindern Sie, dass mehr Zeichen angehängt werden, als im Zielstring noch Platz haben.

4 Kompilieren Sie das Programm und führen Sie es aus.

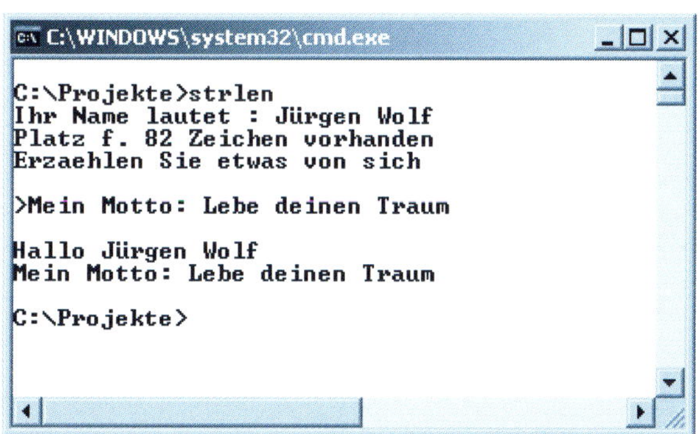

Zwei Strings miteinander vergleichen

Strings kann man in C nicht mit einem mathematischen Vergleichsoperator wie == oder != vergleichen. Zum Vergleichen von Strings gibt es stattdessen eine Funktion der Headerdatei *string.h*, nämlich die Funktion `strcmp()`. Diese Funktion wird folgendermaßen eingesetzt:

```
strcmp(String1, String2);
```

Die Funktion liefert bei Gleichheit beider Strings den Wert 0 zurück. Dazu folgt nun ein Programm, das eine Passworteingabe überprüft.

1 Schreiben Sie ein neues Programm und setzen Sie das Programmgerüst auf. Binden Sie die Headerdatei *string.h* mit ein.

```
/* Strings vergleichen */
#include <stdio.h>
#include <string.h>

int main()
{

  return 0;
}
```

2 Deklarieren Sie einen String mit Platz für acht Zeichen und einen globalen String, in dem sich das Passwort als Stringkonstante befindet. Fragen Sie den Anwender nach dem Passwort und lesen Sie es ein. Verwenden Sie zum Einlesen die Funktion `scanf()`.

```
/* Strings vergleichen */
#include <stdio.h>
#include <string.h>

char pass[] = {"1234abcd"};

int main()
{
  char Passwort[8];

  printf("Passwort eingeben : ");
  scanf("%s",&Passwort[0]);

  return 0;
}
```

3 Überprüfen Sie mit der Funktion `strcmp()` die beiden Strings auf Gleichheit. Geben Sie anschließend eine entsprechende Meldung auf dem Bildschirm aus.

```
/* Strings vergleichen */
#include <stdio.h>
#include <string.h>

char pass[] = {"1234abcd"};

int main()
{
  char Passwort[8];

  printf("Passwort eingeben : ");
  scanf("%s",&Passwort[0]);

  if((strcmp(pass, Passwort)) == 0)
   printf("Passwort richtig!!!\n");
  else
   printf("Falsches Passwort!!!\n");

  return 0;
}
```

4 Kompilieren Sie das Programm und führen Sie es aus.

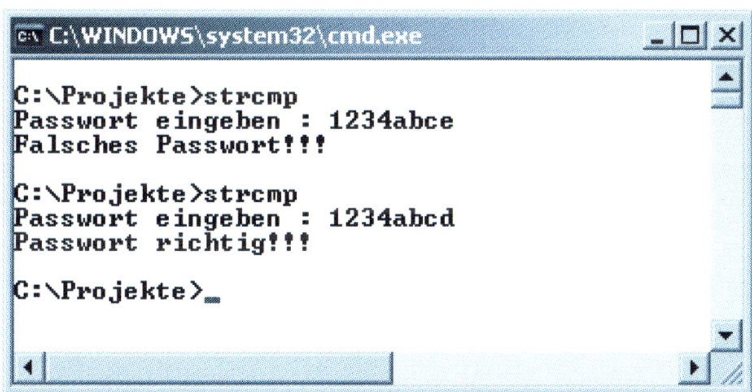

Zahlen in einen String umwandeln – sprintf

In der Praxis müssen häufig Zahlenwerte in Strings umgewandelt werden, zum Beispiel um diese an andere (Text-)Strings anzuhängen. Für eine derartige Umwandlung wird die Funktion `sprintf()` zur Verfügung gestellt, die genauso eingesetzt wird wie `printf()`. Der einzige Unterschied besteht darin, dass nach dem Ersetzen der Formatbezeichner keine Ausgabe auf dem Bildschirm erfolgt, sondern ein String zurückgegeben wird.

Die Anwendung von `sprintf()` sieht wie folgt aus:

```
sprintf(string, "%d", zahl);
```

Damit wird der dezimale Wert von `zahl` in den String `string` umgewandelt. Voraussetzung dafür ist aber, dass Sie einen String mit ausreichend Elementen deklarieren. Dazu ein kurzes Beispiel.

1 Deklarieren und initialisieren Sie eine beliebige numerische Variable, die in einen String umgewandelt werden soll.

```
int x = 1234;
```

2 Deklarieren Sie ein ausreichend großes Array für den String.

```
char string[20];
```

3 Rufen Sie die Funktion `sprintf()` mit den dazugehörigen Argumenten auf.

```
sprintf (string,"%d",x);
```

Jetzt befindet sich im String `string` die Zeichenfolge `"1234"`. Für andere Datentypen müssen Sie natürlich die entsprechenden Formatbezeichner einsetzen.

> **Hinweis**
>
> *C bietet noch mehr Funktionen zum Umwandeln von Zahlen in Strings an, zum Beispiel* `atoi()` *(für* `int`*-Werte),* `atof()` *(für* `double`*-Werte),* `strtol()` *(für* `long`*-Werte) und* `strtod()` *(für* `double`*-Werte). Allerdings bieten diese Funktionen im Unterschied zu* `sprintf()` *keine Formatierungsmöglichkeit.*

Einen String in Zahlen umwandeln – sscanf

Das Gegenstück zu `sprintf()` ist die Funktion `sscanf()`. Damit können Sie einen String in Zahlen umwandeln, um zum Beispiel arithmetische Operationen durchführen zu können. Die Funktion `sscanf()` funktioniert genauso wie `scanf()` mit dem Unterschied, dass die Variablen nicht von der Standardeingabe eingelesen werden, sondern als String übergeben werden.

Hier der Vorgang, wie ein String in eine Zahl umgewandelt wird:

1 Sie benötigen einen String, der umgewandelt werden soll.

```
char string []={"1234"};
```

2 Jetzt müssen Sie eine Variable deklarieren, die auf einem geeigneten Datentyp für numerische Werte basiert (je nachdem, was für ein Wert in dem String gespeichert ist).

```
int wert;
```

3 Abschließend rufen Sie die Funktion `sscanf()` mit den entsprechenden Argumenten auf.

```
sscanf(string, "%d", &wert);
```

Jetzt befindet sich in der Variablen `wert` die `int`-Zahl `1234`.

Eine kleine Erfolgskontrolle

1. Was muss man beachten, wenn man die einzelnen Elemente eines Arrays in einer Schleife durchläuft?
2. Was bedeutet das Zeichen `\0` bei den Strings?
3. Welcher Fehler wurde im folgenden Programm gemacht?

```
#include <stdio.h>

int main()
{
 char str1[] = {"String1"};
 char str2[] = {"String2"};

 if(str1 == str2)
   printf("Beide Srings sind gleich\n");
 else
   printf("Die Strings sind unterschiedlich\n");

 return 0;
}
```

4. Schreiben Sie ein Programm, das zehn `int`-Werte von der Tastatur einliest und den größten dieser Werte auf dem Bildschirm ausgibt.

Kapitel 10

Zeiger – Wohin sie zeigen

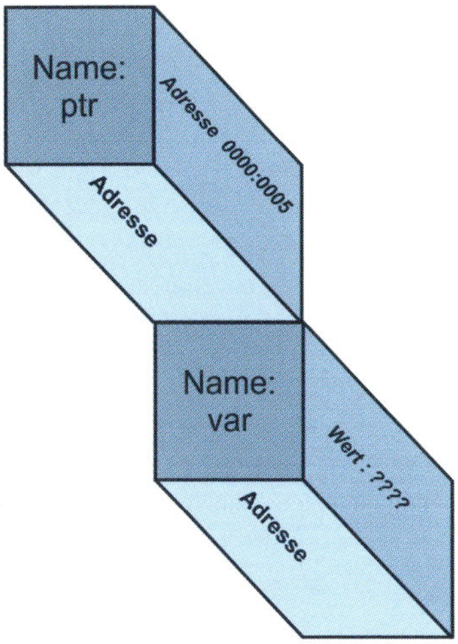

Zeiger sind ein sehr mächtiges Instrument in C. Allerdings gelten Zeiger als recht fehleranfällig und auch nicht ganz einfach zu handhaben. Aber wenn Sie das Prinzip der Zeiger erst einmal verstanden haben, werden Sie sie schätzen lernen und Operationen damit durchführen, die in anderen Programmiersprachen so nicht möglich sind. In diesem Kapitel lernen Sie Zeiger näher kennen und anwenden. Danach werden für Sie auch Begriffe wie Call-by-reference-Verfahren keine Fremdwörter mehr darstellen.

Das können Sie schon:

Das lernen Sie neu:

Was sind Zeiger und wofür werden sie benötigt?

Zeiger (engl. pointer) gelten als das Mächtigste, das C zu bieten hat. Auf den nächsten Seiten werden Sie erfahren, dass Zeiger gar nicht so kompliziert sind, wenngleich dies immer wieder verbreitet wird.

Im Prinzip sind Zeiger nichts anderes als ganz normale Variablen. So ähnelt auch die Deklaration der Zeiger der von Variablen. Zeiger erkennen Sie zunächst daran, dass ein Sternchen (*) zwischen dem Datentyp und dem Namen steht (`int *zeigername`).

Der Unterschied zwischen einem Zeiger und einer normalen Variablen besteht darin, dass ein Zeiger anstelle eines gewöhnlichen Wertes (Ganzzahl, Fließkommazahl oder Zeichen) eine Adresse auf einen bestimmten Arbeitsspeicherbereich enthält. Daher der Name Zeiger, weil dieser auf eine Adresse *zeigt*. Somit wird bei Zeigern nicht mit den Daten selbst, sondern nur mit Verweisen auf die Daten gearbeitet.

Mithilfe von Zeigern lässt sich so manches mehr und einfacher durchführen. Einige einfache Beispiele sind:

- Dynamisches Reservieren eines Speicherplatzes.
- Werte können direkt an Funktionen übergeben (Call-by-reference-Verfahren) und auch wieder als Adresse zurückgegeben werden.
- Komplexe Datenstrukturen wie Listen und Bäume lassen sich nur mit Zeigern erstellen.

Dieses Kapitel beschreibt nicht alle Anwendungsmöglichkeiten von Zeigern; im weiteren Verlauf dieses Buches werden Sie aber weitere Anwendungsbeispiele finden.

Zeiger deklarieren

Bevor Sie mit Zeigern arbeiten können, müssen Sie sie zunächst deklarieren, wie es auch bei gewöhnlichen Variablen erforderlich ist. Hierzu die Syntax einer solchen Deklaration:

```
Datentyp *zeigername;
```

Sie können alle Datentypen verwenden, die Sie bislang kennen gelernt haben. Beim Namen des Zeigers gilt dasselbe wie bei den Variablennamen.

Vergessen Sie nicht das Sternchen (*) zwischen dem Datentyp und dem Namen der Zeigervariablen.

Das Sternchen wird in C Dereferenzierungsoperator genannt. Anhand des *-Operators können Sie einen Zeiger von einer normalen Variablen unterscheiden.

Hinweis

*Der Dereferenzierungsoperator muss zwischen Datentyp und Zeigername stehen. Es spielt im Prinzip keine Rolle, ob er direkt hinter dem Datentyp oder direkt vor dem Zeigernamen angegeben wird. Es empfiehlt sich aber, das * direkt vor den Zeigernamen zu setzen. Daran erkennt man schneller, dass es sich hierbei um einen Zeiger handelt.*

Jetzt folgt ein Beispiel, wie Zeiger deklariert werden.

1 Geben Sie den Datentyp des Zeigers an. Hier verwenden Sie als Beispiel einen `int`-Zeiger.

```
int
```

Achtung

In C sind die Datentypen bekanntlich typisiert. Dies bedeutet für die Zeiger, dass ein Zeiger eines bestimmten Datentyps nur auf eine Adresse zeigen kann, dessen Inhalt vom selben Typ ist.

2 Geben Sie den Dereferenzierungsoperator an.

```
int *
```

3 Geben Sie den Zeigernamen an und schließen Sie die Deklaration mit einem Semikolon ab.

```
int *ptr;
```

Zeiger initialisieren und dereferenzieren

Die Initialisierung ist ein sehr wichtiger Vorgang in Verbindung mit Zeigern. Wird ein Zeiger nicht initialisiert, kann dies zu schwerwiegenden Fehlern führen. Ältere Betriebssysteme kann man sogar zum Absturz bringen, wenn die Initialisierung vergessen wird. Das Problem liegt darin, dass ein nicht initialisierter Zeiger trotzdem irgendeine – mehr oder weniger zufällige – Adresse beinhaltet, auf die er zeigt.

Wenn aber diese Adresse von einem anderen Programm verwendet wird – einen Programmcode darstellt oder einen Datenbereich, in dem gerade etwas abgelegt wird –, kann dies verheerende Auswirkungen haben.

> **Hinweis**
>
> *Mit der Initialisierung eines Zeigers ist die Zuweisung einer Adresse gemeint. Wie bereits erwähnt erwarten Zeiger Adressen und keine Werte wie gewöhnliche Variablen.*

Die Initialisierung eines Zeigers soll nun an einem Beispiel gezeigt werden.

1 Erstellen Sie ein neues Projekt mit folgendem Grundgerüst.

```
/* Erste Demonstration mit Zeigern */
#include <stdio.h>

int main()
{

  return 0;
}
```

2 Deklarieren Sie eine `int`-Variable.

```
/* Erste Demonstration mit Zeigern */
#include <stdio.h>

int main()
{
  int var;

  return 0;
}
```

Sie können sich die Variable `var` folgendermaßen im Arbeitsspeicher vorstellen:

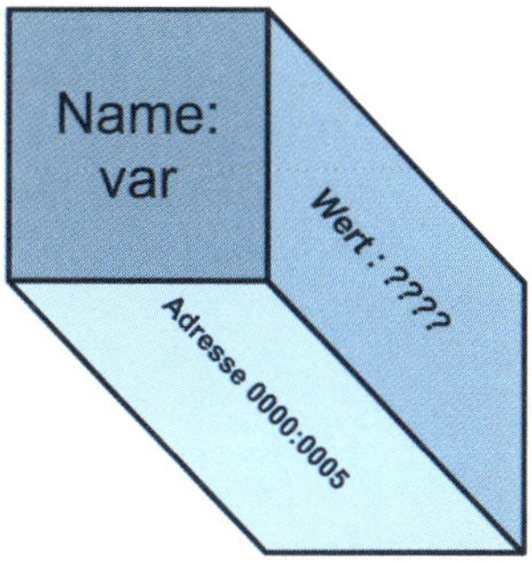

Hier sehen Sie die Variable mit dem Namen `var` im Speicher. Auf die Vergabe der Adresse haben Sie keinen Einfluss. Diese wird von Ihrem System festgelegt. Die Adresse `0000:0005` ist also nur ein Beispiel und wird einfach angenommen. Der Wert der Variablen ist noch undefiniert (es wurde ja keine Initialisierung vorgenommen). Die Größe des Datentyps int ist aus der Darstellung nicht ersichtlich; sie beträgt auf einem 32-Bit-System üblicherweise 4 Byte.

Hinweis

Diese Darstellung der Verwaltung des Arbeitsspeichers ist stark vereinfacht.

3 Deklarieren Sie einen Zeiger mit demselben Datentyp wie die Variable. Auf diese Variable soll dann später gezeigt werden.

```
/* Erste Demonstration mit Zeigern */
#include <stdio.h>

int main()
{
  int var;
  int *ptr; // ptr wie "PoinTeR"

  return 0;
}
```

Hinweis

Sie werden noch häufiger in diesem Buch den Begriff zeigen *oder* auf einen Datentyp zeigen *lesen, da sich dies einfacher anhört als auf eine Adresse referenzieren.*

In der nächsten Abbildung sehen Sie den Zeiger im Arbeitsspeicher.

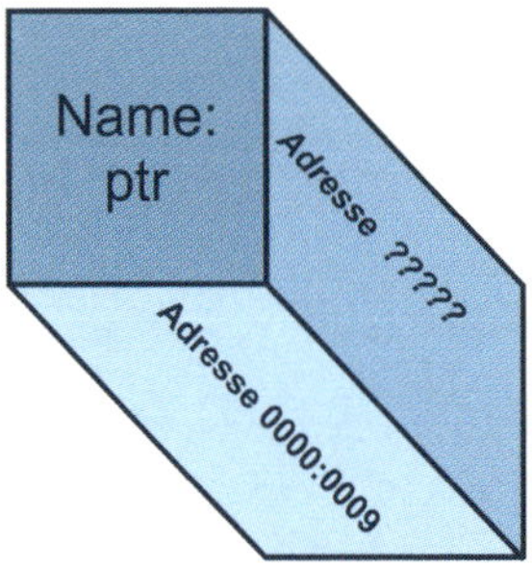

Die Adresse, auf die der Zeiger `ptr` zeigt, ist noch undefiniert, da der Zeiger noch nicht initialisiert wurde.

4 Jetzt kommt der entscheidende Moment: Übergeben Sie dem Zeiger `ptr` die Adresse der Variablen `var`. Dazu verwenden Sie den Adressoperator (&), den Sie bereits im Abschnitt zu `scanf()` kennen gelernt haben.

```
/* Erste Demonstration mit Zeigern */
#include <stdio.h>

int main()
{
  int var;
  int *ptr;
  ptr=&var;

  return 0;
}
```

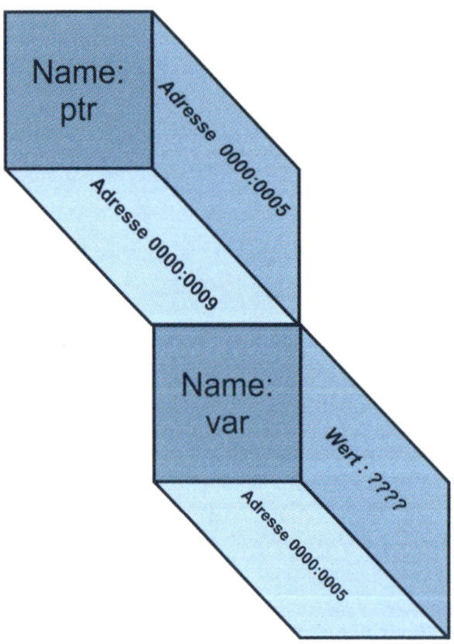

Bei der Variablen var hat sich nichts geändert, Sie haben ihr ja nichts zugewiesen. Aber im Zeiger ptr befindet sich jetzt eine Adresse. Und bei genauerer Betrachtung können Sie erkennen, dass es sich dabei um die Adresse der Variablen var handelt. Dies ist nachvollziehbar, da Sie dem Zeiger mithilfe des Adressoperators die Adresse von var übergeben haben:

```
ptr=&var;
```

Hinweis

Im Fachjargon sagt man, dass der Zeiger ptr *eine Referenz auf die Adresse der Variablen* var *ist.*

5 Weisen Sie der Variablen var mithilfe des Zeigers ptr den Wert 10 zu. Dazu verwenden Sie den Dereferenzierungsoperator *.

```
/* Erste Demonstration mit Zeigern */
#include <stdio.h>

int main()
{
  int var;
  int *ptr;
  ptr=&var;
  *ptr=10;

  return 0;
}
```

Hiermit hat die Variable var den Wert 10 erhalten. Dies wurde mithilfe des Dereferenzierungsoperators * vor dem Zeigernamen erreicht. Dabei wurde an der Adresse, an der die Variable var gespeichert ist, der Wert 10 abgelegt.

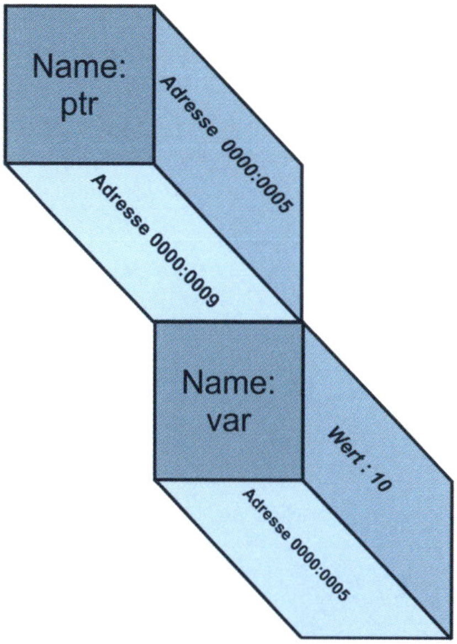

Hinweis

*Verwendet man einen Zeiger in Verbindung mit dem Dereferenzierungsoperator *, arbeitet man mit dem Inhalt der Adresse, auf die der Zeiger verweist.*

6 Geben Sie den Wert der Variablen `var` aus, um zu überprüfen, ob der Wert von `var` tatsächlich `10` beträgt. Geben Sie außerdem den Wert des Zeigers mit und ohne Dereferenzierungsoperator aus.

```
/* Erste Demonstration mit Zeigern */
#include <stdio.h>

int main()
{
  int var;
  int *ptr;
  ptr=&var;
  *ptr=10;
  printf("var=%d *ptr=%d ptr=%d\n",var,*ptr,ptr);
  return 0;
}
```

Für die ersten beiden Variablen wird wie erwartet `10` ausgegeben. Die dritte Ausgabe ist eine scheinbar zufällige Zahl. Dieses Verhalten ist nachvollziehbar, nachdem auf diese Weise die Speicheradresse, auf die die Variable `ptr` zeigt, ausgegeben wird, aber nicht der Inhalt. (Da die Speicheradresse vom System vergeben wird, ist die Angabe wenig aufschlussreich.)

7 Geben Sie die Adresse der Variablen `var`, des Zeigers `ptr` und der Referenz des Zeigers `ptr` aus. Für die Ausgabe der Adressen verwendet man logischerweise den Adressoperator sowie den Formatbezeichner `%p`.

Hinweis

Der Formatbezeichner `%p` *bewirkt eigentlich nichts anderes als* `%X` *(den Sie bereits kennen), nämlich die Ausgabe einer Zahl in hexadezimaler Form, wobei die Darstellung bei* `%p` *ein klein wenig anders ist, nämlich auf Speicheradressen zugeschnitten.*

```
/* Erste Demonstration mit Zeigern */
#include <stdio.h>

int main()
{
  int var;
  int *ptr;
  ptr=&var;
  *ptr=10;
  printf("var=%d *ptr=%d ptr=%d",var,*ptr,ptr);
  printf("\n");

  printf("Adresse var               : %p\n",&var);
  printf("Adresse auf die *ptr zeigt: %p\n",ptr);
  printf("Adresse des Zeigers ptr : %p\n",&ptr);

  return 0;
}
```

Dieses Programm gibt noch einmal etwas ausführlicher die einzelnen Werte und Adressen aus, wobei diesmal Hexwerte verwendet werden (wie bei Speicheradressen üblich).

Der erste Wert sollte klar sein: Es ist die Adresse, an der die Variable `var` abgelegt ist. Bei der zweiten Variablen `ptr` wird kein &-Adressoperator verwendet, da in einem Zeiger als Wert eine Adresse gespeichert wird, im Beispiel die Adresse der Variablen `var`. Die beiden ersten ausgegebenen Werte sind damit identisch.

Der dritte Wert ist aber ein anderer. Ein Zeiger verweist zwar auf eine Adresse, ist – wie Sie wissen – auch irgendwo im Speicher abgelegt. Genau diese Adresse wird hier mithilfe des &-Adressoperators ausgegeben.

8 Kompilieren Sie das Programm und führen Sie es aus.

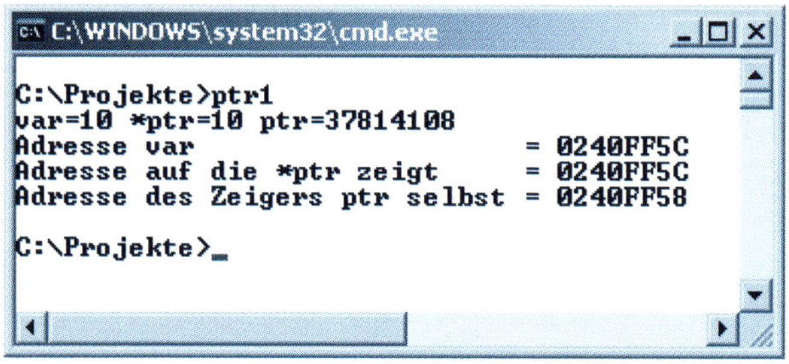

Nach dem Ausführen dieses Beispielprogramms werden Sie sich jetzt vielleicht fragen, worin der Vorteil eines Zeigers besteht. Solch ein Programm wird man in der Praxis sicher ohne Zeiger schreiben. Es sollte auch nur der Demonstration dienen, wie Zeiger funktionieren und eingesetzt werden.

Im Laufe dieses und der nächsten Kapitel werden Sie aber weitere Beispiele zu Zeigern finden und auch Anwendungen kennen lernen, bei denen Zeiger sinnvoll oder gar unverzichtbar sind.

Zeiger als Funktionsparameter

Der Vorteil von Zeigern bei Funktionsparametern liegt auf der Hand. Bei einem Funktionsaufruf mit gewöhnlichen Variablen müssen zunächst einmal die Parameter kopiert werden, damit sie der Funktion zur Verfügung stehen. Es ist klar, dass hierdurch Ressourcen beansprucht werden – es wird zusätzlicher Arbeitsspeicher verbraucht und die Kopieraktion kostet Zeit.

Da man bei Zeigern mit Adressen arbeitet, entfällt diese Kopieraktion. Allerdings muss man sich darüber im Klaren sein, dass eine Veränderung des Wertes, auf den der Zeiger verweist, auch Auswirkungen auf die Originaldaten hat (was ja auch in den meisten Fällen sinnvoll ist).

Außerdem muss bei Zeigern als Funktionsparameter kein Wert mehr mittels `return` an den Aufrufer der Funktion zurückgegeben werden, da ja mit den Originalwerten (Adressen) des Aufrufers gearbeitet wird.

Hinweis

Beim Aufruf einer Funktion, deren Parameter als Zeiger fungieren, spricht man von »call by reference«, wörtlich übersetzt: »Aufruf als Referenz (Verweis)«. Bisher kannten Sie nur »call by value« (wörtlich übersetzt: »Aufruf als Wert«).

Im Folgenden finden Sie ein einfaches Programm, das diese Art der Übergabe demonstriert. Dabei wird die Fläche eines Quadrats berechnet (Fläche=Seite*Seite).

1 Erstellen Sie den Funktionskopf ohne Parameter und das Grundgerüst der `main()`-Funktion.

```
/* Zeiger als Funktionsparameter */
#include <stdio.h>

void quadrat()
{
}

int main()
{

  return 0;
}
```

2 Fügen Sie in der Funktion einen `int`-Zeiger als Parameter ein.

```
/* Zeiger als Funktionsparameter */
#include <stdio.h>

void quadrat(int *seite)
{
}

int main()
{

  return 0;
}
```

3 Führen Sie die Berechnung im Anweisungsblock der Funktion `quadrat()` aus.

```
/* Zeiger als Funktionsparameter */
#include <stdio.h>

void quadrat(int *seite)
{
  (*seite)*=(*seite);
}

int main()
{

  return 0;
}
```

Die Klammern dienen in diesem Beispiel nur der besseren Übersicht.

Hinweis

*Ein Fehler, der häufig bei der Verwendung von Zeigern als Funktionsparameter gemacht wird, besteht darin, dass in der Funktion der Dereferenzierungsoperator * vergessen wird.*

4 Deklarieren Sie in der `main()`-Funktion eine `int`-Variable und fordern Sie den Benutzer auf, einen Wert einzugeben. Lesen Sie diesen Wert ein.

```
/* Zeiger als Funktionsparameter */
#include <stdio.h>

void quadrat(int *seite)
{
  (*seite)*=(*seite);
}

int main()
{
  int x;

  printf("Bitte Seitenlaenge des Quadrats : ");
  scanf("%d",&x);

  return 0;
}
```

5 Jetzt ist es an der Zeit, die Funktion mit dem Argument der Variablen `x` aufzurufen. Da die Funktion die Adresse der Variablen `x` erwartet, verwenden Sie den Adressoperator `&`. Geben Sie abschließend das Ergebnis dieser Berechnung aus.

```
/* Zeiger als Funktionsparameter */
#include <stdio.h>

void quadrat(int *seite)
{
  (*seite)*=(*seite);
}

int main()
{
  int x;

  printf("Bitte Seitenlaenge des Quadrats : ");
  scanf("%d",&x);
  quadrat(&x);
  printf("Die Flaeche betraegt : %d\n",x);

  return 0;
}
```

Der Vorgang soll etwas genauer betrachtet werden. Zunächst zum Zustand vor dem Funktionsaufruf `quadrat()`. Hierbei wird davon ausgegangen, dass der Anwender den Wert `5` für die Variable `x` eingegeben hat.

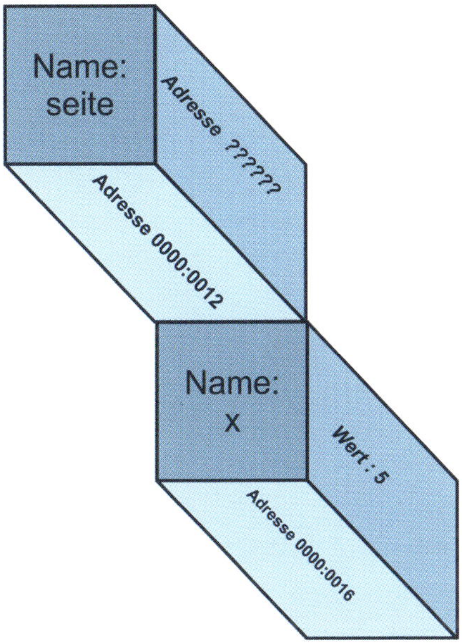

Danach folgt der Funktionsaufruf mit der Adresse der Variablen `x` als Argument: `quadrat(&x)`.

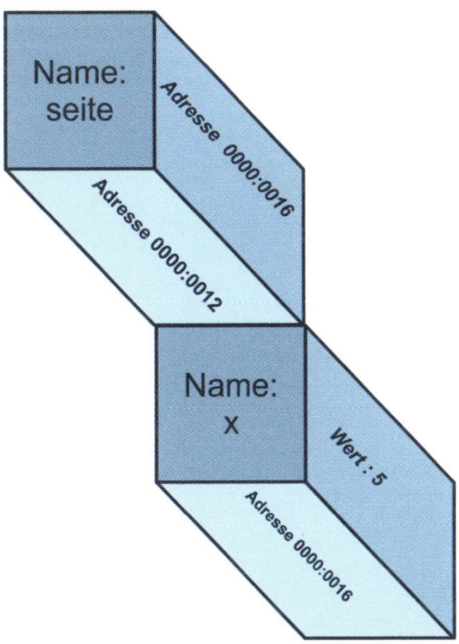

Jetzt besitzt der Zeiger `seite` in der Funktion `quadrat()` die Adresse der Variablen `x` aus der `main()`-Funktion. Danach erfolgt die Berechnung in der Funktion `quadrat()`.

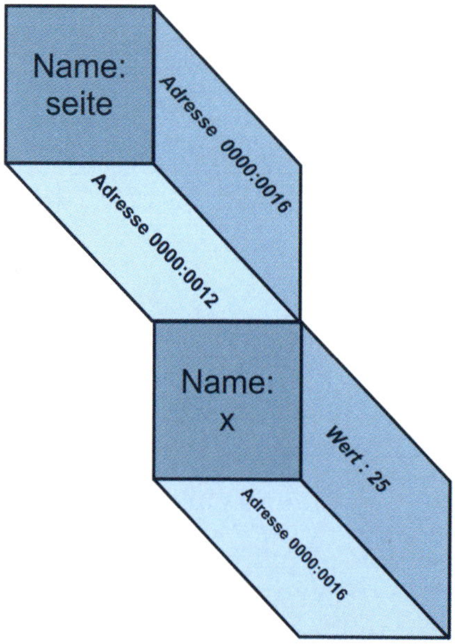

Abschließend weist die Variable `x` den berechneten Wert `25` auf.

6 Kompilieren Sie das Programm und führen Sie es aus.

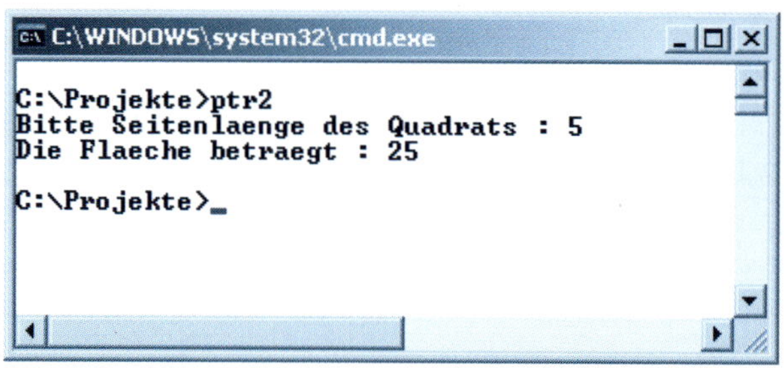

Dies waren die Grundlagen zu den Zeigern. Im Verlaufe dieses Buches werden Sie noch häufiger auf dieses Thema stoßen. Deshalb ist es sehr wichtig, dass Sie dieses Kapitel verstanden haben. In Ihrer C-Programmierpraxis werden Sie ohne Zeiger nicht auskommen. Arbeiten Sie gegebenenfalls noch einmal die Beispiele aus diesem Kapitel durch, falls noch etwas unklar sein sollte.

Eine kleine Erfolgskontrolle

1. Was ist der Dereferenzierungsoperator und wozu benötigt man ihn?
2. Was wird mit dem Formatbezeichner `%p` ausgegeben?
3. Was wurde im folgenden Codeabschnitt falsch gemacht?

   ```
   float x;
   float *ptr;

   ptr=x;
   ```

4. Ein weiterer Codeabschnitt mit einem Fehler. Was stimmt hier nicht?

   ```
   double wert;
   int *ptr;

   ptr=&wert;
   ```

5. Worin besteht bei Funktionsaufrufen der Unterschied zwischen call by value und call by reference?

Kapitel 11

Strukturen – Kombinierte Datentypen

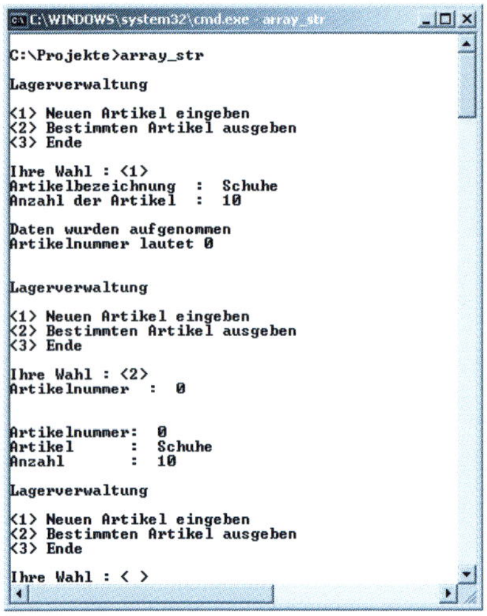

Mit den Arrays haben Sie bereits eine zusammengesetzte Datenstruktur kennen gelernt, mit der Sie Daten vom selben Typ zusammenfassen können. Wenn Sie allerdings komplexere Daten zusammenfassen möchten, wie sie beispielsweise bei einer Adressdatenbank vorkommen, benötigen Sie so genannte Strukturen. In diesem Kapitel wird erläutert, wie sich verschiedene Datentypen in eine Struktur verpacken lassen.

Das können Sie schon:

Das lernen Sie neu:

Was sind Strukturen?

In C spielen Strukturen eine sehr wichtige Rolle. Kaum ein Programm dürfte ohne Strukturen auskommen, unabhängig davon, ob dies ein großes Anwendungsprogramm wie MySQL oder ein selbst geschriebenes Verwaltungsprogramm ist.

Im Prinzip lassen sich größere Anwendungsprogramme auch ohne den Einsatz von Strukturen entwickeln. Doch unter Zuhilfenahme von Strukturen kommen Sie weit schneller und eleganter zum Ziel. Wartung und Pflege werden ebenfalls vereinfacht. Es folgt nun ein einfaches Beispiel, das Sie in diesem und den nächsten Kapiteln weiter verbessern und ausbauen werden.

Dabei soll ein Lagerverwaltungsprogramm entwickelt werden, das Daten wie Artikelnummer, Artikelbezeichnung und die Anzahl vorrätiger Artikel enthält. Hierzu benötigen Sie folgende Variablen:

```
long artikelnummer;
char artikelbezeichnung[100];
int anz_artikel;
```

Mit genau einem Artikel lässt sich aber nicht viel anfangen. Sie müssten für jeden Artikel Variablen deklarieren, was in der Praxis einen unakzeptablen Aufwand bedeuten würde. Etwas besser würde dies mit Arrays funktionieren. Sie müssten aber dann darauf achten, dass alle drei Datentypen immer denselben Index verwenden, sonst würden die Feldinhalte der Artikel schnell durcheinander geraten. Bei der Artikelbezeichnung stehen Sie aber vor dem Problem, dass es sich hier bereits um ein Array handeln. Sie müssten dafür eine Stringtabelle oder mehrdimensionale Arrays verwenden, was eine Verkomplizierung bedeuten würde. Darauf wird in diesem Buch nicht eingegangen, da es elegantere Lösungen gibt, nämlich Strukturen.

Strukturen deklarieren

Strukturen stellen eine Sammlung von unterschiedlichen Datentypen dar, die unter einem Namen – dem Strukturtyp – zusammengefasst werden. Die Syntax:

```
struct Strukturtyp{
                    Datentyp1;
                    Datentyp2;
                    ...
                    Datentyp_n;
                  };
```

Mit dem Schlüsselwort `struct` leiten Sie eine Struktur ein. Der Strukturtyp ist genauso ein Datentyp wie `int`, `long`, `float` oder `char`. Der Unterschied ist, dass dieser Datentyp nicht in der Sprache C fest eingebaut ist, sondern dass Sie ihn selbst mit einem Namen Ihrer Wahl definieren. Als Datentypen in der Struktur kommen alle in C erlaubten Datentypen wie `int`, `long`, `float` und `char` in Frage. Man spricht dabei von den Strukturelementen.

Im Folgenden wird die erste Version des Lagerverwaltungsprogramms beschrieben.

1 Erstellen Sie ein neues Projekt und beginnen Sie mit folgendem Grundgerüst.

```
/* Eine Struktur für eine Lagerverwaltung */
#include <stdio.h>

int main()
{
  return 0;
}
```

2 Deklarieren Sie den Namen (genauer den Strukturtyp) für die Struktur.

```
/* Eine Struktur für eine Lagerverwaltung */
#include <stdio.h>

struct lagerverwaltung

int main()
{
  return 0;
}
```

Hinweis

Strukturen werden üblicherweise am Anfang des Quellcodes deklariert. Nicht selten wird diese Deklaration in eine Headerdatei ausgelagert. Außerdem ist es möglich, Strukturen am Anfang einer Funktion zu deklarieren.

3 Deklarieren Sie die einzelnen Strukturelemente.

```
/* Eine Struktur für eine Lagerverwaltung */
#include <stdio.h>

struct lagerverwaltung
    {
      long artikelnummer;
      char artikelbezeichnung[100];
      int anz_artikel;
    };

int main()
{
  return 0;
}
```

Die einzelnen Strukturelemente werden in geschweiften Klammern zusammengefasst und wie gewöhnliche Variablen deklariert. Die Strukturdeklaration wird mit einem Semikolon abgeschlossen.

4 Deklarieren Sie eine Strukturvariable.

```
/* Eine Struktur für eine Lagerverwaltung */
#include <stdio.h>

struct lagerverwaltung
    {
      long artikelnummer;
      char artikelbezeichnung[100];
      int anz_artikel;
    };

int main()
{
  struct lagerverwaltung artikel;

  return 0;
}
```

Wie Sie sehen, funktioniert dies genauso wie bei einer normalen Variablen. Sie haben einen Strukturtyp `lagerverwaltung` mit dem Namen `artikel` deklariert. Damit ergibt sich folgendes Bild:

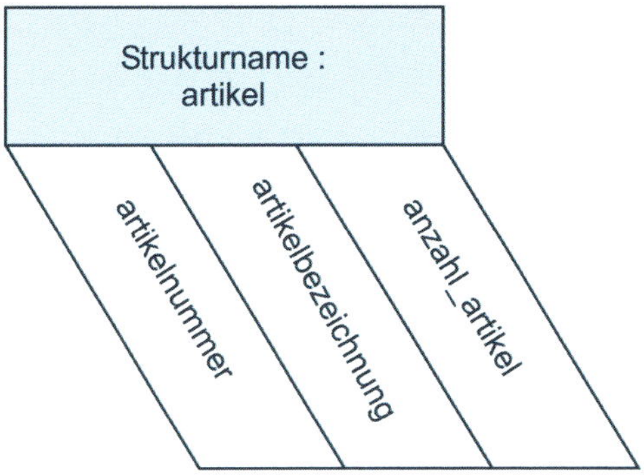

Tipp

Den Namen des Strukturtyps können Sie auch direkt bei der Deklaration der Struktur angeben:

```
struct lagerverwaltung
    {
      long artikelnummer;
      char artikelbezeichnung[100];
      int anz_artikel;
    }artikel;
```

Auf Strukturen zugreifen

Der nächste Schritt besteht darin, den einzelnen Strukturelementen etwas zuzuweisen. Dies funktioniert ähnlich wie bei einer normalen Variablen.

5 Geben Sie die Strukturvariable an, der Sie Daten übergeben wollen.

```
/* Eine Struktur für eine Lagerverwaltung */
#include <stdio.h>

struct lagerverwaltung
    {
      long artikelnummer;
      char artikelbezeichnung[100];
      int anz_artikel;
    };

int main()
{
  struct lagerverwaltung artikel;

  artikel
```

```
  return 0;
}
```

Der Zugriff auf die einzelnen Elemente der Struktur erfolgt immer über den Namen der Strukturvariablen.

6 Hängen Sie mithilfe eines Punktes das Strukturelement an, auf das Sie zugreifen wollen, und weisen Sie diesem einen Wert zu.

```
/* Eine Struktur für eine Lagerverwaltung */
#include <stdio.h>

struct lagerverwaltung
    {
      long artikelnummer;
      char artikelbezeichnung[100];
      int anz_artikel;
    };

int main()
{
  struct lagerverwaltung artikel;

  artikel.artikelnummer = 123456;

  return 0;
}
```

Hier übergeben Sie dem Strukturelement `artikelnummer` der Strukturvariablen `artikel` den Wert `123456`.

> **Hinweis**
>
> *Der Punkt, der beim Zugriff auf Strukturen verwendet wird, wird als Punktoperator bezeichnet. Auf der linken Seite befindet sich dabei die Strukturvariable und auf der rechten Seite ein Element aus der Struktur (`strukturvariable.element`).*

7 Übergeben Sie den restlichen Strukturelementen der Strukturvariablen einen Wert.

```
/* Eine Struktur für eine Lagerverwaltung */
#include <stdio.h>
#include <string.h>

struct lagerverwaltung
    {
      long artikelnummer;
```

```
      char artikelbezeichnung[100];
      int anz_artikel;
    };

int main()
{
  struct lagerverwaltung artikel;

  artikel.artikelnummer = 123456;
  strcpy(artikel.artikelbezeichnung,"Kaffeedose");
  artikel.anz_artikel = 10;

  return 0;
}
```

Hinweis

Da man einem `char`-Array nicht einfach mit dem Zuweisungsoperator einen Wert übergeben kann, müssen Sie den String mit der Funktion `strcpy()` aus der Headerdatei string.h hineinkopieren.

Hinweis

Es ist außerdem möglich, eine Zuweisung in Form von `artikel2=artikel1` und damit eine Kopie einer Strukturvariablen anzufertigen. Beide Strukturvariablen müssen dabei vom selben Strukturtyp sein. Somit werden alle Strukturelemente von `artikel1` in `artikel2` kopiert. Bei älteren Compilern wird eine solche Form der Zuweisung möglicherweise nicht unterstützt. In diesem Fall können Sie die Funktion `memcpy()` aus der Headerdatei string.h verwenden:

```
memcpy(&artikel2, &artikel1, sizeof(artikel1));
```

8 Geben Sie den Inhalt der Strukturvariablen aus.

```
/* Eine Struktur für eine Lagerverwaltung */
#include <stdio.h>
#include <string.h>

struct lagerverwaltung
    {
      long artikelnummer;
      char artikelbezeichnung[100];
      int anz_artikel;
    };
```

```
int main()
{
  struct lagerverwaltung artikel;

  artikel.artikelnummer = 123456;
  strcpy(artikel.artikelbezeichnung, "Kaffeedose\n");
  artikel.anz_artikel = 10;

  printf("Art.nr.:%ld\n",artikel.artikelnummer);
  printf("Artikel:%s",artikel.artikelbezeichnung);
  printf("Anzahl :  %d\n",artikel.anz_artikel);

  return 0;
}
```

9 Kompilieren Sie das Programm und führen Sie es aus.

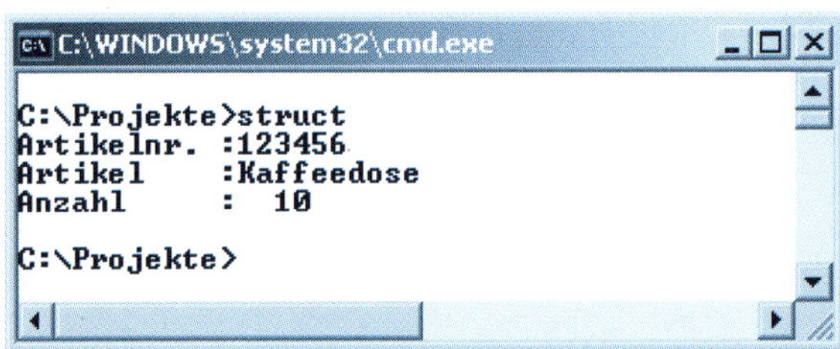

Arrays von Strukturen

Bislang konnten Sie zwar einen Datensatz für einen Lagerartikel komfortabel in einer Struktur zusammenfassen. Jedoch musste für jeden Artikel eine Strukturvariable deklariert werden. Ein effektiver Zugriff auf einen bestimmten Artikel ist damit kaum möglich.

Sie erinnern sich aber, dass man mithilfe von Arrays mehrere Daten vom selben Typ zusammenfassen kann. Genau dies ist auch in Verbindung mit den Strukturen möglich.

Dabei müssen Sie nur die Deklaration der Strukturvariablen entsprechend anpassen. Sollen beispielsweise 100 Artikel verwaltet werden, dann schreiben Sie statt der Deklaration

```
struct lagerverwaltung artikel;
```

an das Ende der Strukturvariablen das Indexfeld mit der Anzahl der Daten, die Sie benötigen:

```
struct lagerverwaltung artikel[100];
```

Hier wurde Platz für 100 Artikel vom Strukturtyp `lagerverwaltung` geschaffen. Das Prinzip entspricht der Deklaration von gewöhnlichen Arrays.

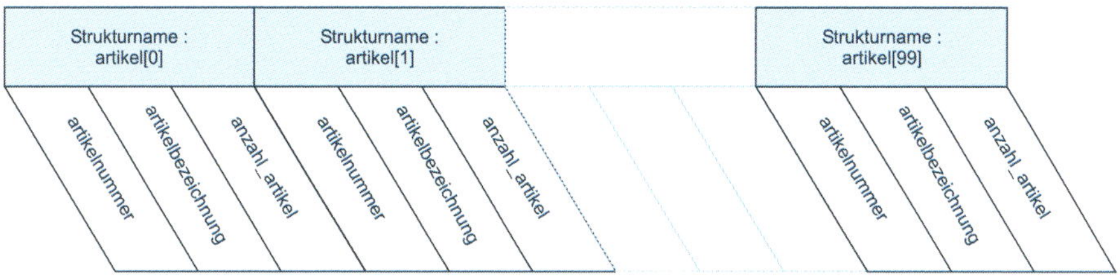

Mit diesem Wissen soll das Programm erweitert werden, sodass Sie die Daten der Lagerhaltung eingeben und ausgeben können.

1 Verwenden Sie einen Teil des Quellcodes aus dem vorangegangenen Beispiel und ändern Sie die Deklaration der Strukturvariablen, damit ein Array von Strukturen erzeugt wird.

```
/* Ein Array einer Struktur */
#include <stdio.h>

struct lagerverwaltung
    {
      long artikelnummer;
      char artikelbezeichnung[100];
      int anz_artikel;
    };

int main()
{
  struct lagerverwaltung artikel[100];
  return 0;
}
```

2 Schreiben Sie ein Menü für eine Konsolenanwendung mithilfe einer `do while`-Schleife. Fragen Sie den Anwender, ob er neue Daten eingeben oder einen bestimmten Artikel anhand der Artikelnummer ausgeben will.

```
/* Ein Array einer Struktur */
#include <stdio.h>

struct lagerverwaltung
    {
      long artikelnummer;
      char artikelbezeichnung[100];
      int anz_artikel;
    };

int count = 0;

int main()
```

```
{
  struct lagerverwaltung artikel[100];
  int abfrage, nummer;

  do{
      printf("\nLagerverwaltung\n\n");
      printf("<1> Neuen Artikel eingeben\n");
      printf("<2> Bestimmten Artikel ausgeben\n");
      printf("<3> Ende\n\n");
      printf("Ihre Wahl : < >\b\b");
      scanf("%d",&abfrage);
      fflush(stdin);

      switch(abfrage)
        {
        }
    }while(abfrage != 3);

  return 0;
}
```

Außerdem wird hier eine globale Variable (`count`) als Indexzähler für das Array verwendet, die auch zugleich als Wert für die Artikelnummer dient. Das Programm ist nicht von der globalen Variablen abhängig, aber sie vereinfacht das Einbauen späterer Funktionen.

3 Schreiben Sie das Codestück, mit dem Sie einen neuen Artikel eingeben können, in die `switch`-Verzweigung.

```
...
 switch(abfrage)
 {
  case 1:artikel[count].artikelnummer=count;
         printf("Artikelbezeichnung  :  ");
         fgets(artikel[count].artikelbezeichnung,
               100,stdin);
         printf("Anzahl der Artikel  :  ");
         scanf("%d",&artikel[count].anz_artikel);
         fflush(stdin);
         printf("\nDaten wurden aufgenommen\n");
         printf("Art.nr. lautet %d\n\n",count);
         count++; /* Anzahl Artikel erhöhen */
         break;
 }
}while(abfrage != 3);
...
```

> **Achtung**
>
> *Ein häufig vorkommender Fehler besteht im falschen Setzen des Indexzählers, zum Beispiel:*
>
> `artikel.artikelnummer[count] = count;`
>
> *Das funktioniert so nicht, da das Strukturelement* `artikelnummer` *in der Struktur kein Array ist.*

Wichtig ist außerdem, dass die Variable `count` am Ende der Eingabe inkrementiert wird. Wird dies vergessen, werden jedes Mal die Daten des ersten Elements im Strukturarray überschrieben.

4 Schreiben Sie den Codeabschnitt für die Ausgabe eines Artikels auf dem Bildschirm. Diese sollte sich nach der Eingabe der Artikelnummer richten.

```
...
switch(abfrage)
 {
  case 1:artikel[count].artikelnummer=count;
         printf("Artikelbezeichnung  :  ");
         fgets(artikel[count].artikelbezeichnung,
               100,stdin);
         printf("Anzahl der Artikel  :  ");
         scanf("%d",&artikel[count].anz_artikel);
         fflush(stdin);
         printf("\nDaten wurden aufgenommen\n");
         printf("Art.nr. lautet %d\n\n",count);
         count++; /* Anzahl Artikel erhöhen */
         break;
  case 2:printf("Artikelnummer  :  ");
         scanf("%d",&nummer);
         if( (nummer > count) || (nummer < 0) )
            printf("Kein Eintrag dazu\n");
         else
          {
             printf("\n\nArtikelnummer:  %ld\n", 8
                  artikel[nummer].artikelnummer);
             printf("Artikel        :  %s", 8
              artikel[nummer].artikelbezeichnung);
             printf("Anzahl         :  %d\n", 8
                     artikel[nummer].anz_artikel);
          }
         break;
 default:break;
 }
}while(abfrage != 3);
...
```

Damit nicht auf einen Speicherbereich zugegriffen wird, in dem sich noch keine Daten befinden, sollte man auch überprüfen, ob die entsprechende Artikelnummer vorhanden ist. Dies wurde hier mithilfe der `if`-Bedingung realisiert.

5 Kompilieren Sie das Programm und führen Sie es aus.

```
C:\WINDOWS\system32\cmd.exe - array_str

C:\Projekte>array_str

Lagerverwaltung

<1> Neuen Artikel eingeben
<2> Bestimmten Artikel ausgeben
<3> Ende

Ihre Wahl : <1>
Artikelbezeichnung  :  Schuhe
Anzahl der Artikel  :  10

Daten wurden aufgenommen
Artikelnummer lautet 0


Lagerverwaltung

<1> Neuen Artikel eingeben
<2> Bestimmten Artikel ausgeben
<3> Ende

Ihre Wahl : <2>
Artikelnummer  :  0


Artikelnummer:  0
Artikel      :  Schuhe
Anzahl       :  10

Lagerverwaltung

<1> Neuen Artikel eingeben
<2> Bestimmten Artikel ausgeben
<3> Ende

Ihre Wahl : < >
```

Auch wenn dieses Beispielprogramm bereits einige gute Ansätze hat, ist es für die Praxis noch zu unflexibel. Zum Beispiel stellt sich die Frage, was geschieht, wenn bereits 100 Datensätze eingegeben wurden und noch weitere Datensätze hinzugefügt werden sollen.

Sie könnten zwar ein größeres Array verwenden, stehen dann aber wieder irgendwann vor der Schwierigkeit, dass auch dieses Array erschöpft ist. Außerdem lassen sich Datensätze in Verbindung mit Arrays nicht so ohne weiteres löschen; es entsteht dann eine Lücke im Array, die man nur mit entsprechendem Aufwand wieder schließen kann. Außerdem ist eine alphabetische Sortierung kaum möglich.

Mit viel Aufwand könnten Sie diese Aufgaben zwar mit Arrays von Strukturen lösen. Aber es gibt bequemere Lösungen. Dazu müssen Sie allerdings zunächst das Konzept der dynamischen Speicherreservierung kennen lernen, das im nächsten Kapitel besprochen wird.

Vorher soll aber noch ein weiterer, sehr wichtiger Aspekt der Strukturen behandelt werden.

Strukturen in Strukturen

Bisher haben Sie immer nur normale Variablen als Strukturelemente verwendet. Es ist aber auch möglich, eine Struktur als Strukturelement zu verwenden.

Zunächst soll noch einmal das Lagerverwaltungsprogramm betrachtet werden. Dabei fällt auf, dass ein Zeitstempel fehlt, der angibt, wann ein Artikel eingegangen ist.

1 Deklarieren Sie eine Struktur für das Datum mit den Strukturelementen Tag, Monat und Jahr. Verwenden Sie dafür Variablen vom Datentyp `int`.

```
/* Strukturen in Strukturen */
#include <stdio.h>

struct datum{
             int tag;
             int monat;
             int jahr;
            };
```

2 Fügen Sie die Struktur der Lagerverwaltung hinzu.

```
/* Strukturen in Strukturen */
#include <stdio.h>

struct datum{
             int tag;
             int monat;
             int jahr;
            };

struct lagerverwaltung
    {
     long artikelnummer;
     char artikelbezeichnung[100];
     int anz_artikel;
    };
```

3 Deklarieren Sie den Strukturtyp `datum` in der Struktur `lagerverwaltung` als neues Strukturelement.

```
/* Strukturen in Strukturen */
#include <stdio.h>

struct datum{
             int tag;
             int monat;
             int jahr;
            };

struct lagerverwaltung
    {
      long artikelnummer;
      char artikelbezeichnung[100];
      int anz_artikel;
      struct datum artikeleingang;
    };
```

4 Schreiben Sie folgende `main()`-Funktion dazu:

```
/* Strukturen in Strukturen */
#include <stdio.h>

struct datum{
             int tag;
             int monat;
             int jahr;
            };

struct lagerverwaltung
    {
      long artikelnummer;
      char artikelbezeichnung[100];
      int anz_artikel;
      struct datum artikeleingang;
    };

int main()
{
  struct lagerverwaltung artikel;

  artikel.artikelnummer = 123456;
  strcpy(artikel.artikelbezeichnung,"Kaffeedose");
  artikel.anz_artikel = 10;

  return 0;
}
```

5 Übergeben Sie dem Strukturelement `artikeleingang` die Daten. Dies erreichen Sie mit einem weiteren Punkt als Anhang hinter dem Variablennamen `artikeleingang`.

```
/* Strukturen in Strukturen */
#include <stdio.h>

struct datum{
             int tag;
             int monat;
             int jahr;
            };

struct lagerverwaltung
    {
      long artikelnummer;
      char artikelbezeichnung[100];
      int anz_artikel;
      struct datum artikeleingang;
    };

int main()
{
  struct lagerverwaltung artikel;

  artikel.artikelnummer = 123456;
  strcpy(artikel.artikelbezeichnung, "Kaffeedose");
  artikel.anz_artikel = 10;
  artikel.artikeleingang.tag = 15;
  artikel.artikeleingang.monat = 9;
  artikel.artikeleingang.jahr = 2002;

  return 0;
}
```

Die Zeile

```
artikel.artikeleingang.tag = 15;
```

kann man wie folgt interpretieren: Das Strukturelement `tag` ist vom Strukturtyp `datum` und erhält den Wert `15`. `datum` wiederum ist ein Strukturelement vom Namen `artikeleingang` des Strukturtyps `lagerverwaltung`. Letzterer wiederum ist als Strukturvariable `artikel` in der `main()`-Funktion deklariert.

6 Geben Sie die Daten auf dem Bildschirm aus.

```
/* Strukturen in Strukturen */
#include <stdio.h>

struct datum{
             int tag;
             int monat;
             int jahr;
            };

struct lagerverwaltung
    {
      long artikelnummer;
      char artikelbezeichnung[100];
      int anz_artikel;
      struct datum artikeleingang;
    };

int main()
{
  struct lagerverwaltung artikel;

  artikel.artikelnummer = 123456;
  strcpy(artikel.artikelbezeichnung, "Kaffeedose\n");
  artikel.anz_artikel = 10;
  artikel.artikeleingang.tag = 15;
  artikel.artikeleingang.monat = 9;
  artikel.artikeleingang.jahr = 2002;

  printf("Art.nr :%ld\n",artikel.artikelnummer);
  printf("Artikel:%s",artikel.artikelbezeichnung);
  printf("Anzahl :  %d\n",artikel.anz_artikel);
  printf("Eingegangen am  :  %02d.%02d.%4d\n",
                 artikel.artikeleingang.tag,
                 artikel.artikeleingang.monat,
                 artikel.artikeleingang.jahr);
  return 0;
}
```

7 Kompilieren Sie das Programm und führen Sie es aus.

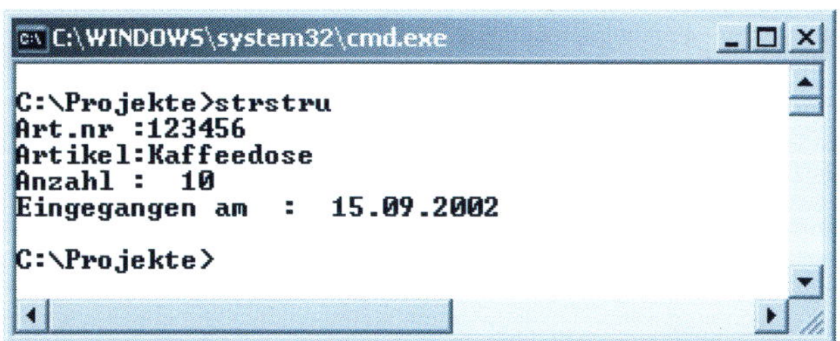

Eine kleine Erfolgskontrolle

1. Erklären Sie die einzelnen Elemente, die man für eine Struktur benötigt.
2. Wie sieht die Struktur etwa aus, wenn Sie folgenden Codeausschnitt betrachten? Für alle Strings wurde Platz für 100 Zeichen reserviert.

```
...
db.plz = 86316;
strcpy(db.ort,"Friedberg");
strcpy(db.strasse, "Musterweg");
db.haus_nr = 10;
...
```

3. Was wurde bei folgender Wertübergabe falsch gemacht?

```
struct koordinaten {
             int x;
             int y;
             char shape[100];
           }xy;

x=20;
y=123;
strcpy(shape, "Linie");
```

Kapitel 12

Speicher zur Laufzeit anfordern

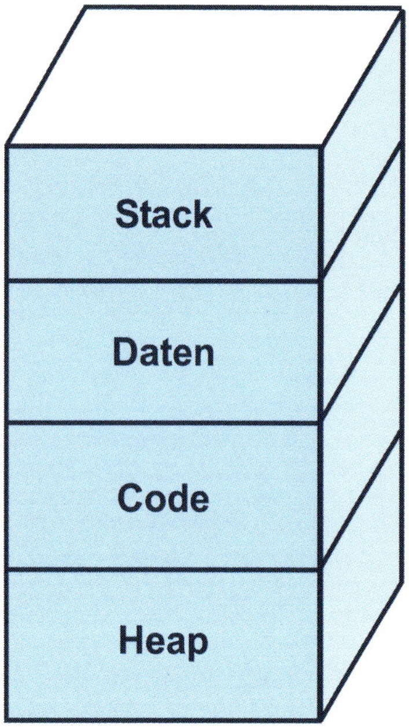

In diesem Kapitel lernen Sie, wie man während der Laufzeit eines Programms Arbeitsspeicher nach Bedarf reservieren und wieder freigeben kann. Die Verwaltung von Speicherplatz hat in den meisten C-Programmen eine grundlegende Bedeutung.

Das können Sie schon:

Das lernen Sie neu:

Dynamische Speicherreservierung

Mittlerweile wissen Sie, wie einzelne Zahlen oder Zeichen in Variablen gespeichert werden. Benötigen Sie mehrere Variablen desselben Datentyps, greifen Sie auf Arrays zurück. Für Daten unterschiedlicher Typen stehen Strukturen zur Verfügung, die Sie ebenfalls in Verbindung mit Arrays verwenden können. Aber bei all diesen Datentypen stellt sich zunächst das Problem, dass die Anzahl der Elemente, die gespeichert werden sollen, vor der Übersetzung des Programms angegeben werden muss. Sollen doch mehr Elemente gespeichert werden, mussten Sie bislang den Quellcode entsprechend anpassen und das Programm wieder erneut übersetzen. Dies ist wenig effizient und beseitigt die grundsätzliche Schwierigkeit nicht, nämlich die, dass der Speicherplatz auf diese Weise fest vorgegeben ist.

Glücklicherweise gibt es eine Möglichkeit, Speicherplatz für die Daten während der Ausführung des Programms zu reservieren und wieder freizugeben. Dies wird mithilfe der dynamischen Speicherverwaltung realisiert.

Speicheranforderung in der Theorie

Wenn Sie sich nicht für die Interna der Speicherverwaltung interessieren, können Sie diesen Abschnitt überspringen. Er ist nicht entscheidend, um die dynamische Speicherreservierung anwenden zu können. Aber ein Blick hinter die Kulissen lohnt sich.

Die Speicherbereiche eines Programms

Bevor Sie erfahren, an welchen Stellen im Arbeitsspeicher ein Programm Speicherplatz reserviert, sollten Sie zunächst einmal wissen, in welche Speicherbereiche ein Programm aufgeteilt wird.

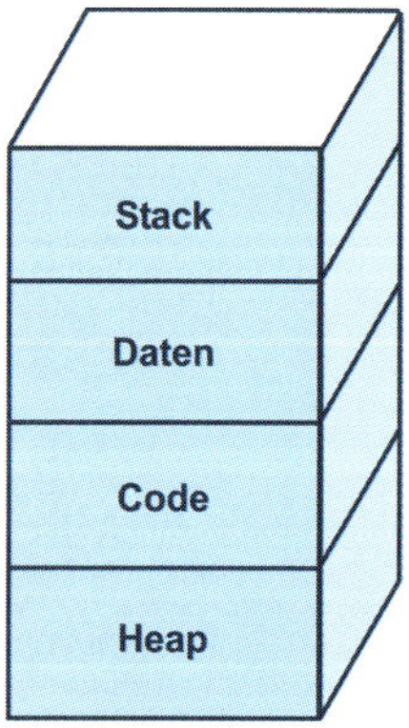

In der Abbildung sehen Sie die vier Bereiche des Speichers eines laufenden Programms. Die einzelnen Speicherbereiche haben folgende Bedeutung:

- **Stack** – Hier werden die Funktionsaufrufe, lokale Variablen von Funktionen sowie die Rücksprungadressen der Funktionen gespeichert.
- **Daten** – Hier befinden sich die Daten – zum Beispiel globale Variablen –, die dem Programm bis zum Ende zur Verfügung stehen.
- **Code** – Hier befindet sich der eigentliche Maschinencode für die Ausführung.
- **Heap** – Hier findet die dynamische Speicherverwaltung statt. Dieser Bereich ist es, der uns in diesem Kapitel interessiert.

Hierzu folgt das Prinzip der Speicherverwaltung eines Programms im Dialog der einzelnen Speicherbereiche (ohne den Heap). Als Beispiel dient folgendes Listing:

```
#include <stdio.h>

int x = 99;

void func(void)
{
 int i = 10;
 printf("%d\n",i);
}

int main()
{
 printf("x = %d\n",x);
 func();

 return 0;
}
```

Der Heap

Der Heap ist – wie bereits erwähnt – für den dynamischen Speicherbereich verantwortlich ist. Fordern Sie beispielsweise im Programm Speicher an, überprüft der Heap, ob noch ausreichend zusammenhängender Speicher der angeforderten Größe vorhanden ist. Wenn ja, gibt er die Anfangsadresse des reservierten Speichers zurück.

Speicher reservieren mit malloc()

Die Funktion, die dazu dient, dynamisch Speicher vom Heap anzufordern, lautet `malloc()` (Abkürzung für memory allocation). Die Anwendung der Funktion `malloc()` ist recht einfach. Sie müssen in den Klammern angeben, wie viel Speicherplatz reserviert werden soll. Die Angabe wird in Byte erwartet. Beispielsweise reservieren Sie mit dem Aufruf

```
malloc(100);
```

100 Byte zusammenhängenden Speicher vom Heap. In dieser Form haben Sie aber nur Speicher im Heap reserviert, den Sie auf diese Weise nicht nutzen können. Sie müssen zusätzlich den Rückgabewert der Funktion auswerten. Dieser Rückgabewert enthält die Anfangsadresse des reservierten Speicherbereichs. Hier kommen jetzt Zeiger ins Spiel. Ein Funktionsaufruf von `malloc()` kann folglich zum Beispiel so aussehen:

```
ptr = malloc(100);/* ptr ist eine Zeigervariable */
```

Hier wird die Anfangsadresse des reservierten Speicherbereichs in der Zeigervariable `ptr` abgelegt.

1 Erstellen Sie ein neues Projekt mit folgendem Grundgerüst. Binden Sie die Headerdatei *stdlib.h* mit ein, in der sich die Deklaration der Funktion `malloc()` befindet.

```
/* Speicher reservieren mit malloc */
#include <stdio.h>
#include <stdlib.h>

int main()
{

  return 0;
}
```

2 Deklarieren Sie einen Zeiger mit dem entsprechenden Datentyp, für den Sie Speicher reservieren wollen. In diesem Beispiel wird der Datentyp `int` verwendet.

```
/* Speicher reservieren mit malloc */
#include <stdio.h>
#include <stdlib.h>

int main()
{
  int *ptr;
  return 0;

}
```

3 Rufen Sie die Funktion `malloc()` auf und reservieren Sie 100 Byte Speicher.

```
/* Speicher reservieren mit malloc */
#include <stdio.h>
#include <stdlib.h>

int main()
{
  int *ptr;

  malloc(100);
  return 0;
}
```

4 Übergeben Sie die Anfangsadresse des reservierten Speicherbereichs an die Zeigervariable `ptr`.

```
/* Speicher reservieren mit malloc */
#include <stdio.h>
#include <stdlib.h>

int main()
{
 int *ptr;

 ptr=malloc(100);
 return 0;
}
```

Achtung

Diese Form ist nur in C, nicht aber in C++ zulässig. Da es kaum noch reine C-Compiler gibt, dürfte daher Ihr Compiler eine Fehlermeldung ausgeben, die etwa wie folgt aussieht:

```
Konvertierung von 'void*' in Zeiger auf nicht-'void'
erfordert eine explizite Typumwandlung
```

Das Problem liegt darin, dass C++ einen `void`*-Zeiger (so wie er von* `malloc()` *geliefert wird) nicht automatisch in einen typisierten Zeiger umwandelt, ohne dass Sie explizit casten. Das Problem kann mit folgendem Typencasting behoben werden:*

```
ptr = (int *) malloc(100);
```

Folgendes Bild ergibt sich bei dieser dynamischen Reservierung von Speicher:

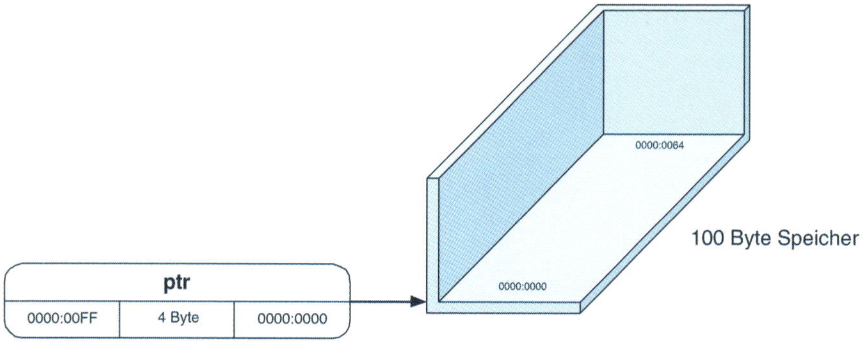

5 Kompilieren Sie das Programm und führen Sie es aus.

In der Praxis werden Sie kaum eine Speicherreservierung mit einem konstanten Wert durchführen, denn dann hätten Sie nicht viel gewonnen und hätten gleich zum Beispiel auf Arrays fester Größe zurückgreifen können.

Es ergibt mehr Sinn, nur so viel Speicher zu reservieren, wie tatsächlich momentan benötigt wird. Meist überlässt man die Größenbestimmung dem Compiler. Hierzu wird der `sizeof`-Operator zur Verfügung gestellt.

Der sizeof-Operator

Mithilfe des `sizeof`-Operators erhalten Sie Informationen zur Größe eines Datentyps auf Ihrem System. Wenn Sie zum Beispiel erfahren wollen, wie viel Byte der Datentyp int auf Ihrem System benötigt, gehen Sie folgendermaßen vor:

```
int x;
x = sizeof(int);
printf("%d Bytes\n",x);
```

Damit steht in der Variable `x` die Größe in Byte; meistens dürften das 4 Byte (auf 32-Bit-Rechnern) sein.

Dies funktioniert natürlich nicht nur mit `int`-Werten, sondern auch mit allen anderen Datentypen, ebenso mit Zeigervariablen und vor allem auch mit Strukturen. Besonders bei Strukturen ist nicht von vornherein klar, wie viel Speicher diese beanspruchen, da Strukturen ja frei deklariert werden können. Hier leistet der `sizeof`-Operator wertvolle Dienste:

```
struct test{
  int a;
  int b;
  };

x = sizeof(struct test);
```

Die Funktionsweise des `sizeof`-Operators sollte klar sein. Er gibt immer die Größe eines bestimmten Datentyps zurück.

Hinweis

Auch wenn der `sizeof`-Operator wie eine Funktion aussieht, ist er doch ein echter Operator.

Der `sizeof`-Operator eignet sich daher hervorragend für die dynamische Speicherreservierung.

1 Laden Sie den Quellcode, den Sie zuvor in diesem Kapitel verwendet haben.

```
/* Speicher reservieren mit dem sizeof-Operator */
#include <stdio.h>
#include <stdlib.h>

int main()
{
  int *ptr;

  ptr=malloc(100);

  return 0;
}
```

2 Reservieren Sie Speicherplatz für einen `int`-Wert mithilfe des `sizeof`-Operators.

```
/* Speicher reservieren mit dem sizeof-Operator */
#include <stdio.h>
#include <stdlib.h>

int main()
{
  int *ptr;

  ptr=(int *)malloc(sizeof(int));

  return 0;
}
```

3 Überprüfen Sie mit einer `if`-Bedingung, ob erfolgreich Speicherplatz reserviert werden konnte.

```
/* Speicher reservieren mit dem sizeof-Operator */
#include <stdio.h>
#include <stdlib.h>

int main()
{
  int *ptr;

  ptr=(int *)malloc(sizeof(int));

  if(ptr == NULL)
    printf("Speicherplatzmangel!!!\n");

  return 0;
}
```

Was ist das?

Ein `NULL`-Zeiger wird zurückgeliefert, wenn `malloc()` nicht genügend zusammenhängenden Speicher im Heap finden kann. Der `NULL`-Zeiger ist ein vordefinierter Zeiger, dessen Wert sich von den regulären Zeigern unterscheidet. Man verwendet diesen vorwiegend bei Funktionen, die einen Zeiger als Rückgabewert liefern, um auf Fehler zu überprüfen und gegebenenfalls eine entsprechende Meldung anzuzeigen.

Hinweis

Alternativ können Sie die Fehlerüberprüfung mit dem `!`-Operator durchführen: `if(!ptr)`

4 Weisen Sie dem reservierten Speicherbereich mithilfe des Dereferenzierungsoperators * einen Wert zu.

```
/* Speicher reservieren mit dem sizeof-Operator */
#include <stdio.h>
#include <stdlib.h>

int main()
{
  int *ptr;
```

```
  ptr=(int *)malloc(sizeof(int));

  if(ptr == NULL)
    printf("Speicherplatzmangel!!!\n");
  else
   {
     *ptr = 1234;
     printf("(%p) hat den Wert %d\n",ptr,*ptr);
   }
  return 0;
}
```

5 Kompilieren Sie das Programm und führen Sie es aus.

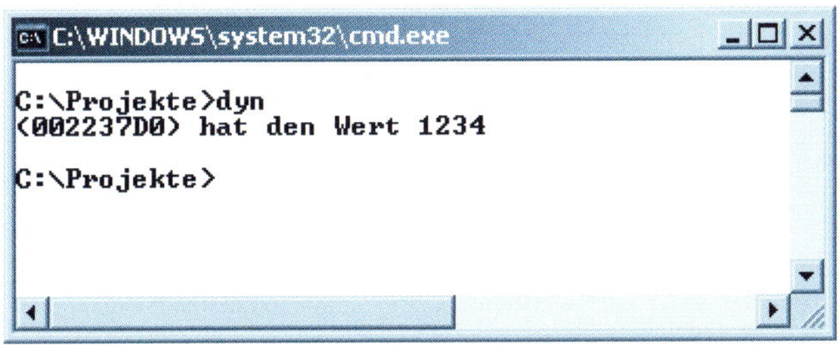

Solch ein Beispiel ergibt natürlich wenig Sinn; es dient nur dazu, zu demonstrieren, wie Sie eine bestimmte Menge an Speicher eines bestimmten Datentyps reservieren können. Hier noch einmal die Syntax:

```
Zeiger = malloc(Größe in Byte)
```

Zunächst haben Sie erfahren, wie Sie mithilfe von `malloc()` den Speicher über eine numerische Konstante reservieren:

```
zeiger = malloc(4);
```

Weitaus flexibler lässt sich die Reservierung unter Zuhilfenahme des `sizeof`-Operators durchführen:

```
zeiger = malloc(sizeof(int));
```

Hier noch eine dritte Variante, die noch nicht vorgestellt wurde. Dabei wird der dereferenzierende Zeiger selbst auf den `sizeof`-Operator angewendet. Beim Programmbeispiel sieht dies wie folgt aus:

```
ptr=(int *)malloc(sizeof(*ptr));
```

Achtung

Würden Sie den Dereferenzierungsoperator vergessen, hätten Sie nur Speicher der Größe eines Zeigers reserviert. Dieser beträgt üblicherweise 4 Byte, unabhängig vom Datentyp. Vergessen Sie beispielsweise bei der Reservierung eines `double`*-Wertes mithilfe eines Zeigers den Dereferenzierungsoperator, wird es früher oder später zu einer Überlappung der Speicherbereiche kommen, da ein* `double`*-Wert 8 Byte Speicher benötigt.*

Den Speicher wieder freigeben – free()

In der Regel wird der Arbeitsspeicher, den Sie mit `malloc()` reservieren, beim Beenden des Programms automatisch vom Betriebssystemen wieder freigegeben. Trotzdem sollte man sich nicht auf das Betriebssystem verlassen und den Speicher manuell mit der Funktion `free()` wieder freigeben, wenn dieser nicht mehr benötigt wird.

Bei Programmen, die über Monate ohne Unterbrechung laufen – zum Beispiel Datenbank- oder Webserver –, ist die manuelle Freigabe noch wichtiger, da hier das Betriebssystem während der Laufzeit keine Speicherfreigabe durchführen kann.

Wenn ständig Speicher reserviert und nicht mehr freigegeben wird, führt dies dazu, dass der Arbeitsspeicher irgendwann zur Neige geht; ferner kommt es zu Geschwindigkeitseinbußen. Der Heap-Speicher kann dabei regelrecht »zerschossen« werden. Am Ende bleibt einem bei solch einem Programm nichts anderes mehr übrig, als das System neu zu starten.

Hinweis

Man spricht von Speicherlecks (engl. memory leaks), wenn allozierter (zugewiesener) Speicherplatz nicht mehr an das System zurückgegeben wird.

Die Funktionsweise von `free()` ist recht einfach. Wenn Sie einen reservierten Speicherbereich nicht mehr benötigen und daher freigeben möchten, rufen Sie die Funktion mit der Anfangsadresse des betreffenden Speichers als Argument auf. Dazu ein Beispiel:

```
int *ptr;
ptr=(int *)malloc(sizeof(*ptr));
...
free(ptr);
```

Hinweis

Speicher, den Sie mit `free()` *freigeben, wird während der Laufzeit des Programms meist nicht wirklich an das Betriebssystem zurückgegeben. Stattdessen wird der Speicher in einem so genannten* `malloc()`*-Pool gehalten und für spätere Aufrufe von* `malloc()` *im selben Programm wiederverwendet. Beim Beenden des Programms wird der Arbeitsspeicher dann endgültig freigegeben.*

Eine kleine Erfolgskontrolle

1. Welcher Speicherbereich eines Programms ist für die dynamische Speicherverwaltung verantwortlich?
2. Welche drei Möglichkeiten gibt es, um Speicher anzufordern?
3. Warum sollte man reservierten Speicher mit `free()` wieder freigeben?

Kapitel 13

Verkettete Listen – Dynamische Datenstrukturen

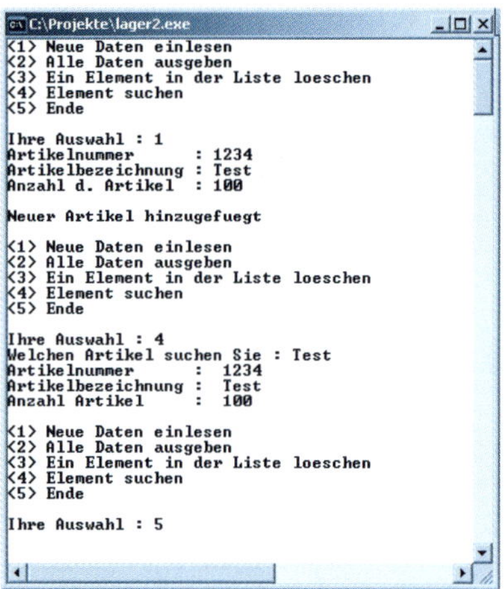

In diesem Kapitel geht es um eine sehr flexible Art, zusammengefasste Daten zu verwalten. Dabei kommen einige Techniken, die Sie bereits in den vorangegangenen Kapiteln kennen gelernt haben – Zeiger, Strukturen und dynamische Speicherverwaltung –, in Kombination zum Einsatz. Wenn Sie eines dieser Themen noch nicht verstanden bzw. übersprungen haben, sollten Sie das entsprechende Kapitel vorher nochmals wiederholen bzw. nachholen.

Das können Sie schon:

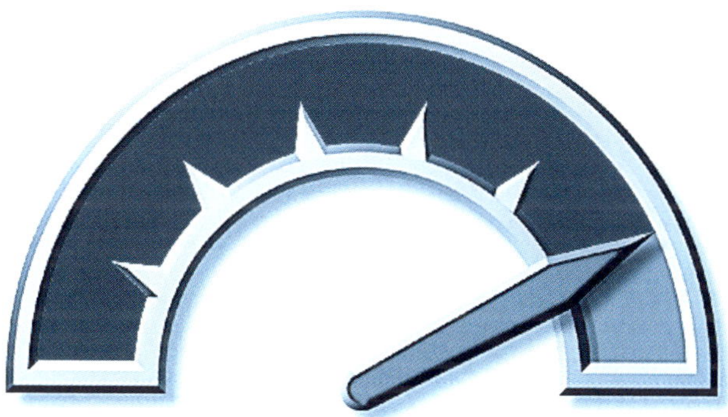

Das lernen Sie neu:

Was sind dynamische Datenstrukturen?

Im vorigen Kapitel haben Sie die Grundlagen zur dynamischen Speicherverwaltung kennen gelernt. Wirklich sinnvolle Anwendungsmöglichkeiten fehlen aber noch. Ähnliches gilt für das Kapitel der Zeiger – Sie beherrschen zwar die Anwendung, es wurden aber kaum Beispiele vorgestellt, die nicht auch ohne Zeiger hätten realisiert werden können. Dies wird sich nun in diesem Kapitel ändern.

Mithilfe von dynamischen Datenstrukturen sind Sie in der Lage, nur so viel Speicher zu reservieren, wie tatsächlich benötigt wird, und diesen dann wieder freizugeben. Dies ist die effizienteste Art, Programme zu schreiben.

Arrays fallen hier weg, denn sonst wäre die Struktur nicht mehr dynamisch. Die dynamischen Datenstrukturen basieren dagegen darauf, dass eine Datenstruktur Kenntnis von der darauf folgenden Datenstruktur hat. Dabei kommt die Anfangsadresse ins Spiel, an der eine Struktur im Arbeitsspeicher abgelegt ist. (Eine Datenstruktur hat ja analog zu einer gewöhnlichen Variablen eine Anfangsadresse im Arbeitsspeicher.) Bei Adressen denkt man automatisch an Zeiger. Tatsächlich wird bei den dynamischen Datenstrukturen vorwiegend mit Zeigern gearbeitet.

Hinweis

In der Praxis ist es zwar möglich, Arrays dynamisch zu machen. Nur ist dies mit einem höheren Aufwand verbunden.

Einfach verkettete Listen

Das Funktionsprinzip einer einfach verketteten Liste soll an der Datenstruktur aus Kapitel 11 demonstriert werden:

```
struct lagerverwaltung
    {
      long artikelnummer;
      char artikelbezeichnung[100];
      int anzahl_artikel;
    };
```

Wenn man eine verkettete Liste im Speicher erstellen will, benötigt man ein Bindeglied zum nächsten Element. In diesem Fall ist das Bindeglied zum nächsten Element der Kette eine Adresse. Demnach benötigen Sie einen Zeiger, der auf das nächste Element (Adresse) der Kette zeigt. Dieser Zeiger muss vom selben Typ sein wie die Struktur `lagerverwaltung` selbst. Schließlich können Sie ja einen `int`-Zeiger auch nicht einfach auf eine `double`-Variable zeigen lassen. Solch ein Zeiger könnte folgendermaßen aussehen:

```
struct lagerverwatung *next;
```

Damit das Bindeglied der Kette ein Teil des Elements der Struktur wird, müssen Sie diesen Zeiger in die Struktur einbauen:

```
struct lagerverwaltung
    {
      long artikelnummer;
      char artikelbezeichnung[100];
      int anzahl_artikel;
      struct lagerverwaltung *next;
    };
```

Somit erhalten Sie einen Zeiger, der eine Adresse vom Typ `struct lagerverwaltung` speichern kann. Dieser Zeiger beinhaltet die Adresse des nächsten Datensatzes in der Kette. Bildlich können Sie sich das so vorstellen:

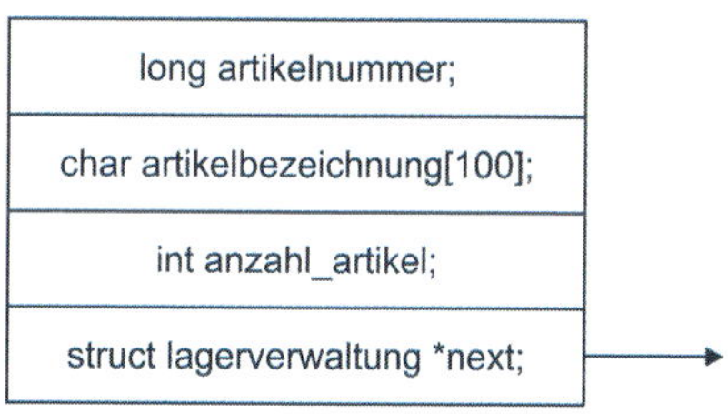

Element zur Liste hinzufügen

Zunächst müssen Sie der Liste ein Element hinzufügen. Sie erinnern sich bestimmt daran, wie dies bei den Strukturen gemacht wurde. Zuerst hatten Sie die Strukturvariable folgendermaßen deklariert:

```
struct lagerverwaltung artikel;
```

Anschließend haben Sie mit dem Punktoperator jeweils den einzelnen Strukturelementen einen Wert zugewiesen:

```
artikel.artikelnummer = 123456;
strcpy(artikel.artikelbezeichnung, "Kaffeedose");
artikel.anzahl_artikel = 10;
```

Bei den dynamischen Datenstrukturen sieht dies ein klein wenig anders aus, funktioniert aber im Prinzip ähnlich. Zuerst deklarieren Sie einen Zeiger innerhalb der Struktur:

```
struct lagerverwaltung *artikel;
```

Beim Zugriff auf die Strukturelemente wird in Verbindung mit Zeigern anstelle des Punktoperators der ->-Operator verwendet. Dieser lässt sich recht gut lesen, da er bereits die Form eines Zeigers besitzt. Somit greift man auf die einzelnen Adressen der Strukturelemente wie folgt zu:

```
artikel->artikelnummer
artikel->artikelbezeichnung
artikel->anzahl_artikel
```

Hinweis

Bitte beachten Sie, dass sich der ->-Operator (Pfeiloperator) auf die Adressen der einzelnen Strukturelemente bezieht – im Gegensatz zum Punktoperator, der mit Werten arbeitet.

Im Prinzip könnten Sie jetzt eine verkettete Liste erstellen. Es fehlt aber noch ein Anfang. Denn der Computer muss ja Kenntnis darüber haben, wo sich das erste Element in der Liste befindet. Sie benötigen dazu einen extra Zeiger, der immer auf das erste Element in der Liste zeigt. Man könnte diesen als eine Art Aufhänger betrachten.

```
struct lagerverwaltung *first;
```

Möglicherweise ist dieser Vorgang noch nicht klar. Betrachten Sie aber einmal an einem praktischen Beispiel, wie Sie der Liste ein Element hinzufügen können:

1 Erstellen Sie ein neues Projekt und deklarieren Sie die Struktur mit einem Zeiger.

```
struct lagerverwaltung
    {
      long artikelnummer;
      char artikelbezeichnung[100];
      int anzahl_artikel;
      struct lagerverwaltung *next;
    };
```

2 Deklarieren Sie einen Zeiger für das erste Element in der Liste. Übergeben Sie diesem den NULL-Zeiger.

```
struct lagerverwaltung
    {
      long artikelnummer;
      char artikelbezeichnung[100];
      int anzahl_artikel;
      struct lagerverwaltung *next;
    };

struct lagerverwaltung *first = NULL;
```

3 Schreiben Sie eine Funktion `read_lagerverwaltung()`, mit der Sie die Daten für Artikelnummer, Artikelbezeichnung und Artikelanzahl einlesen können. Übergeben Sie die Variablen als Argumente an eine Funktion mit dem Namen `insert_lagerverwaltung()`, die Sie in `read_lagerverwaltung()` gleich aufrufen.

```
void read_lagerverwaltung(void)
{
 long an;
 char at[100];
 int aa;

 printf("Artikelnummer       : ");
 scanf("%ld",&an); fflush(stdin);
 printf("Artikelbezeichnung : ");
 fgets(at, sizeof(at), stdin);
 printf("Anzahl d. Artikel   : ");
 scanf("%d",&aa);

 insert_lagerverwaltung(an,at,aa);
}
```

4 Schreiben Sie die Funktion `insert_lagerverwaltung()`, mit der Sie die Daten in die Liste einfügen. Die Funktion wird ausreichend kommentiert. Hier der erste Teil der Funktion:

```
void insert_lagerverwaltung(long art_nr, ➥
                      char art_tit[], int anz_art)
{
 /* Sie benötigen einen Zeiger für den Zugriff auf die
    einzelnen Elemente der Struktur */
 struct lagerverwaltung *lager_ptr;

 /* Bevor Sie ein Element in die Liste einfügen, muss
    überprüft werden, ob sich überhaupt schon ein
    Element in der Liste befindet. Dafür haben Sie ja
    den Strukturzeiger first deklariert und mit dem
    NULL-Zeiger initialisiert */
 if(first == NULL)
  {
   /* Es ist noch kein Element in der Liste. Somit
      müssen Sie nun Speicherplatz für das erste
      Element in der Liste anfordern */
   first = (struct lagerverwaltung *) ➥
          malloc(sizeof(struct lagerverwaltung));
   if(first == NULL)
    {
     printf("Speicherplatzmangel!!!\n");
     exit(0);  /* Programm beenden */
    }
   else
    {
     first->artikelnummer = art_nr;
```

```
        strcpy(first->artikelbezeichnung, art_tit);
        first->anzahl_artikel = anz_art;
        /* Nun haben Sie alle Elemente der Liste an die
           Adresse von "first" eingefügt. Nun müssen Sie
           die Adresse für das nächste Element in der
           Liste vergeben. Und dies ist erst mal der
           NULL-Zeiger. */
        first->next = NULL;
      }
  }
```

Gehen Sie einmal davon aus, dass folgende Daten im Programm eingegeben wurden:

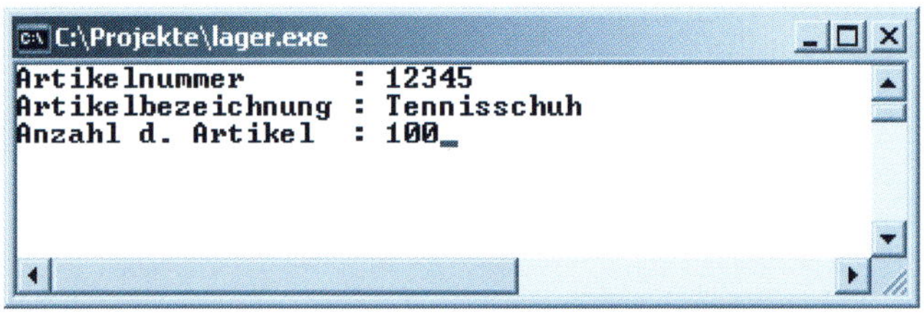

Mit dieser Eingabe hätte die Struktur im Augenblick folgendes Aussehen:

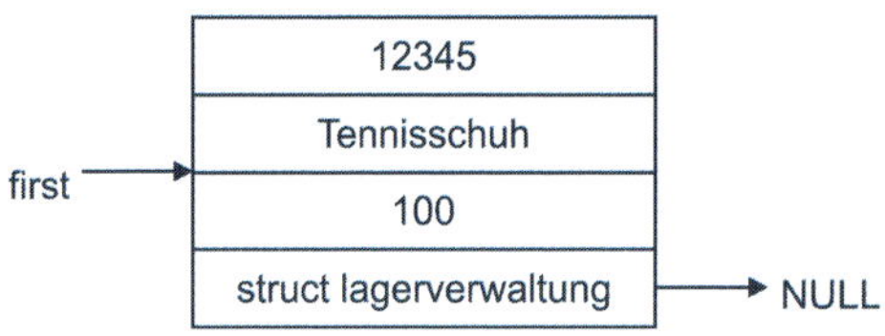

5 Jetzt müssen Sie noch den zweiten Teil der Funktion schreiben, der davon ausgeht, dass bereits ein Element in der Liste vorhanden ist:

```
else
  {
    /* Es befindet sich mindestens ein Element
       in der Liste. Nun durchlaufen Sie die Liste
       so lange, bis Sie auf ein Element stoßen, welches
       auf NULL zeigt. Dies ist das letzte Element der
       Liste. Dort hängen Sie das neue Element an.*/
    lager_ptr=first;
    /* Der Zeiger lager_ptr bekommt die Adresse des
       ersten Elements in der Liste */
    /* Nun durchlaufen Sie mit einer while-Schleife
       Element für Element, bis Sie ein bestimmtes
       Element in der Liste finden, bei dem der
       next-Zeiger auf NULL zeigt */
    while(lager_ptr->next != NULL)
       lager_ptr = lager_ptr->next;
   /* Wenn Sie hier angelangt sind, haben Sie das letzte
```

```
      Element in der Liste gefunden. Nun benötigen Sie
      wieder einen Speicherplatz zum Einfügen des neuen
      Elements in der Liste */
    lager_ptr->next=(struct lagerverwaltung *) ➥
    malloc(sizeof(struct lagerverwaltung));
    if(lager_ptr->next == NULL)
      {
      printf("Speicherplatzmangel!!!\n");
      exit(0);  /* Programm beenden */
      }
    else
      {
       /* Nun fügen Sie das neue Element am Ende der
          Liste ein, wie Sie es schon beim ersten Element
          der Liste gemacht haben */
      /* lager_ptr auf die Adresse des neu
          reservierten Speichers richten */
      lager_ptr = lager_ptr->next;
      lager_ptr->artikelnummer = art_nr;
      strcpy(lager_ptr->artikelbezeichnung,
      art_tit);
      lager_ptr->anzahl_artikel = anz_art;
      lager_ptr->next = NULL;
      }
   }
 printf("\nNeuer Artikel hinzugefuegt\n\n");
}
```

Stellen Sie sich nun vor, dass ein zweiter Artikel-Datensatz im Programm eingegeben wird:

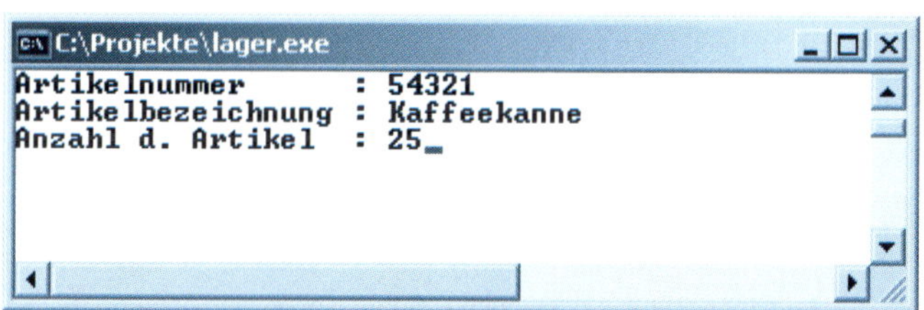

Bezogen auf die obige Eingabe des zweiten Datensatzes hat die Liste nun folgendes Aussehen:

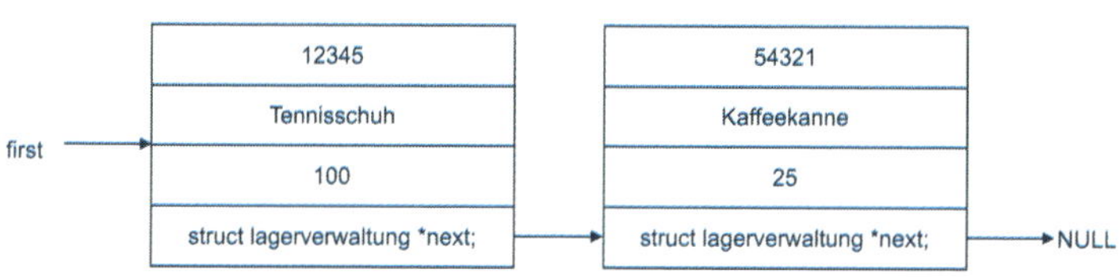

Es wurde ein weiteres neues Element an der Stelle hinzugefügt, an der sich zuvor noch der NULL-Zeiger befand.

Elemente ausgeben

6 Jetzt benötigen Sie noch eine Funktion, mit der Sie alle Elemente der Liste auf dem Bildschirm ausgeben können. Eine Funktion, die das entsprechende Prinzip aufweist, haben Sie bereits mit der Funktion `insert_lagerverwaltung()` geschrieben. Somit können Sie `output_lagerverwaltung()` analog dazu aufbauen.

```
void output_lagerverwaltung()
{
 struct lagerverwaltung *lager_ptr;

 if(first == NULL)
  printf("Keine Daten zum Ausgeben vorhanden!\n");
 else
  {/* Zeiger lager_ptr auf das erste Element */
    lager_ptr = first;
    while(lager_ptr != NULL)
     {
      printf("Artikelnummer      :  %ld\n", ➥
                                  lager_ptr->artikelnummer);
      printf("Artikelbezeichnung :  %s", ➥
                             lager_ptr->artikelbezeichnung);
      printf("Anzahl Artikel     :  %d\n\n", ➥
                                 lager_ptr->anzahl_artikel);
      lager_ptr = lager_ptr->next;
     }
  }
}
```

Die `while()`-Schleife dieser Funktion wird so lange durchlaufen, bis der Zeiger `lager_ptr` auf `NULL` und somit auf das Ende der Liste zeigt.

> **Tipp**
>
> *Wenn Ihnen der `NULL`-Zeiger als Markierung für das Ende nicht zusagt, können Sie für diesen Zweck einen extra Zeiger deklarieren (zum Beispiel `last`) – analog zum Zeiger `first`. Der Unterschied liegt darin, dass der `last`-Zeiger immer auf das letzte Element in der Liste zeigt. Allerdings gilt es dann, an allen betroffenen Programmstellen diesen zusätzlichen Zeiger zu berücksichtigen. Wenn mehr Zeiger verwendet werden, existieren natürlich auch mehr Fehlerquellen.*

7 Als Nächstes schreiben Sie eine `main()`-Funktion, über die Sie all die bislang vorgestellten Funktionen verwenden können.

```
int main()
{
 int abfrage;

 do{
     printf("<1> Neue Daten einlesen\n");
     printf("<2> Alle Daten ausgeben\n");
     printf("<3> Ende\n\n");
     printf("Ihre Auswahl : ");
     scanf("%d",&abfrage);
     fflush(stdin);
     switch(abfrage)
      {
       case 1     :  read_lagerverwaltung(); break;
       case 2     :  output_lagerverwaltung(); break;
       case 3     :  printf("Bye\n"); break;
       default    :  printf("Falsche Eingabe!\n");
      }
    }while(abfrage != 3);
 return 0;
}
```

8 Kompilieren Sie das Programm und führen Sie es aus. Zur Hilfe hier nochmals die Reihenfolge der einzelnen Funktionen für das Programm:

```
#include <stdio.h>
#include <stdlib.h>
#include <string.h>

struct lagerverwaltung
    {
      long artikelnummer;
      char artikelbezeichnung[100];
      int anzahl_artikel;
      struct lagerverwaltung *next;
    };

struct lagerverwaltung *first = NULL;

void insert_lagerverwaltung(long art_nr, ➥
                             char art_tit[],int anz_art)
{
...
}

void output_lagerverwaltung()
{
...
}
```

```
void read_lagerverwaltung(void)
{
...
}

int main()
{
...
}
```

Tipp

Den hier vorgestellten Quellcode finden Sie auch unter der Internetadresse `www.mut.de/books/3827265037/`.

Element aus der Liste löschen

Eine verkettete Liste spielt ihre Vorteile erst dann richtig aus, wenn man Datensätze nicht nur hinzufügen kann, sondern diese auch wieder entfernen kann (Sie erinnern sich, dass es in einem Array kaum möglich war, Elemente zu löschen). Den Speicherplatz des zu löschenden Elements geben Sie mit der Funktion `free()` wieder frei.

Beim Löschen aus einer verketteten Liste gibt es zwei Fälle, die berücksichtigt werden müssen:

- Das zu löschende Element ist das erste in der Liste.
- Das zu löschende Element ist irgendein beliebiges, aber nicht das erste Element in der Liste.

Für diese beiden Fälle schreiben Sie eine Funktion. Als Löschkriterium dient wieder die Artikelnummer. Sie können natürlich die Funktion anschließend so umschreiben, dass nach der Artikelbezeichnung gesucht und dann gelöscht wird.

Zunächst zum ersten Teil der Funktion, der davon ausgeht, dass das zu löschende Element das erste in der Liste ist. Angenommen, die Liste sieht folgendermaßen aus:

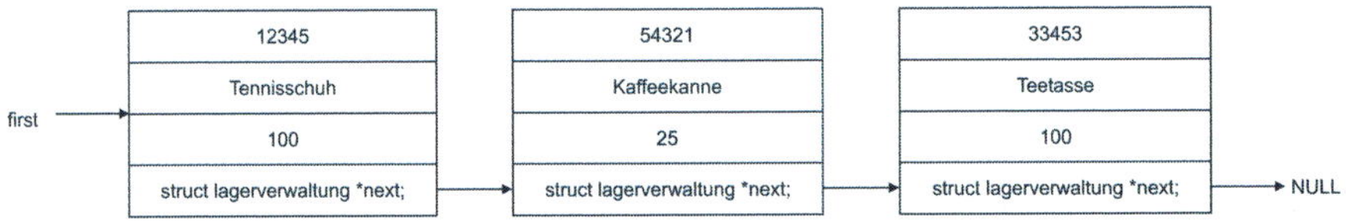

Der zu löschende Artikel (Tennisschuh) hat hier die Artikelnummer 12345. Der folgende Quellcodeauszug stellt den ersten Teil der Funktion dar, der zum Löschen des ersten Elements in der Liste dient.

1 Die Funktion erhält als Parameter die Artikelnummer des zu löschenden Artikels. Deklarieren Sie zwei Zeiger vom Typ struct lagerverwaltung. Warum dies notwendig ist, erfahren Sie im zweiten Teil der Funktion. Als Erstes kontrollieren Sie, ob überhaupt Einträge in der Liste enthalten sind. Anschließend überprüfen Sie, ob das erste Element der Liste das gesuchte ist.

```
void delete_lagerverwaltung(long art_nr)
{
 struct lagerverwaltung *lager_ptr1;
 struct lagerverwaltung *lager_ptr2;

 /* Die logische erste Überprüfung ist ... */
 if(first != NULL) /* Überhaupt was in der Liste? */
  { /* Ist das erste Element das gesuchte? */
   if(first->artikelnummer == art_nr)
    {  /* Das erste Element ist das gesuchte! */
     lager_ptr1 = first->next;
```

Hier übergeben Sie dem Zeiger lager_ptr1 die Adresse des nächsten Elements, was Sie sich folgendermaßen vorstellen können:

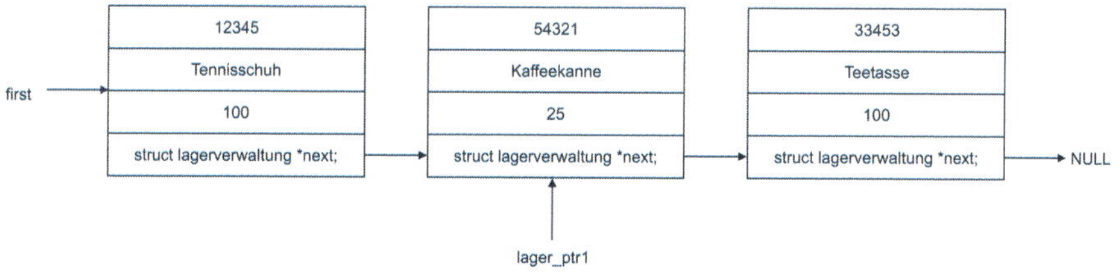

Als Nächstes geben Sie in der Funktion das Element frei, auf das der Zeiger first verweist.

```
free(first);
```

Somit ergibt sich folgendes Bild:

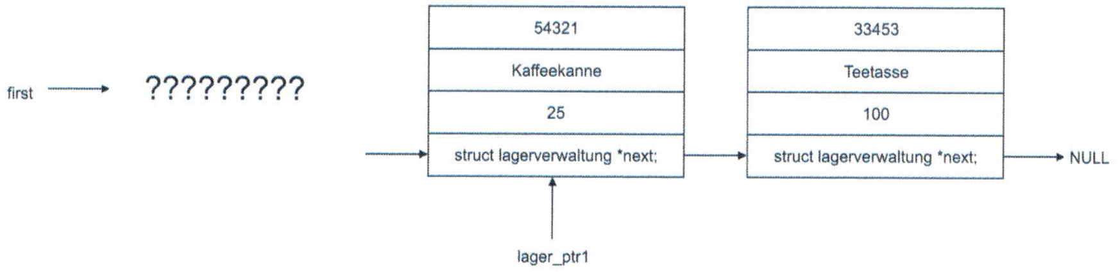

Würden Sie es dabei belassen, ist die Liste unbrauchbar, da sie keinen Anfang mehr hat. Aber schließlich haben Sie mit dem Zeiger lager_ptr1 auf das nächste Element verwiesen, sodass Sie nur noch den Zeiger `first` auf dieses Element, das jetzt das erste in der Liste darstellt, richten müssen. Sie fügen daher der Funktion Folgendes hinzu:

```
  first=lager_ptr1;
  printf("Element Art.-Nr. %ld wurde geloescht\n"➥
                                      ,art_nr);
}
```

Somit erhält die Liste wieder einen konsistenten Anfang und sieht nun folgendermaßen aus:

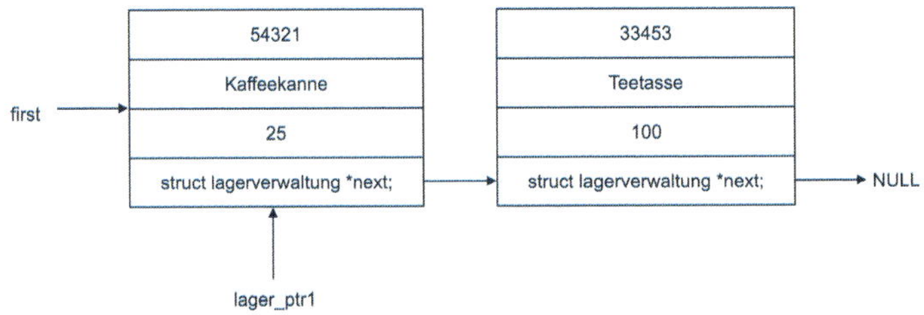

2 Jetzt folgt der zweite Teil der Funktion, welcher davon ausgeht, dass ein Element in der Liste an einer beliebigen Position mit Ausnahme der ersten gelöscht wird. Hier kommt der vorhin erwähnte zweite Zeiger ins Spiel: Sie benötigen nämlich einen Zeiger, der auf das zu löschende Element zeigt und einen weiteren, der – ausgehend von diesem Element – auf das nächste Element gerichtet ist. Außerdem muss man in Betracht ziehen, dass die Artikelnummer gar nicht existiert. Nehmen Sie wieder die Ausgangslage an mit dem Unterschied, dass jetzt das Element `Kaffeekanne` (Artikelnummer `54321`) gelöscht werden soll. Es ist das zweite Element in der Liste.

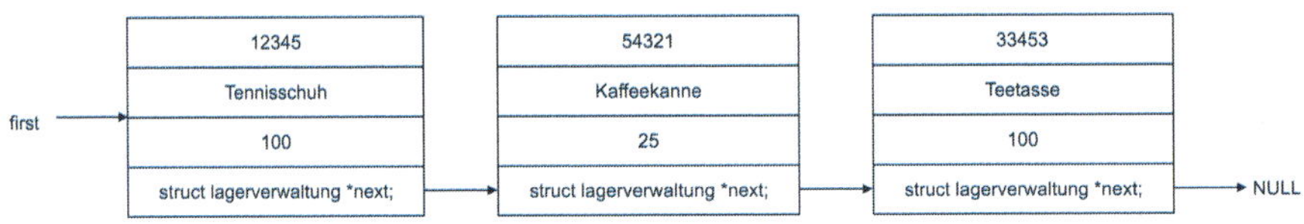


```
else
 {   /* Also nicht das erste Element .... */
       /* Irgendwo muss man ja beginnen ... */
   lager_ptr1=first;
   while(lager_ptr1->next != NULL)
     { /*So lange man nicht am Ende der Liste ist */
       lager_ptr2=lager_ptr1->next;
       if(lager_ptr2->artikelnummer == art_nr)
         { /* Das Element wurde schon gefunden */
```

In diesem Fall wird das zu löschende Element bereits beim ersten Durchlauf gefunden. Somit ergibt sich folgende Konstellation:

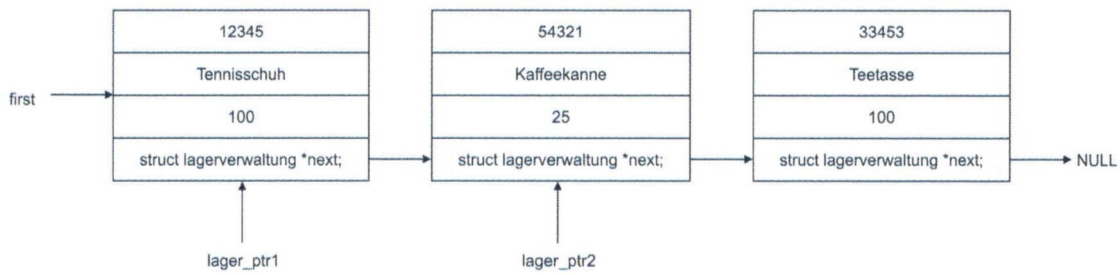

Der Zeiger `lager_ptr2` verweist derzeit auf das zu löschende Element. Der Zeiger `lager_ptr1`, der auf das nächste Element verweist, benötigt nun die Adresse von `lager_ptr2->next`, also die Adresse des Elements, das dem zu löschenden Element folgt. Betrachten Sie dazu die Abbildung. Die Zuweisung des Zeigers `lager_ptr1` wird wie folgt durchgeführt:

```
lager_ptr1->next = lager_ptr2->next;
```

Somit ergibt sich folgendes Bild:

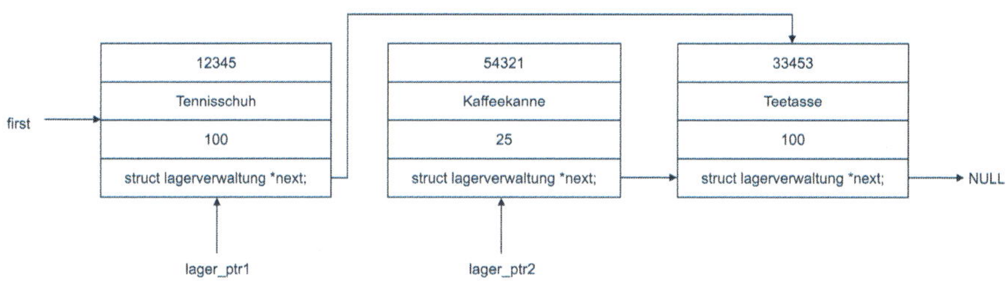

Damit haben Sie das zu löschende Element gewissermaßen aus der Liste »ausgehängt« und können es aus dem Speicher freigeben:

```
  free(lager_ptr2);
  printf("\nElement Art.-Nr %ld geloescht\n ", ➥
                                   art_nr);
/* Zum Abbrechen der while()-Schleife */
  break;
}
```

Damit wurde das Element gelöscht. Die Liste sieht nun folgendermaßen aus:

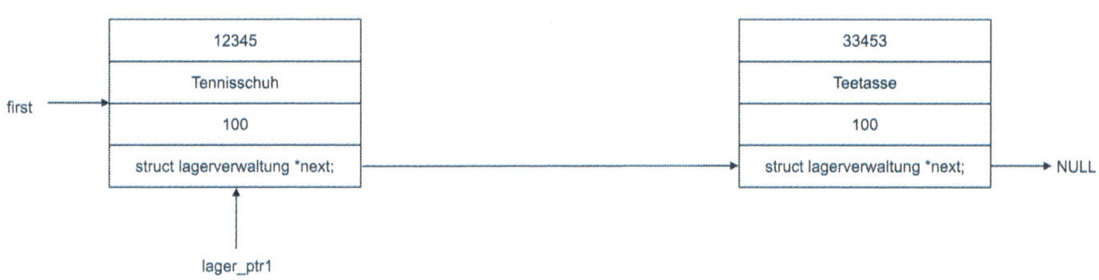

Natürlich ist es ein Sonderfall, dass gleich das erste überprüfte Element das zu löschende ist. Falls das überprüfte Element nicht das gesuchte ist, müssen

Sie den Zeiger `lager_ptr1` auf die Adresse des Zeigers `lager_ptr2` richten. Hier noch der Rest der Funktion.

```
    /* Das Element wurde noch nicht gefunden! */
    lager_ptr1=lager_ptr2;
   }/*Ende while*/
  } /*Ende else*/
 }  /*Ende if(first!= NULL)*/
 else
   printf("Keine Daten vorhanden!!!\n");
}
```

Nochmals die komplette Funktion:

```
void delete_lagerverwaltung(long art_nr)
{
 struct lagerverwaltung *lager_ptr1;
 struct lagerverwaltung *lager_ptr2;

 /* Die logische erste Überprüfung ist ... */
 if(first != NULL) /* Überhaupt etwas in der Liste ? */
  { /* Ist das erste Element gleich das gesuchte? */
    if(first->artikelnummer == art_nr)
     {  /* Das erste Element ist das gesuchte! */
      lager_ptr1 = first->next;
      free(first);
      first=lager_ptr1;
      printf("\nElement mit Art.-Nr. %ld geloescht\n\n"➥
                                              ,art_nr);
     }
    else
     {  /* Also nicht das erste Element .... */
        /* Irgendwo muss man ja beginnen ... */
       lager_ptr1=first;
       while(lager_ptr1->next != NULL)
        { /*So lange man nicht am Ende der Liste ist*/
          lager_ptr2=lager_ptr1->next;
          if(lager_ptr2->artikelnummer == art_nr)
            { /* Das Element wurde schon gefunden */
             lager_ptr1->next = lager_ptr2->next;
             free(lager_ptr2);
             printf("\nElement mit \
                     Art.-Nr %ld geloescht\n\n",art_nr);
             /* Zum Abbrechen der while()-Schleife */
             break;
            }
      /* Das Element wurde noch nicht gefunden! */
          lager_ptr1=lager_ptr2;
        }/*Ende while*/
     } /*Ende else*/
 }  /*Ende if(first!= NULL)*/
  else
    printf("\nKeine Daten vorhanden!!!\n\n");
}
```

3 Ergänzen Sie die `main()`-Funktion um die Option zum Löschen eines Elements.

```
int main()
{
 int abfrage;
 long art_nr;

 do{
     printf("<1> Neue Daten einlesen\n");
     printf("<2> Alle Daten ausgeben\n");
     printf("<3> Element in Liste loeschen\n");
     printf("<4> Ende\n\n");

     printf("Ihre Auswahl : ");
     scanf("%d",&abfrage);
     switch(abfrage)
      {
       case 1    : read_lagerverwaltung(); break;
       case 2    : output_lagerverwaltung();  break;
       case 3    : printf("Artikelnummer : ");
                   scanf("%ld",&art_nr);
                   delete_lagerverwaltung(art_nr);
                   break;
       case 4    : printf("Bye\n"); break;
       default   : printf("Falsche Eingabe!\n");
      }
    }while(abfrage != 4);
 return 0;
}
```

4 Kompilieren Sie das Programm und führen Sie es aus.

Element sortiert in Liste einfügen

Sie könnten nun eine Funktion schreiben, die die komplette Liste nach der Artikelnummer, alphabetisch anhand der Artikelbezeichnung oder nach der Artikelanzahl sortiert. Dies würde aber dem Konzept der verketteten Liste widersprechen, da dann mit den Positionen aller Elemente irgendetwas geschehen müsste.

Sie haben aber gesehen, wie es möglich ist, durch »Aushängen« ein Element aus der Liste zu löschen. Sie mussten nur darauf achten, dass Vorgänger und Nachfolger des zu löschenden Elements entsprechend verbunden werden.

Auf ähnliche Art und Weise kann ein Element in der Liste sortiert eingehängt werden. Auch hierbei müssen Sie nur darauf achten, dass die Kette nicht reißt.

Bei der Realisierung gibt es folgende vier Fälle zu beachten:

- Es befindet sich noch kein Element in der Liste und Sie fügen ein neues Element am Anfang der Liste ein.
- Das hinzuzufügende Element in der Liste ist das größte (bzw. das kleinste) – je nachdem, ob Sie auf- oder absteigend sortieren wollen – und wird folglich ganz hinten angefügt.
- Das hinzuzufügende Element in der Liste ist das kleinste (bzw. das größte) – je nachdem, ob Sie auf- oder absteigend sortieren wollen – und wird folglich ganz vorne angefügt.
- Das Element muss irgendwo in der Mitte eingefügt werden.

Die ersten beiden Fälle kennen Sie ja bereits. Trifft einer dieser beiden Fälle zu, rufen Sie die Funktion `insert_lagerverwaltung()` mit entsprechenden Argumenten auf. Für den dritten und vierten Fall schreiben Sie nun eine zusätzliche Funktion mit dem Namen `insert_sort_lagerverwaltung()`. Sie sortieren dabei wieder nach Artikelnummer. Sie können das Programm natürlich gemäß Ihren eigenen Wünschen nach Belieben anpassen.

1 Schreiben Sie eine Funktion, die Daten nach der Artikelnummer sortiert einfügt. Trifft der Fall zu, dass ein Element am Anfang oder am Ende der Liste eingefügt werden soll, rufen Sie die Funktion `insert_lagerverwaltung()` mit entsprechenden Argumenten auf. Diese Funktion hatten Sie bereits zu Beginn dieses Kapitels geschrieben. Hierzu der erste von drei Teilen der Funktion, die wieder ausreichend kommentiert wurde.

```
void insert_sort_lagerverwaltung(long art_nr, ➥
                      char art_tit[], int anz_art)
{
 struct lagerverwaltung *lager_ptr1, *lager_ptr2;

 /* Zuerst wird überprüft, ob sich überhaupt ein Element
    in der Liste befindet. Falls nicht, rufen Sie die
    Funktion insert_lagerverwaltung() mit den Argumenten
    art_nr , art_tit, anz_art auf  */
 if(first == NULL)
   insert_lagerverwaltung(art_nr,art_tit,anz_art);
 /*Als Nächstes suchen Sie nach dem Element, das
   größer als das neue Element ist, und fügen es an
   der entsprechenden Stelle ein */
 lager_ptr1 = first;
 /* Hier durchlaufen Sie die Liste so lange, bis Sie ein
    Element finden, das größer ist als art_nr, oder bis
    Sie am Ende der Liste angekommen sind und somit die
    Funktion insert_lagerverwaltung() aufrufen /*
 while( (lager_ptr1 != NULL)  && 8
        (art_nr > lager_ptr1->artikelnummer) )
 /* solange nicht am Ende angekommen UND einzufügender
    Artikel größer als der aktuelle ist */
```

```
    lager_ptr1 = lager_ptr1->next;
  if(lager_ptr1 == NULL)
    /* Hinten anhängen */
    insert_lagerverwaltung(art_nr,art_tit,anz_art);
```

Was ist das?

&& ist einer der booleschen Operatoren. && (als logisch Und zu verstehen) gibt wahr zurück, wenn beide Bedingungen erfüllt sind. Ein weiterer wichtiger boolescher Operator ist || (logisch Oder). Dieser gibt wahr zurück, wenn bereits eine der Bedingungen zutrifft (oder beide). Falls &&- und ||-Operatoren zusammen verwendet werden, werden zunächst die &&-Operatoren abgearbeitet, da diese eine höhere Rangfolge haben. Durch Verwendung von runden Klammern können Sie die Rangfolge aber beliebig beeinflussen.

Bis hierhin nicht viel Neues. Jetzt folgt der nächste Fall. Das neue Element ist kleiner als das erste Element in der Liste und muss am Anfang eingefügt werden.

```
else if(lager_ptr1 == first)
  {
    first = (struct lagerverwaltung *) ➥
         malloc(sizeof(struct lagerverwaltung));
    first->artikelnummer = art_nr;
    strcpy(first->artikelbezeichnung, art_tit);
    first->anzahl_artikel = anz_art;
    first->next = lager_ptr1;
  }
```

In folgenden drei Schritten können Sie sich diesen Abschnitt vorstellen.

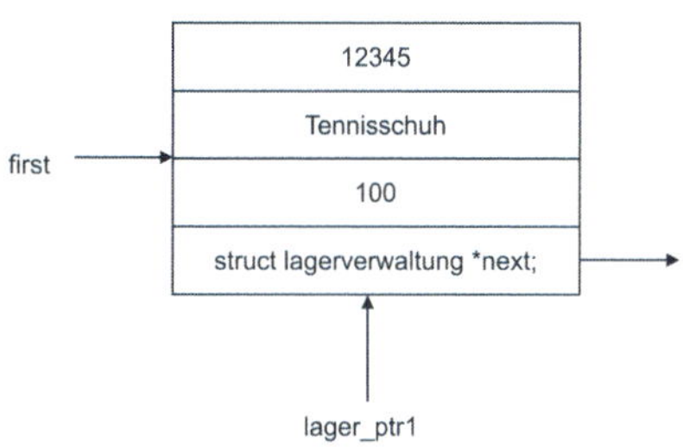

Im nächsten Schritt wird der neue Speicherplatz reserviert und die Daten werden eingefügt.

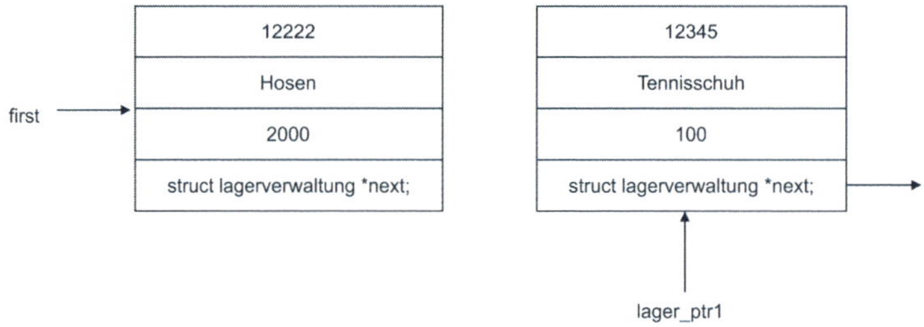

Zum Schluss wird mit `first->next=lager_ptr1` die Kette wieder geschlossen.

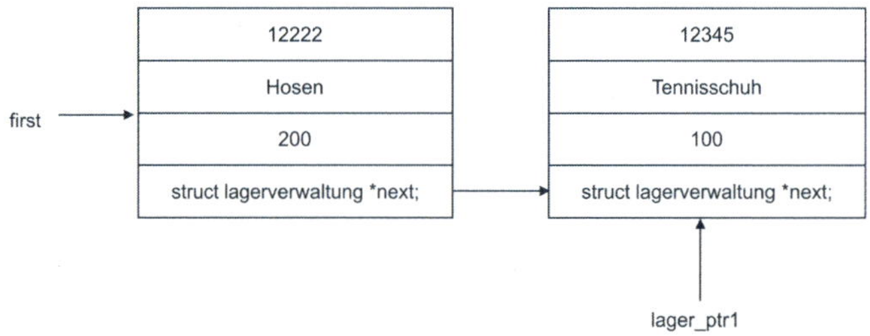

Gleich kommt der dritte und letzte Teil der Funktion, mit dem Sie die Daten irgendwo in der Mitte der Liste einfügen. Dabei müssen Sie einen zweiten Zeiger verwenden, der die Adresse vor dem Zeiger `lager_ptr1` bekommt. `lager_ptr1` zeigt ja schon auf das erste größere Element in der Liste. Daher benötigen Sie die Adresse vor `lager_ptr1`, damit Sie das neue Element dazwischen einhängen können.

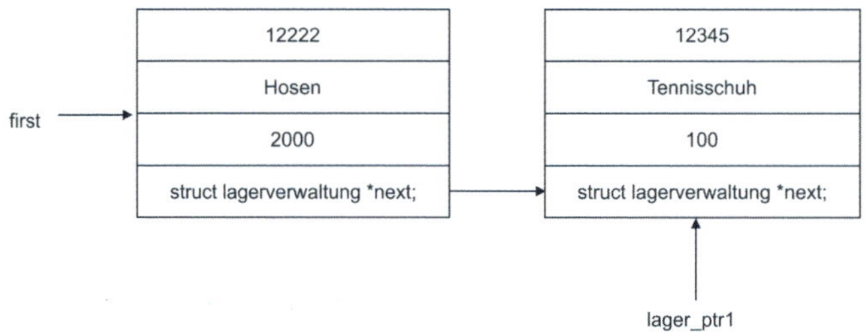

Das neu einzufügende Element hat als Beispiel die Artikelnummer `12333`. Somit sollte es zwischen den beiden Elementen im Bild eingefügt werden.

```
/* Hier positionieren Sie den zweiten Zeiger
   nun eine Position vor dem ersten */
lager_ptr2 = first;
while(lager_ptr2->next != lager_ptr1)
   lager_ptr2 = lager_ptr2->next;
```

Jetzt haben Sie den zweiten Zeiger in der richtigen Position.

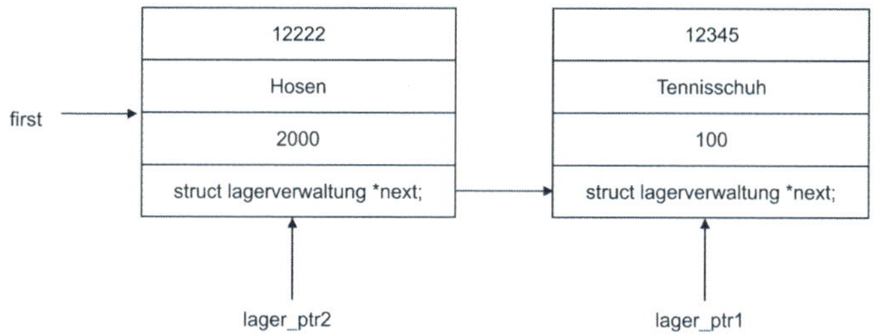

Jetzt müssen Sie das neue Element mit der Artikelnummer `12333` dazwischen einhängen. Zuerst wird wieder Speicher reserviert und anschließend werden die Daten für das neue Element eingelesen.

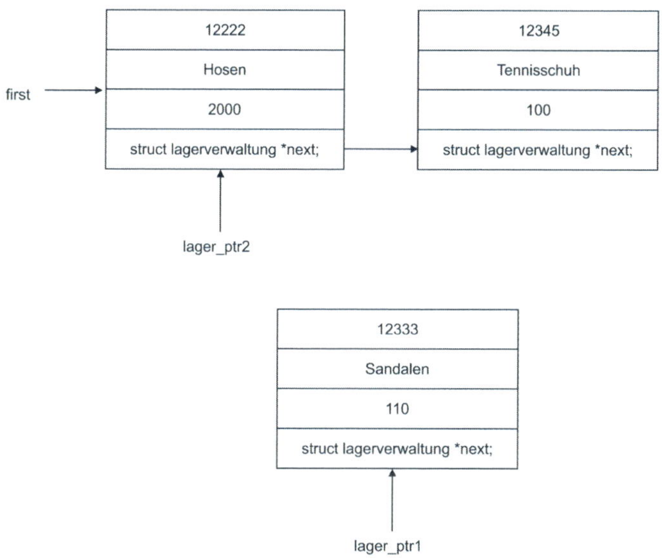

Der nächste Schritt – der neu eingefügte Artikel wird mit dem nachfolgenden Artikel verkettet – lautet:

```
lager_ptr1->next = lager_ptr2->next;
```

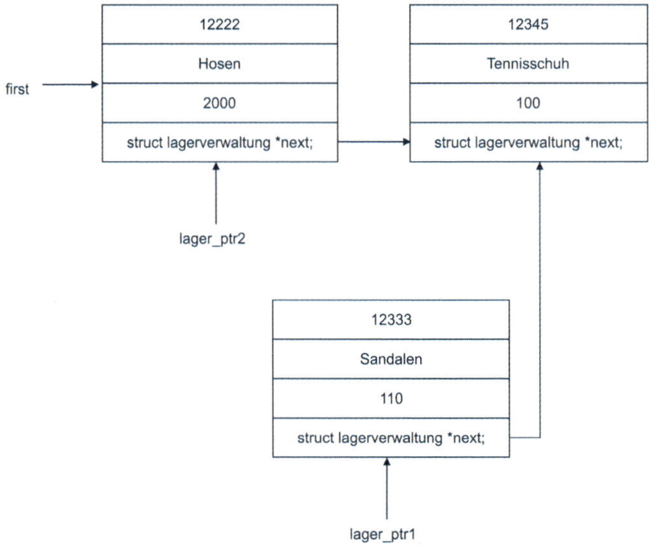

Jetzt folgt noch die Verkettung vom Vorgängerartikel zum neu eingefügten Artikel:

```
lager_ptr2->next = lager_ptr1;
```

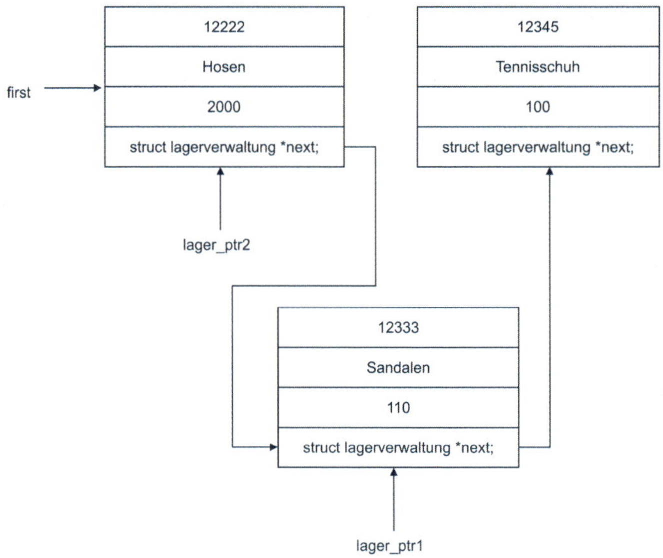

Hierzu nochmals die komplette Funktion:

```
void insert_sort_lagerverwaltung(long art_nr, ➥
                                  char art_tit[], int anz_art)
```

```
{
 struct lagerverwaltung *lager_ptr1, *lager_ptr2;

 /* Zuerst wird überprüft, ob sich überhaupt ein Element
    in der Liste befindet. Falls nicht, rufen Sie die
    Funktion insert_lagerverwaltung mit dem Argument
    art_nr auf */
 if(first == NULL)
   insert_lagerverwaltung(art_nr, art_tit, anz_art);
 else
  {
   /*Als Nächstes suchen Sie nach dem Element, das
     größer als das neue Element ist, und fügen es an
     der entsprechenden Stelle ein */
   lager_ptr1 = first;
/* Nun durchlaufen Sie die Liste so lange, bis Sie ein
    Element finden, das größer ist als art_nr, oder bis
    Sie am Ende der Liste angekommen sind und somit die
    Funktion insert_lagerverwaltung() aufrufen */
   while( (lager_ptr1 != NULL)  && ➥
          (art_nr > lager_ptr1->artikelnummer) )
     lager_ptr1 = lager_ptr1->next;
   if(lager_ptr1 == NULL)
     insert_lagerverwaltung(art_nr, art_tit, anz_art); /*
Hinten anhängen */
   else if(lager_ptr1 == first)
    {
     first = (struct lagerverwaltung *) ➥
                malloc(sizeof(struct lagerverwaltung));
     first->artikelnummer = art_nr;
     strcpy(first->artikelbezeichnung, art_tit);
     first->anzahl_artikel = anz_art;
     first->next = lager_ptr1;
    }
   else
    {
     /* Hier positionieren Sie den zweiten Zeiger
        nun eine Position vor dem ersten */
     lager_ptr2 = first;
     while(lager_ptr2->next != lager_ptr1)
        lager_ptr2 = lager_ptr2->next;
     lager_ptr1 = (struct lagerverwaltung *) ➥
                malloc(sizeof(struct lagerverwaltung));
     lager_ptr1->artikelnummer = art_nr;
     strcpy(lager_ptr1->artikelbezeichnung, art_tit);
     lager_ptr1->anzahl_artikel = anz_art;

     lager_ptr1->next = lager_ptr2->next;
     lager_ptr2->next = lager_ptr1;
    }
  }
}
```

Fügen Sie die neue Funktion `insert_sort_lagerverwaltung()` direkt hinter der Funktion `insert_lagerverwaltung()` im Quellcode ein.

Hinweis

Normalerweise wäre es egal, wo Sie die Funktionen platzieren, da Sie in der Praxis eine Vorwärtsdeklaration, meist in einer anderen Datei, schreiben. Genaueres dazu erfahren Sie in Kapitel 15.

2 Um die Funktion einzusetzen, ändern Sie in der Funktion `read_lagerverwaltung()` die Zeile

```
insert _lagerverwaltung(an,at,aa);
```

in den Funktionsaufruf

```
insert_sort_lagerverwaltung(an,at,aa);
```

um.

3 Kompilieren Sie das Programm und führen Sie es aus.

Element suchen und ausgeben

Wenn Sie die vorangegangenen Abschnitte durchgearbeitet haben, dürfte diese Funktion ein Kinderspiel für Sie sein.

1 Schreiben Sie eine Funktion, die nach einer eingegebenen Artikelbezeichnung sucht.

```
void search_lagerverwaltung(char bez[])
{
 struct lagerverwaltung *lager_ptr1;

 if(first == NULL)
   printf("\nDie Liste ist leer!\n\n");
 else
  {
    lager_ptr1 = first;
    while(lager_ptr1 != NULL)
     {
      if(strcmp(lager_ptr1->artikelbezeichnung,bez)==0)
        {
         printf("Artikelnummer       :  %ld\n", ➥
                          lager_ptr1->artikelnummer);
         printf("Artikelbezeichnung :  %s", ➥
                      lager_ptr1->artikelbezeichnung);
         printf("Anzahl Artikel      :  %d\n\n", ➥
```

```
                                 lager_ptr1->anzahl_artikel);
            return; /* Funktion beenden */
         }
         lager_ptr1 = lager_ptr1->next;
      }
   }
 printf("\nSuche erfolglos\n\n");
}
```

Wo Sie diese Funktion im Programm einfügen, spielt keine Rolle.

2 Ändern Sie die `main()`-Funktion wie folgt ab.

```
int main()
{
 int abfrage;
 long art_nr;
 char search[100];

 do{
     printf("<1> Neue Daten einlesen\n");
     printf("<2> Alle Daten ausgeben\n");
     printf("<3> Ein Element in der Liste loeschen\n");
     printf("<4> Element suchen\n");
     printf("<5> Ende\n\n");

     printf("Ihre Auswahl : ");
     scanf("%d",&abfrage);
     /* Tastaturpuffer für fgets() löschen */
     fflush(stdin);
     switch(abfrage)
      {
       case 1  : read_lagerverwaltung(); break;
       case 2  : output_lagerverwaltung();  break;
       case 3  : printf("Artikelnummer : ");
                 scanf("%ld",&art_nr);
                 delete_lagerverwaltung(art_nr);
                 break;
      case 4 : printf(
               "Welchen Artikel suchen Sie: ");
               fgets(search,sizeof(search),stdin);
               search_lagerverwaltung(search);
               break;
       case 5  : printf("Bye\n"); break;
       default : printf("Falsche Eingabe!\n");
      }
    }while(abfrage != 5);
 return 0;
}
```

3 Kompilieren Sie das Programm und führen Sie es aus.

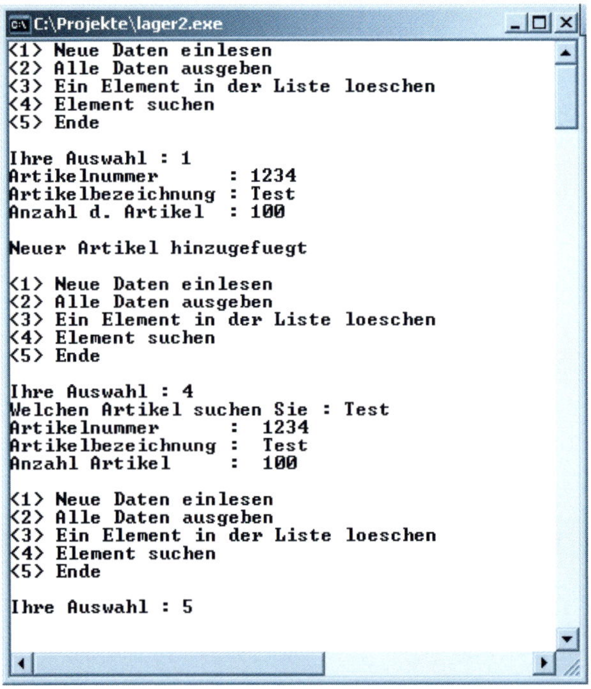

Tipp

Den hier vorgestellten Quellcode finden Sie auch unter der Internetadresse `www.mut.de/books/3827265037`*. Experimentieren Sie mit dem Programm ein wenig. Schreiben Sie die Funktionen um oder fügen Sie neue Funktionen hinzu.*

Hinweis

Im folgenden Kapitel werden dem Programm Funktionen zum Speichern und Laden der Liste hinzugefügt, denn in der jetzigen Form gehen alle Daten verloren, wenn das Programm beendet wird.

Eine kleine Erfolgskontrolle

1. Welche Bedeutung hat der Pfeiloperator (->) bei den Listen?
2. Erklären Sie die folgende Datenstruktur:

```
struct datenbank
     {
      long plz;
      char ort[100];
      char strasse[100];
      int haus_nr;
      struct datenbank *next;
     };
```

3. Sie sehen nun die Funktion `output_lagerverwaltung()`, die Sie in diesem Kapitel kennen gelernt haben. Welcher Fehler wurde hierbei gemacht, der im Programm zu einer Endlosschleife führt?

```
void output_lagerverwaltung()
{
 struct lagerverwaltung *lager_ptr;

 if(first == NULL)
  printf("Keine Daten zum Ausgeben vorhanden!\n");
 else
  {/* Zeiger lager_ptr auf das erste Element */
    lager_ptr = first;
    while(lager_ptr != NULL)
     {
      printf("Artikelnummer       :  %ld\n", ➥
                              lager_ptr->artikelnummer);
      printf("Artikelbezeichnung :  %s", ➥
                         lager_ptr->artikelbezeichnung);
      printf("Anzahl Artikel      :  %d\n\n", ➥
                             lager_ptr->anzahl_artikel);
     }
  }
}
```

Kapitel 14

Dateibezogene Ein-/Ausgabe

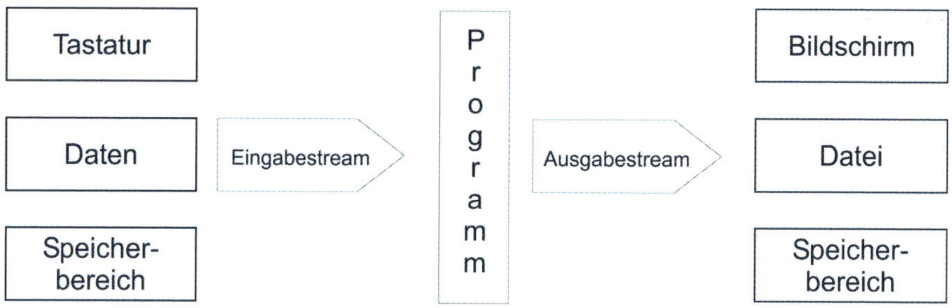

Bei den meisten Programmen kommt man kaum daran vorbei, Daten auf einen Datenträger (Festplatte) zu speichern und später wieder von diesem zu laden. Die entsprechenden dateibezogenen Ein- und Ausgabefunktionen sind Thema dieses Kapitels. Sie erfahren, wie Sie Dateien erstellen, Daten in Dateien schreiben und Daten aus Dateien lesen. Außerdem wird das Lagerverwaltungsprogramm aus Kapitel 13 um Funktionen zum Speichern und Laden der Artikel erweitert.

Das können Sie schon:

Das lernen Sie neu:

Streams (Datenströme) und Standardstreams

Bei der dateibezogenen Ein-/Ausgabe spricht man in C von so genannten Streams. Streams sind einfache Datenströme, mit denen man Daten von der Quelle zum Ziel bewegen kann. Neben Streams, mit denen sich Dateien zum Lesen und/oder Schreiben öffnen lassen, gibt es in C noch so genannte Standardstreams.

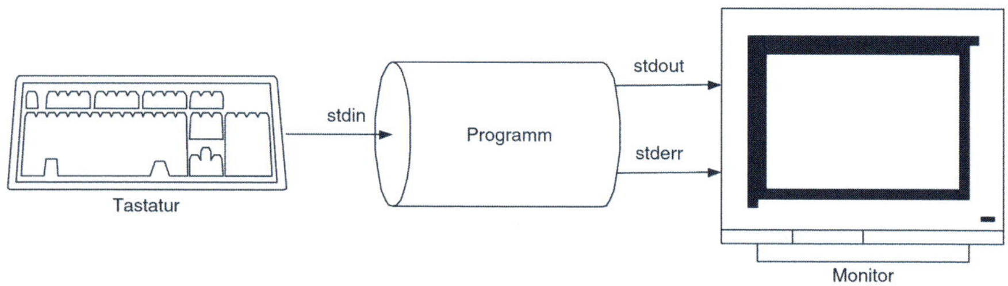

Die Standardstreams in C sind die Standardeingabe (`stdin`), die Standardausgabe (`stdout`) und die Standardfehlerausgabe (`stderr`). Beispielsweise wird in Verbindung mit der Funktion `printf()` automatisch der Stream `stdout` verwendet und bei `scanf()` der Stream `stdin`. Das komplette Streammodell sieht wie folgt aus:

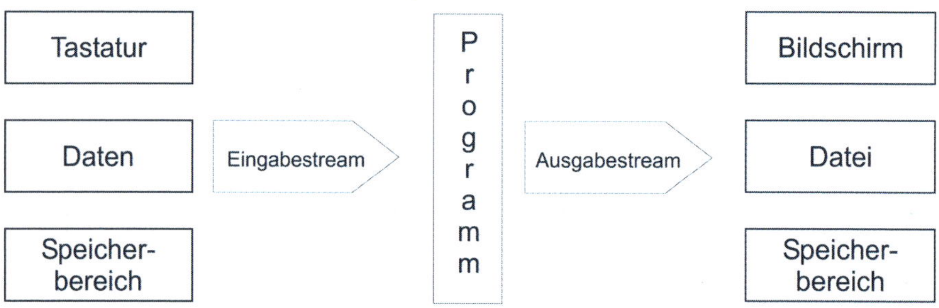

Anhand dieser Abbildung können Sie erkennen, dass ein Programm immer die Schnittstelle für den Datenfluss bildet. Im folgenden Abschnitt wird gezeigt, wie sich Verbindungen mit einem Stream herstellen lassen.

Datei (Stream) öffnen

Damit Sie eine Datei zum Lesen oder Schreiben öffnen können, müssen Sie diese Datei mit einem Stream verbinden. Dieser Stream hat in C den passenden Namen `FILE` und ist ein Zeiger auf eine Struktur, die in der Headerdatei *stdio.h* definiert ist. In dieser Struktur befindet sich alles, was man für die dateibezogene Ein-/Ausgabe benötigt, beispielsweise

- Position des Schreib-/Lesezeigers
- Fehlerflags
- Puffer

Zum Verbinden einer Datei mit dem `FILE`-Zeiger verwenden Sie die Funktion `fopen()`, deren Rückgabewert ein Zeiger auf einen Stream ist. Dazu folgt nun ein Programmbeispiel.

1 Erstellen Sie ein neues Projekt und verwenden Sie folgendes Grundgerüst.

```
/* Eine Datei öffnen */
#include <stdio.h>

int main()
{

  return 0;
}
```

2 Deklarieren Sie den `FILE`-Zeiger.

```
/* Eine Datei öffnen */
#include <stdio.h>

int main()
{
  FILE *f;

  return 0;
}
```

3 Rufen Sie die Funktion `fopen()` auf. Als erstes Argument geben Sie den Dateinamen des zu öffnenden Streams an. Das zweite Argument ist der Modus, mit dem auf diese Datei zugegriffen werden soll (Lesen oder Schreiben). Verwenden Sie hierzu den Lesemodus (engl. read); dazu schreiben Sie den Buchstaben `r` zwischen zwei doppelte Anführungszeichen. Weisen Sie den Rückgabewert der Funktion `fopen()` dem `FILE`-Zeiger `f` zu.

```
/* Eine Datei öffnen */
#include <stdio.h>

int main()
{
  FILE *f;

  f = fopen("c:\\Projekte\\stream.c", "r");

  return 0;
}
```

Bei Erfolg erhalten Sie hier einen `FILE`-Zeiger, der auf den Anfang der Quelldatei *stream.c* zeigt. Von diesem Stream kann allerdings nur gelesen werden. Überprüfen Sie, ob der `FILE`-Zeiger wirklich mit der Datei *stream.c* verbunden ist.

Achtung

Ein häufig vorkommender Fehler, der dazu führt, dass eine Datei nicht geöffnet werden kann, ist eine fehlerhafte Pfadangabe. Beachten Sie, dass Sie unter Windows zwei Backslashes verwenden müssen, um das Zeichen \ innerhalb einer Stringkonstanten darzustellen. Bei Linux bzw. Unix werden die Pfadangaben mit dem Zeichen / getrennt, beispielsweise in der Form: `/usr/include/stdio.h`

4 Überprüfen Sie, ob die Datei erfolgreich geöffnet werden konnte. Dazu nehmen Sie den `NULL`-Zeiger zu Hilfe.

```
/* Eine Datei öffnen */
#include <stdio.h>

int main()
{
  FILE *f;

  f = fopen("c:\\Projekte\\stream.c", "r");
  if(f == NULL)
    printf("Fehler beim Oeffnen.\n");
  else
    printf("Datei erfolgreich geoeffnet.\n");

  return 0;
}
```

Hinweis

Außer einer falschen Pfadangabe kann es noch andere Gründe geben, falls sich eine Datei nicht öffnen lässt. Möglicherweise existiert diese Datei überhaupt nicht. Eine andere denkbare Ursache ist, dass Sie nicht genügend Zugriffsrechte auf die Datei haben. Setzen Sie Linux bzw. Unix ein, können Sie sich per `man chmod` *in der Konsole darüber informieren, wie die Zugriffsrechte geändert werden können.*

Schließen Sie vor Ende des Programms den Stream ordnungsgemäß mit der Funktion `fclose()` ab.

```
/* Eine Datei öffnen */
#include <stdio.h>

int main()
{
  FILE *f;

  f = fopen("c:\\Projekte\\stream.c", "r");
  if(f == NULL)
    printf("Fehler beim Oeffnen\n");
  else
    printf("Datei erfolgreich geoeffnet\n");

  fclose(f);

  return 0;
}
```

Hinweis

Das Schließen eines Streams ist deshalb ratsam, weil nicht beliebig viele Dateien geöffnet werden dürfen. Beim Beenden des Programms wird der Stream automatisch geschlossen. Trotzdem sollten Sie sich angewöhnen, nicht mehr benötigte Streams manuell zu schließen.

5 Kompilieren Sie das Programm und führen Sie es aus.

In eine Datei schreiben

Datei zum Schreiben öffnen

Um in eine Datei schreiben zu können, müssen Sie sie in einem geeigneten Modus öffnen. Diesen Modus geben Sie als zweites Argument der Funktion `fopen()` an:

```
fopen(Dateiname, Modus);
```

Die folgende Übersicht zeigt, welche Modi für Schreibzugriffe zur Verfügung stehen:

Modus	Bedeutung
`w`	Öffnet die Datei zum Schreiben (engl. write). Falls die Datei nicht existiert, wird sie neu erstellt, andernfalls überschrieben. Wenn die Datei nicht erstellt werden kann bzw. keine Schreibberechtigung vorhanden ist, liefert `fopen()` NULL zurück. Weist die Datei unter Windows/DOS ein Read-only-Attribut auf, kann sie nicht geöffnet werden.
`a`	Öffnet die Datei zum Anhängen (engl. append). Falls die Datei nicht existiert, wird sie neu erstellt, andernfalls werden Daten an die bestehende Datei angehängt. Ansonsten gilt die Beschreibung für `w`.
`r+`	Öffnet die Datei zum Lesen oder Schreiben. Bei Fehlern oder mangelnden Rechten liefert `fopen()` auch hier NULL zurück.
`w+`	Öffnet die Datei zum Lesen oder Schreiben. Die Datei wird neu erstellt bzw. – falls vorhanden – überschrieben. Bei Fehlern oder mangelnden Rechten liefert `fopen()` auch hier NULL zurück.
`a+`	Öffnet die Datei zum Lesen oder Schreiben. Die Datei wird neu erstellt, falls sie nicht vorhanden ist. Andernfalls werden die Daten an die bestehende Datei angehängt. Bei Fehlern oder mangelnden Rechten liefert `fopen()` auch hier NULL zurück.

Wollen Sie beispielsweise eine Datei öffnen, um Daten an das Ende anzuhängen, setzen Sie `fopen()` folgendermaßen ein:

```
f = fopen("c:\\Projekte\\test.txt", "a");
```

Funktionen zum Schreiben in eine Datei

Um Daten in eine Datei zu schreiben, stehen Ihnen drei Varianten zur Verfügung:

- **Zeichenweises Schreiben** – Dabei wird Zeichen für Zeichen (oder Byte für Byte) in die Datei geschrieben. Dies ist die langsamste Variante.
- **Zeilenweises Schreiben** – Hier wird zeilenweise (bis zum nächsten `\n`-Zeichen) in die Datei geschrieben.
- **Blockweises Schreiben** – Damit können Sie einen ganzen Block einer bestimmten Größe in die Datei schreiben.

Welche Variante konkret zum Schreiben verwendet werden sollte, hängt vom Anwendungsfall ab. Hierzu die einzelnen Funktionen im Überblick:

Schreibmodus	Funktion
Zeichenweise	`fputc(Zeichen, Stream)`
Zeilenweise	`fputs(String, Stream)`
Blockweise	`fwrite(Adresse, Größe, Anzahl_Blöcke, Stream)`

Zunächst ein Beispiel, das zeigt, wie zeilenweise in eine neu erstellte Datei geschrieben wird.

1 Erstellen Sie ein neues Projekt mit folgendem Grundgerüst.

```
/* Zeilenweise in eine neu erstellte Datei schreiben */
#include <stdio.h>

int main()
{

  return 0;
}
```

2 Deklarieren Sie einen `FILE`-Zeiger und fragen Sie den Anwender, wie die neu zu erstellende Datei heißen soll. Legen Sie anschließend mit `fopen()` diese neue Datei im Schreibmodus `"w"` an.

```
/* Zeilenweise in eine neu erstellte Datei schreiben */
#include <stdio.h>

int main()
{
 FILE *f;
 char file_name[255];

 printf("Wie soll die neue Datei heissen : ");
 scanf("%s",file_name);

 f = fopen(file_name, "w");
 if(f == NULL)
  {
    printf("Konnte Datei %s nicht erstellen\n");
    exit(0);
  }
  return 0;
}
```

3 Deklarieren Sie die Variablen, um Name, Vorname, Straße und Wohnort des Anwenders abzufragen. Lesen Sie diese Daten mit der Funktion `fgets()` ein.

```
/* Zeilenweise in eine neu erstellte Datei schreiben */
#include <stdio.h>

int main()
{
 FILE *f;
 char file_name[255];
 char name[20], v_name[20];
 char ort[20], strasse[20];

 printf("Wie soll die neue Datei heissen : ");
 scanf("%s",file_name);
 fflush(stdin);

 f = fopen(file_name, "w");
 if(f == NULL)
  {
    printf("Konnte Datei %s nicht erstellen\n");
    exit(0);
  }

 printf("Vorname      :  ");
 fgets(name, sizeof(name), stdin);
 printf("Nachname     :  ");
 fgets(v_name, sizeof(v_name), stdin);
 printf("Ort          :  ");
 fgets(ort, sizeof(ort), stdin);
 printf("Strasse      :  ");
 fgets(strasse, sizeof(strasse), stdin);

 return 0;
}
```

4 Schreiben Sie diese Daten mit `fputs()` in den Stream `f`, den Sie zuvor geöffnet haben. Schließen Sie den Stream am Ende des Programms mit `fclose()`.

```
/* Zeilenweise in eine neu erstellte Datei schreiben */
#include <stdio.h>

int main()
{
 FILE *f;
 char file_name[255];
 char name[20], v_name[20];
 char ort[20], strasse[20];

 printf("Wie soll die neue Datei heissen : ");
 scanf("%s",file_name);
 fflush(stdin);
```

```
    f = fopen(file_name, "w");
    if(f == NULL)
     {
       printf("Konnte Datei %s nicht erstellen\n");
       exit(0);
     }

    printf("Vorname      :  ");
    fgets(name, sizeof(name), stdin);
    printf("Nachname     :  ");
    fgets(v_name, sizeof(v_name), stdin);
    printf("Ort          :  ");
    fgets(ort, sizeof(ort), stdin);
    printf("Strasse      :  ");
    fgets(strasse, sizeof(strasse), stdin);

    fputs(name, f);
    fputs(v_name, f);
    fputs(ort, f);
    fputs(strasse, f);

    fclose(f);

    return 0;
}
```

5 Kompilieren Sie das Programm und führen Sie es aus.

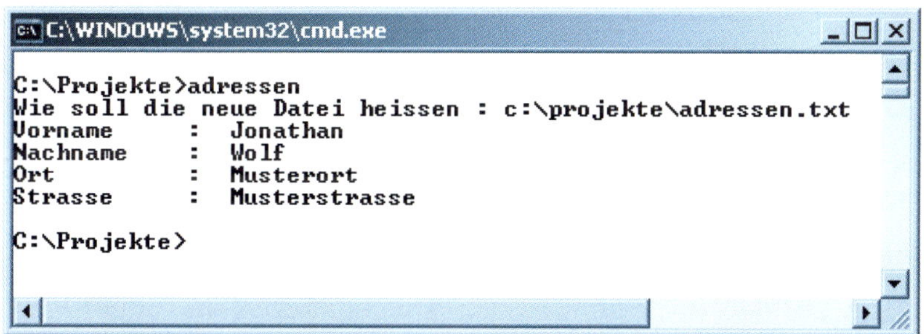

Jetzt müsste sich in Ihrem *Projekte*-Verzeichnis eine Datei namens *adressen.txt* befinden.

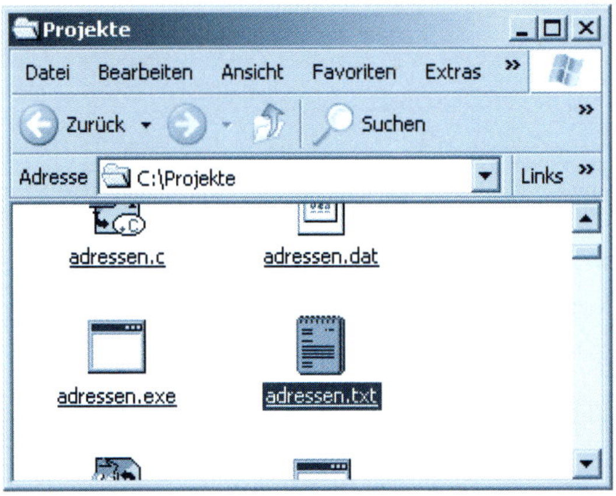

Doppelklicken Sie auf die Datei *adressen.txt*. Der Inhalt sollte daraufhin im Texteditor angezeigt werden.

Hierzu nochmals alle Schritte der Reihe nach, die nötig sind, um in eine Datei zu schreiben:

1. Deklarieren Sie einen `FILE`-Zeiger.
2. Übergeben Sie den Rückgabewert (Stream) der Funktion `fopen()` an den `FILE`-Zeiger.
3. Überprüfen Sie, ob der Stream in Ordnung ist (ungleich `NULL`).
4. Schreiben Sie in die Datei.
5. Schließen Sie die Datei wieder.

Aus einer Datei lesen

Um aus einer Datei zu lesen, stehen Ihnen drei Varianten zur Verfügung, die im Prinzip denen für Schreibzugriffe entsprechen. Hierzu ein Überblick der Funktionen, mit denen Sie aus einem Stream lesen können.

Lesemodus	Funktion
Zeichenweise	`Zeichen=fgetc(Stream)`
Zeilenweise	`fgets(String, Stream)`
Blockweise	`fread(Adresse, Größe, Anzahl_Blöcke, Stream)`

Als Nächstes soll ein Programm entwickelt werden, mit dessen Hilfe die Datei *adressen.txt*, die Sie im Beispiel zuvor erstellt haben, zeilenweise eingelesen werden kann.

1 Erstellen Sie ein neues Projekt mit folgendem Grundgerüst.

```
/* Zeilenweise aus einer Datei lesen */
#include <stdio.h>

int main()
{
 FILE *f;
 char file_name[255];
 char daten[80];

 return 0;
}
```

2 Fragen Sie den Anwender, welche Datei zum Lesen geöffnet werden soll. Öffnen Sie anschließend diese Datei mit `fopen()` im Modus `"r"`. Weisen Sie den Rückgabewert dem `FILE`-Zeiger zu und überprüfen Sie diesen auf den Wert `NULL`.

```
/* Zeilenweise aus einer Datei lesen */
#include <stdio.h>

int main()
{
 FILE *f;
 char file_name[255];
 char daten[80];

 printf("Welche Datei wollen Sie zum Lesen oeffnen : ");
 scanf("%s",file_name);

 f = fopen(file_name, "r");
 if(f == NULL)
```

```
  {
   printf("Konnte %s nicht oeffnen!!\n",file_name);
   exit(0);
  }

 return 0;
}
```

Hinweis

In Verbindung mit dem Schreiben in einen Stream haben Sie bereits einige Modi kennen gelernt, mit denen auch aus einer Datei gelesen werden kann. Der hier verwendete Modus `"r"` *dient ausschließlich zum Lesen. Wenn die Datei nicht existiert oder aus anderen Gründen nicht geöffnet werden konnte, gibt* `fopen()` *den* `NULL`*-Zeiger zurück.*

3 Bislang haben Sie ja die Funktion `fgets()` immer nur in Verbindung mit dem Standardstream `stdin` verwendet. Verwenden Sie die Funktion nun, um vom Stream `f` in den String daten einzulesen. Geben Sie den Text mit dem Gegenstück `fputs()` auf den Standardstream `stdout` – den Bildschirm – aus.

```
/* Zeilenweise aus einer Datei lesen */
#include <stdio.h>

int main()
{
 FILE *f;
 char file_name[255];
 char daten[80];

 printf("Welche Datei wollen Sie zum Lesen oeffnen : ");
 scanf("%s",file_name);

 f = fopen(file_name, "r");
 if(f == NULL)
  {
   printf("Konnte %s nicht oeffnen\n",file_name);
   exit(0);
  }

 while( fgets(daten, sizeof(daten), f) != 0 )
   fputs(daten, stdout);

 return 0;
}
```

In der `while`-Schleife wird so lange zeilenweise mit `fgets()` vom Stream `f` eingelesen, bis diese Funktion den Wert 0 zurückgibt. Dies bedeutet, dass keine Daten mehr zum Lesen vorhanden sind.

Mit dem Programm können Sie jetzt eine beliebige Textdatei zeilenweise einlesen und auf dem Bildschirm ausgeben.

4 Kompilieren Sie das Programm und führen Sie es aus.

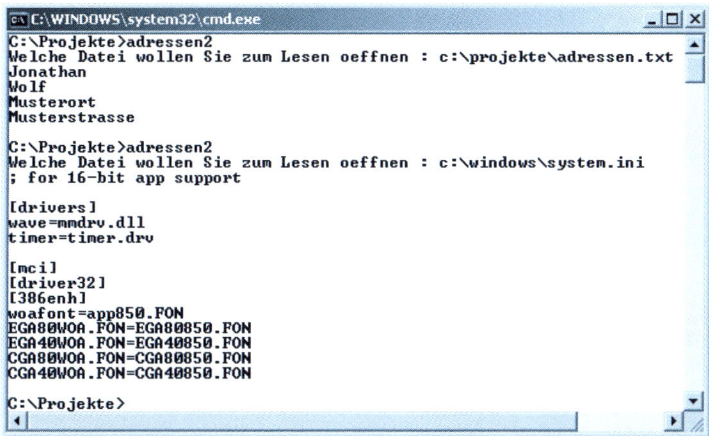

Das Lagerverwaltungsprogramm

Dem Programm zur Lagerverwaltung, das in Kapitel 13 im Zusammenhang mit den verketteten Listen vorgestellt wurde, fehlt noch eine Möglichkeit, die Daten auf einen Datenträger speichern und bei Bedarf wieder von diesem laden zu können. Ohne eine derartige Funktion ergibt das Programm kaum Sinn, da die eingegebenen Daten sonst beim Beenden des Programms verloren gehen.

Zur Implementierung eignen sich am besten die blockweisen Datei-Ein-/Ausgabe-Funktionen `fwrite()` und `fread()`. Damit können Sie eine ganze Struktur (Block) auf einmal speichern bzw. laden.

Hinweis

Beim Speichern ist das Schreiben und beim Laden natürlich das Lesen aus einem Stream gemeint. In diesem Beispiel schreiben Sie eine Funktion, die Daten vom Arbeitsspeicher auf einen Datenträger schreibt, und eine andere, die Daten von einem Datenträger in den Arbeitsspeicher lädt.

Zunächst erstellen Sie die Funktion zum Speichern von Datensätzen in eine Datei.

1 Schreiben Sie ein Grundgerüst für die Funktion `save_lagerverwaltung()` zum Speichern von Daten.

```
void save_lagerverwaltung()
{
 FILE *f;
 char file_name[255];
 struct lagerverwaltung *lager_ptr;

 printf("Unter welchem Namen wollen Sie speichern : ");
 scanf("%s",file_name);
 fflush(stdin);

 f = fopen(file_name, "w");
 if(f == NULL)
   {
     printf("Fehler beim Oeffnen von %s\n",file_name);
     return;
   }
}
```

Bei diesem Grundgerüst dürfte alles für Sie noch recht vertraut wirken. Sie öffnen die Datei mit dem Modus `"w"`, wodurch eine neue Datei `file_name` zum Schreiben erstellt wird.

2 Überprüfen Sie, ob überhaupt Daten zum Speichern vorhanden sind.

```
void save_lagerverwaltung()
{
 FILE *f;
 char file_name[255];
 struct lagerverwaltung *lager_ptr;

 printf("Unter welchem Namen wollen Sie speichern : ");
 scanf("%s",file_name);
 fflush(stdin);
```

```
 f = fopen(file_name, "w");
 if(f == NULL)
  {
    printf("Fehler beim Oeffnen von %s\n",file_name);
    return;
  }
  /* lager_ptr auf das erste Element */
  lager_ptr=first;
  if(lager_ptr == NULL)
   {
     printf("\nEs gibt nichts zum Speichern\n\n");
     return;
   }
}
```

3 Um die einzelnen Elemente in der Liste zu speichern, müssen Sie die Liste Element für Element durchlaufen und dabei mit `fwrite()` schreiben.

```
void save_lagerverwaltung()
{
 FILE *f;
 char file_name[255];
 struct lagerverwaltung *lager_ptr;

 printf("Unter welchem Namen wollen Sie speichern : ");
 scanf("%s",file_name); fflush(stdin);

 f = fopen(file_name, "w");
 if(f == NULL)
  {
    printf("Fehler beim Oeffnen von %s\n",file_name);
    return;
  }
  /* lager_ptr auf das erste Element */
  lager_ptr=first;
  if(lager_ptr == NULL)
   {
     printf("\nEs gibt nichts zum Speichern\n\n");
     return;
   }
  /* Nun speichert man Element für Element in der Liste,
     bis lager_ptr auf NULL zeigt und somit alle Daten
     gespeichert wurden */
  while(lager_ptr != NULL)
   {
    fwrite(lager_ptr, ➥
               sizeof(struct lagerverwaltung),1,f);
     lager_ptr = lager_ptr->next;
   }
  printf("\nDaten erfolgreich gespeichert\n\n");
}
```

Das Abarbeiten der Funktion `fwrite()` lässt sich wie folgt erklären: Der zu schreibende Block wird über den Zeiger `lager_ptr` spezifiziert (erstes Argument). Die Größe des Blocks (in Byte) ergibt sich aus `sizeof(struct lagerverwaltung)`, dem zweiten Argument. Das dritte Argument gibt an, dass 1 Block geschrieben werden soll. Das vierte und letzte Argument bewirkt, dass in den Stream mit dem `FILE`-Zeiger `f` geschrieben wird.

Das Speichern geschieht nun Struktur für Struktur bis zum letzten Element in der Liste.

Die Funktion `load_lagerverwaltung()` zum Laden von gespeicherten Daten ist ein wenig umfangreicher. Sie ähnelt der bereits vorhandenen Funktion `insert_lagerverwaltung()`.

4 Schreiben Sie das Grundgerüst `load_lagerverwaltung()` zum Laden der Daten.

```
void load_lagerverwaltung()
{
   FILE *f;
   char file_name[255];
   struct lagerverwaltung *lager_ptr, lager_daten;

  printf("Welchen Datensatz wollen Sie laden : ");
  scanf("%s",file_name); fflush(stdin);

  f = fopen(file_name, "r");
  if(f == NULL)
    {
      printf("Fehler beim Oeffnen von %s\n",file_name);
      return;
    }
}
```

In diesem Grundgerüst fällt nichts wirklich Neues auf. Zu erwähnen ist lediglich, dass neben einem `struct lagerverwaltung`-Zeiger auch eine normale Variable vom Typ `struct lagerverwaltung` vorkommt. Diese benötigen Sie zum Einlesen der einzelnen Strukturen und den zugehörigen Elementen in den Arbeitsspeicher.

5 Lesen Sie die Daten mit `fread()` in die Strukturvariable `lager_daten` ein.

```
void load_lagerverwaltung()
{
   FILE *f;
   char file_name[255];
   struct lagerverwaltung *lager_ptr, lager_daten;
```

```
   printf("Welchen Datensatz wollen Sie laden : ");
   scanf("%s",file_name); fflush(stdin);

   f = fopen(file_name, "r");
   if(f == NULL)
    {
      printf("Fehler beim Oeffnen von %s\n",file_name);
      return;
    }
    while(fread(&lager_daten, ➥
                sizeof(struct lagerverwaltung),1,f))
          {
          }
}
```

Bevor Sie den Lesevorgang vom Datenträger in den Arbeitsspeicher im Anweisungsblock entwickeln, noch eine Erklärung zur Funktion `fread()`:

Der zu lesende Block ergibt sich aus der Adresse der Strukturvariablen `lager_daten` (erstes Argument). Die Größe des Blocks (in Byte) wird über `sizeof(struct lagerverwaltung)` ermittelt, dem zweiten Argument. Das dritte Argument gibt an, dass `1` Block gelesen werden soll. Das vierte und letzte Argument bewirkt, dass aus dem Stream mit dem `FILE`-Zeiger `f` gelesen wird.

6 Jetzt können Sie die einzelnen Elemente in den Arbeitsspeicher laden. Die ganze Funktion ist praktisch mit der Funktion `insert_lagerverwaltung()` identisch. Nur müssen Sie eben statt der Parameter einfach die Daten aus der Strukturvariablen `lager_daten` übergeben. Ein Sortieren der Daten ist nicht notwendig, da die Daten ja bereits sortiert gespeichert wurden.

```
void load_lagerverwaltung()
{
  FILE *f;
  char file_name[255];
  struct lagerverwaltung *lager_ptr, lager_daten;

 printf("Welchen Datensatz wollen Sie laden : ");
 scanf("%s",file_name); fflush(stdin);

 f = fopen(file_name, "r");
 if(f == NULL)
  {
    printf("Fehler beim Oeffnen von %s\n",file_name);
    return;
  }

  while(fread(&lager_daten ➥,
                    sizeof(struct lagerverwaltung),1,f))
     {
     if(first == NULL)
```

```
      {
       first = (struct lagerverwaltung *) ➥
                malloc(sizeof(struct lagerverwaltung));
       if(first == NULL)
        {
         printf("Speicherplatzmangel!!!\n");
         exit(0);  /* Programm beenden */
        }
       else
        {
         first->artikelnummer=lager_daten.artikelnummer;
         strcpy(first->artikelbezeichnung, ➥
                lager_daten.artikelbezeichnung);
          first->anzahl_artikel= ➥
                             lager_daten.anzahl_artikel;
          first->next = NULL;
         }
       }
      else
       {
         lager_ptr=first;

         while(lager_ptr->next != NULL)
           lager_ptr = lager_ptr->next;
         lager_ptr->next = (struct lagerverwaltung *) ➥
                 malloc(sizeof(struct lagerverwaltung));
         if(lager_ptr->next == NULL)
           {
             printf("Speicherplatzmangel!!!\n");
             exit(0);  /* Programm beenden */
           }
         else
           {
             lager_ptr = lager_ptr->next;
             lager_ptr->artikelnummer = ➥
                             lager_daten.artikelnummer;
             strcpy(lager_ptr->artikelbezeichnung, ➥
                         lager_daten.artikelbezeichnung);
             lager_ptr->anzahl_artikel = ➥
                             lager_daten.anzahl_artikel;
             lager_ptr->next = NULL;
           }
       }
   }
 printf("\nDatensatz geladen\n\n");
}
```

7 Passen Sie die `main()`-Funktion an.

```
int main()
{
 int abfrage;
 long art_nr;
 char search[100];

 do{
     printf("<1> Neue Daten einlesen\n");
     printf("<2> Alle Daten ausgeben\n");
     printf("<3> Ein Element in der Liste loeschen\n");
     printf("<4> Element suchen\n");
     printf("<5> Datensatz laden\n");
     printf("<6> Datensatz speichern\n");
     printf("<7> Ende\n\n");

     printf("Ihre Auswahl : ");
     scanf("%d",&abfrage);
     fflush(stdin);
     switch(abfrage)
      {
       case 1 : read_lagerverwaltung(); break;
       case 2 : output_lagerverwaltung();  break;
       case 3 : printf("Artikelnummer : ");
                scanf("%ld",&art_nr);
                delete_lagerverwaltung(art_nr);
                break;
       case 4 : printf("Welchen Artikel suchen Sie : ");
                fgets(search, sizeof(search), stdin);
                search_lagerverwaltung(search);
                break;
       case 5 : load_lagerverwaltung();
                break;
       case 6 : save_lagerverwaltung();
                break;
        case 7 : printf("Bye\n"); break;
       default: printf("Falsche Eingabe!!!\n");
      }
    }while(abfrage != 7);
 return 0;
}
```

8 Kompilieren Sie das Programm und führen Sie es aus.

```
C:\WINDOWS\system32\cmd.exe - lager

C:\Projekte>lager
<1> Neue Daten einlesen
<2> Alle Daten ausgeben
<3> Ein Element in der Liste loeschen
<4> Element suchen
<5> Datensatz laden
<6> Datensatz speichern
<7> Ende

Ihre Auswahl : 5
Welchen Datensatz wollen Sie laden : c:\lager.dat

Datensatz geladen

<1> Neue Daten einlesen
<2> Alle Daten ausgeben
<3> Ein Element in der Liste loeschen
<4> Element suchen
<5> Datensatz laden
<6> Datensatz speichern
<7> Ende

Ihre Auswahl : 2
Artikelnummer       :  12345
Artikelbezeichnung  :  easy C
Anzahl Artikel      :  10000

Artikelnummer       :  12346
Artikelbezeichnung  :  easy C++
Anzahl Artikel      :  10000

<1> Neue Daten einlesen
<2> Alle Daten ausgeben
<3> Ein Element in der Liste loeschen
<4> Element suchen
<5> Datensatz laden
<6> Datensatz speichern
<7> Ende

Ihre Auswahl :
```

Eine kleine Erfolgskontrolle

1. Wie heißen die drei Standardstreams?
2. Was ist im folgenden Programm falsch?

```
#include <stdio.h>

int main()
{
  char *f;
  f = fopen("datei.txt", r);

  return 0;
}
```

3. Was wurde beim folgenden Programm falsch gemacht?

```
#include <stdio.h>
char dat[]= { "test.dat" };

int main()
{
  FILE *f;
  f = fopen(dat, "r");

  if(f != NULL)
    fputs("Text für test.dat\n", f);

  return 0;
}
```

4. Wie heißen die Funktionen zum zeichen-, zeilen- und blockweisen Lesen und Schreiben?

Kapitel 15

Präprozessor-Direktiven

Wenn in der Sprache C ein Programm übersetzt (kompiliert und gelinkt) werden soll, wird zunächst ein besonderer Übersetzungslauf durchgeführt. Für diesen ist der Präprozessor verantwortlich. Er wertet besondere Anweisungen – Direktiven – aus, die immer mit dem Zeichen # am Zeilenanfang beginnen. Diese Direktiven wurden bereits in den vorangegangenen Kapiteln mehrfach kurz erwähnt. In diesem Kapitel dreht sich alles um Direktiven. Mithilfe von Direktiven können Sie nämlich weit mehr bewirken, als nur Headerdateien einzubinden.

Das können Sie schon:

Das lernen Sie neu:

Einkopieren von Dateien mit #include

Die `#include`-Anweisung dürfte Ihnen mittlerweile schon sehr vertraut sein. Sie haben damit die Headerdateien eingebunden. Sie wissen auch, dass Headerdateien Funktionsdeklarationen enthalten. Wenn Sie beispielsweise die Funktion `printf()` in Ihrem Programm verwenden und die Headerdatei *stdio.h* nicht eingebunden hatten, konnte Ihr Compiler nichts mit der Funktion `printf()` anfangen.

Hinweis

Eine Headerdatei ist nichts anderes als eine einfache Textdatei, in der Funktionsdeklarationen und Konstantendefinitionen enthalten sind.

Außer der Headerdatei *stdio.h* und den anderen, die Sie bisher verwendet haben, finden Sie bei Ihrem Compiler noch eine ganze Reihe weiterer Headerdateien. Es sind jedoch nicht alle diese Headerdateien standardmäßig installiert. Damit man aber Programme schreiben kann, die auf fast jedem System laufen (wie in diesem Buch), wurden einige Headerdateien vom ANSI-Komitee standardisiert. Man spricht dabei vom ANSI-C-Standard. Dies bedeutet: Wenn Sie mit diesen Headerdateien Programme schreiben, können Sie den Quellcode auf fast jedem System übersetzen.

Hierzu ein Überblick zu den Headerdateien, die vom ANSI-Komitee für einen C-Compiler vorgeschrieben sind, damit er sich ANSI-C-kompatibel nennen darf:

Headerdatei	Bedeutung
assert.h	Fehlersuche und Debugging
ctype.h	Zeichentest und Konvertierung
errno.h	Fehlercodes
float.h	Limits/Eigenschaften für Fließkommatypen
limits.h	Implementierungskonstanten
locale.h	Länderspezifische Eigenschaften
math.h	Mathematische Funktionen
setjmp.h	Unbedingte Sprünge

Headerdatei	Bedeutung
signal.h	Signale
stdarg.h	Variable Parameterübergabe
stddef.h	Standard-Datentyp
stdio.h	Standard-Ein-/Ausgabe
stdlib.h	Nützliche Funktionen
string.h	Zeichenkettenoperationen
time.h	Datum und Uhrzeit

Headerdateien sind aber nicht nur den Laufzeitbibliotheken vorbehalten. Wenn ein Programm sehr umfangreich wird (wie zum Beispiel das Lagerverwaltungsprogramm aus Kapitel 13), kann es sinnvoll sein, die Funktions- und Variablendeklarationen in einer Headerdatei zusammenzufassen.

Hinweis

Einige Regeln sollten Sie für Direktiven allerdings beachten: Pro Zeile ist nur eine Präprozessor-Direktive möglich. Außerdem darf vor der Direktive kein Programmcode stehen. Zudem wird eine Direktive niemals mit einem Semikolon abgeschlossen.

Makros und Konstanten – #define

Mit der Direktive `#define` können Sie so genannte symbolische Konstanten erzeugen. Dabei handelt es sich um eine Zeichenkette, die vor der Übersetzung des Compilers durch eine andere Zeichenkette ersetzt wird. Dazu ein simples Programmbeispiel.

1 Erstellen Sie ein neues Projekt mit folgendem Grundgerüst.

```
/* Symbolische Konstante */
#include <stdio.h>

int main()
{

  return 0;
}
```

2 Fügen Sie die #define-Direktive unterhalb der #include-Direktive ein.

```
/* Symbolische Konstante */
#include <stdio.h>
#define

int main()
{

  return 0;
}
```

Hinweis

Es spielt im Prinzip keine Rolle, an welcher Position sich die #define-Direktive befindet. Nur sollte diese vor ihrer ersten Verwendung stehen.

3 Verwenden Sie eine aussagekräftige Stringkonstante.

```
/* Symbolische Konstante */
#include <stdio.h>
#define ZAHL

int main()
{

  return 0;
}
```

4 Geben Sie den Wert der Konstanten an.

```
/* Symbolische Konstante */
#include <stdio.h>
#define ZAHL 4

int main()
{

  return 0;
}
```

5 Jetzt können Sie die Stringkonstante ZAHL im Programm verwenden. Sie hat dieselbe Auswirkung, als wenn Sie den Wert 4 einsetzen würden.

```
/* Symbolische Konstante */
#include <stdio.h>
#define ZAHL 4

int main()
{
```

```
  printf("Wert der Stringkonstanten : %d\n",ZAHL);
  printf("%d + %d = %d\n",ZAHL,ZAHL,ZAHL+ZAHL);
  return 0;
}
```

Somit werden alle Stringkonstanten im Programm vor der Übersetzung durch den Wert 4 ausgetauscht.

6 Kompilieren Sie das Programm und führen Sie es aus

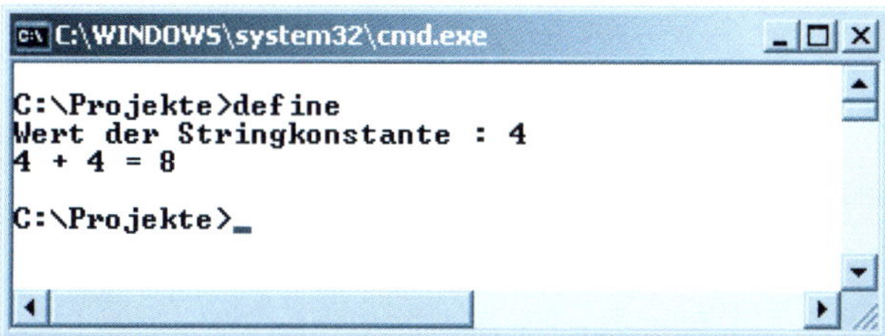

Es gibt mehrere Anwendungsbereiche, bei denen symbolische Konstanten die Arbeit erleichtern können. Ein Beispiel ist ein Programm, das Kreisberechnungen durchführt. Es ist dann sinnvoll, die Kreiszahl **p** einmal als symbolische Konstante zu definieren und nicht in allen Funktionen erneut zu deklarieren. Außerdem ist **p** ohnehin ein konstanter Wert, der nicht verändert werden sollte, sodass hier eine symbolische Konstante schon aus diesem Grund Sinn ergibt. Definieren Sie hierfür eine symbolische Konstante:

```
#define PI 3.14259265358979
```

Jetzt können Sie überall im Programm, wo Sie eine Berechnung mit **p** durchführen, die symbolische Konstante `PI` angeben:

```
f = radius*radius * PI / 2;
printf("Wert von PI: %lf\n",PI);
```

Hinweis

Sie müssen symbolische Konstanten nicht unbedingt in Großbuchstaben schreiben. Es hat sich aber eingebürgert, für Konstanten Großbuchstaben zu verwenden, um diese besser von Variablen unterscheiden zu können.

Prinzipiell können Sie mit symbolischen Konstanten ganze Funktionen (Makros) schreiben. Von zu umfangreichen Makros, die an vielen Stellen im Programm verwendet werden, wird allerdings abgeraten, da dies den Quellcode (den temporären Quellcode nach Abarbeitung der Direktiven, der vom Compiler übersetzt wird) unnötig aufblähen könnte. Verwenden Sie stattdessen Funktionen. Hier ein Beispiel eines Makros:

```
/* Symbolische Konstante */
#include <stdio.h>
#define TEST_MAKRO printf("Bin ein einfaches MAKRO!\n");

int main()
{
  TEST_MAKRO;
  return 0;
}
```

Tipp

Verzichten Sie auf Berechnungen in Makros, beispielsweise:

```
#define PI atan(1)*4
```

Dadurch muss an allen Stellen im Programm, an denen die symbolische Konstante verwendet wird, erneut eine Berechnung durchgeführt werden.

Vordefinierte Makros

In C gibt es einige vordefinierte Makros.

Makronamen	Bedeutung
`__LINE__`	Zeilennummer in der Programmdatei
`__FILE__`	Name der Programmdatei
`__DATE__`	Übersetzungsdatum der Programmdatei
`__TIME__`	Übersetzungsuhrzeit der Programmdatei
`__STDC__`	Erkennungsmerkmal eines C-Compilers. Ist die ganzzahlige Konstante auf den Wert 1 gesetzt ist, handelt es sich um einen ANSI-C-Compiler.

Diese Makros können Sie genauso einsetzen, wie Sie dies bereits bei den `#define`-Direktiven praktiziert haben. Auch hierzu gibt es ein kurzes Beispiel, das für sich selbst spricht.

```
/* Vordefinierte Standardmakros */
#include <stdio.h>

int main()
{
 printf("%d.Zeile im Programm %s\n",__LINE__,__FILE__);
 printf("Uebersetzt am %s um %s ",__DATE__,__TIME__);
 if(__STDC__ == 1)
   printf("mit einem ANSI C Compiler\n");
 else
   printf("ohne einen ANSI C Compiler\n");
 return 0;
}
```

Die Ausgabe dieses Programms sieht etwa folgendermaßen aus:

Programmcode auslagern

Bei sehr umfangreichen Programmen lohnt es sich, Teile oder ganze Funktionen des Quellcodes in andere Dateien auszulagern. Mit folgendem Beispiel soll diese Vorgehensweise demonstriert werden:

```
#include <stdio.h>

struct koordinaten{
                  int x;
                  int y;
                 };

void plot(int x, int y)
{
 int i;
 for(i=0; i<=y; i++)
   printf("\n");
 for(i=0; i < x; i++)
   printf(" ");
 printf("* (%d/%d)\n",x,y);
}

int main()
{
```

```
 struct koordinaten punkt;

 punkt.x=20;
 punkt.y=5;

 plot(punkt.x, punkt.y);
 getchar();
 return 0;
}
```

Das Programm macht nichts anderes, als ein Sternchen in der Spalte x und der Zeile y auszugeben. Dies soll der Grundstein für ein sehr langes Programm werden, das Sie irgendwann schreiben wollen. Wie teilt man das Programm am besten auf?

Meine Empfehlung dazu ist, die Funktion in eine separate Datei auszulagern, ebenso die Variablen- und Funktionsdeklarationen. Somit würde das Programm aus drei Quelldateien bestehen.

1 Als Erstes zur Quelldatei für die Funktionen, in unserem Fall für die Funktion plot().

```
/* plot.h Funktion plot() */
void plot(int x, int y)
{
 int i;
 for(i=0; i<=y; i++)
   printf("\n");
 for(i=0; i < x; i++)
   printf(" ");
 printf("* (%d/%d)\n",x,y);
}
```

2 Speichern Sie diese Datei unter dem Namen *plot.h* ab. Erstellen Sie eine weitere Datei, die Variablen- und Funktionsdeklarationen beinhaltet.

```
/* plotter.h */

struct koordinaten{
                  int x;
                  int y;
                 };

/* Deklaration der Funktion */
void plot(int, int);
```

Diese Datei speichern Sie unter dem Namen *plotter.h* ab. Dank der Deklaration der Funktion plot() kann diese jetzt von jeder Stelle aus im Programm aufgerufen werden.

Damit Sie im Hauptquellcode (der die `main()`-Funktion enthält) nur noch die Headerdatei *plotter.h* einbinden müssen, binden Sie die Datei *plot.h* in *plotter.h* mit ein.

```
/* plotter.h */
#include "plot.h"

struct koordinaten{
                  int x;
                  int y;
                 };
/* Deklaration der Funktion */
void plot(int, int);
```

Hinweis

Wird die Datei mittels `#include` *zwischen doppelte Anführungszeichen geschrieben, wird die gewünschte Datei im aktuellen Arbeitsverzeichnis gesucht, in dem die Hauptfunktion gespeichert ist. Befindet sich die Headerdatei in einem anderen Verzeichnis, so kann sie mit der vollen Pfadangabe eingebunden werden:*

```
#include "c:\\projekte\\plot.h"
```

Steht die Datei dagegen in spitzen Klammern, wird im Include-Verzeichnis des Compilers gesucht.

3 Um zu vermeiden, dass die Headerdatei *plotter.h* mehrmals eingebunden wird, was zu Problemen führen kann, wird der Inhalt der Headerdatei *plotter.h* von folgenden Präprozessor-Anweisungen eingeschlossen:

```
#ifndef PLOTTER_H
#define PLOTTER_H

/* Inhalt von plotter.h */

#endif
```

Damit wird überprüft, ob die Headerdatei *plotter.h* schon eingebunden wurde (`#ifndef` bedeutet »Wenn noch nicht definiert«). Wurde die Headerdatei noch nicht eingebunden, wird diese mit `#define` definiert. Abgeschlossen wird diese bedingte Kompilierung mit `#endif`. Somit hat die Headerdatei *plotter.h* folgendes Aussehen:

```
/* plotter.h */
#ifndef PLOTTER_H
#define PLOTTER_H

#include "plot.h"

struct koordinaten{
                  int x;
                  int y;
                 };
/* Deklaration der Funktion */
void plot(int, int);

#endif
```

4 Zum Schluss müssen Sie nur noch im Hauptquellcode die Headerdatei *plotter.h* einbinden.

```
/* main.c - Hauptfunktion */
#include <stdio.h>
#include "plotter.h"

int main()
{
 struct koordinaten punkt;

 punkt.x=20;
 punkt.y=5;

 plot(punkt.x, punkt.y);
 getchar();
 return 0;
}
```

5 Jetzt können Sie das Programm übersetzen und ausführen.

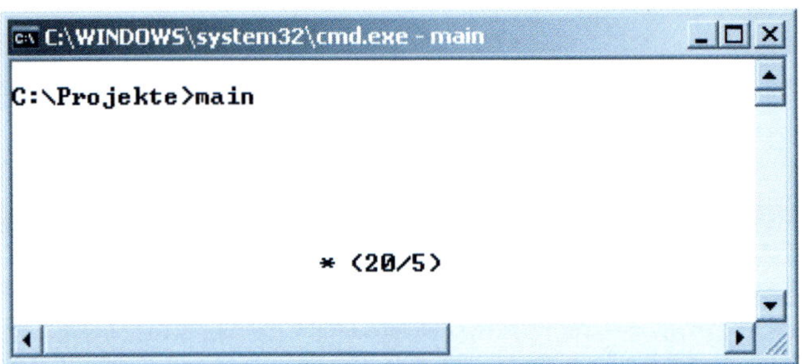

Eine kleine Erfolgskontrolle

1. Wozu dient die Präprozessor-Direktive `#define`?
2. In Verbindung mit `#include` können beim Dateinamen spitze Klammern (<>) oder Anführungszeichen ("") verwendet werden. Worin besteht der Unterschied?
3. Was ist eine Headerdatei und wer kümmert sich um den Standard der Laufzeitbibliotheken?

Kapitel 16

Abschluss und Ausblick

Zum Abschluss des Buches noch ein paar Empfehlungen, wie Sie Ihre Programmierkenntnisse ausbauen können. Prinzipiell haben Sie die Wahl, Ihre C-Kenntnisse zu vertiefen oder aber mit C++ weiterzumachen.

Ausblick

Erst einmal herzlichen Glückwunsch! Sie sind am Ende dieses Buches angelangt und haben sich damit eine solide Basis in der C-Programmierung geschaffen.

Wie es weitergeht, hängt von Ihren Zielen ab. Dazu einige Möglichkeiten, welchen Weg Sie gehen könnten.

C für Fortgeschrittene

Dies würde bedeuten, dass Sie sich weiter intensiv mit C befassen. Versuchen Sie, eigene Programme zu entwickeln, und sammeln Sie weitere Erfahrung in C. Dazu sind folgende Bücher sehr empfehlenswert:

- Programmieren in C

  Bei diesem Buch handelt es sich um die Übersetzung des englischen Buches von Brian W. Kernighan und Dennis M. Ritchie, den Erfindern der Programmiersprache C. Es gilt als das (ANSI-C-)Standardwerk.

- C/C++ Kompendium

  Das umfangreiche Standardwerk von Dirk Louis. Dieses Buch ist deswegen besonders empfehlenswert, weil hier alle wichtigen Konzepte der Programmierung mit C und C++ behandelt werden. Außerdem erläutert dieses Buch Werkzeuge im Umfeld zur C-Programmierung. Da im letzten Drittel des Buches alle Library-Funktionen enthalten sind, eignet es sich auch ideal als Nachschlagewerk.

Systemprogrammierung mit C

Die Windows-Systemprogrammierung ist nicht so einfach zu verstehen. Man muss sich dabei neu in die Programmierung eindenken. Das liegt daran, dass Windows-Programme mit dem Window-Manager des Betriebssystems zusammenarbeiten müssen. Zusätzlich kommt dabei noch hinzu, dass Sie sich mit dem Aufbau einer grafischen Benutzeroberfläche beschäftigen müssen. Dafür stehen dem Windows-Systemprogrammierer zwei Bibliotheken zur Verfügung:

- Die Windows-API (kurz Win-API)

  Hierbei handelt es sich um eine Sammlung von C-Funktionen.

- Klassenbibliotheken (VCL oder MFC)

  Hierbei handelt es sich um eine vereinfachte Version der Windows-API, die gekapselt ist. Zu ihrer Verwendung sind allerdings C++-Kenntnisse nötig.

Es empfiehlt sich, dass Sie sich noch etwas intensiver mit C befassen, bevor Sie mit der Systemprogrammierung beginnen. Folgendes Buch eignet sich hierzu:

- Windows-Programmierung

  Bei diesem Buch von Charles Petzold handelt es sich wohl um das Standardwerk zur Entwicklung von WIN32-Applikationen. Bei einem Umfang von rund 1350 Seiten dürfte man dabei nichts mehr vermissen.

Sollten Sie sich für die Systemprogrammierung unter Linux interessieren, ist folgendes Buch für Sie interessant:

- Linux _ Unix Systemprogrammierung

  In diesem Buch werden sämtliche Systemfunktionen besprochen und anhand von Beispielen demonstriert. Auch auf die Entwicklungswerkzeuge wird in diesem Buch eingegangen. Was Petzold für Windows-Programmierer bedeutet, ist Helmut Herold für die Linux-Programmierung.

C++ für Einsteiger

Nach C gleich auf C++ umzusteigen, ist wohl der häufigste Weg. Vor allem wegen der objektorientierten Programmierung, auf die man heutzutage kaum mehr verzichten kann. Folgende Bücher haben sich zum Einsteigen in diese Sprache bewährt:

- C++ M+T easy. leicht, klar, sofort

  Das Buch aus derselben Reihe, wie das, das Sie im Moment in den Händen halten. Mit diesem Buch ist Dirk Louis eine schnelle und einfache Einführung in C++ gelungen.

- Jetzt lerne ich C++

  Das Buch von Jesse Liberty ist auch für C++-Einsteiger bestens geeignet.

Anhang A

Der ASCII-Zeichensatz

Dec	Hex	ASCII	Dec	Hex	ASCII	Dec	Hex	ASCII
0	00	NUL	44	2C	,	87	57	W
1	01	SOH	45	2D	-	88	58	X
2	02	STX	46	2E	.	89	59	Y
3	03	ETX	47	2F	/	90	5A	Z
4	04	EOT	48	30	0	91	5B	[
5	05	ENQ	49	31	1	92	5C	\
6	06	ACK	50	32	2	93	5D	]
7	07	BEL	51	33	3	94	5E	^
8	08	BS	52	34	4	95	5F	_
9	09	HT	53	35	5	96	60	`
10	0A	NL	54	36	6	97	61	a
11	0B	VT	55	37	7	98	62	b
12	0C	NP	56	38	8	99	63	c
13	0D	CR	57	39	9	100	64	d
14	0E	SO	58	3A	:	101	65	e
15	0F	SI	59	3B	;	102	66	f
16	10	DLE	60	3C	<	103	67	g
17	11	DC1	61	3D	=	104	68	h
18	12	DC2	62	3E	>	105	69	i
19	13	DC3	63	3F	?	106	6A	j

Dec	Hex	ASCII	Dec	Hex	ASCII	Dec	Hex	ASCII
20	14	DC4	64	40	@	107	6B	k
21	15	NAK	65	41	A	108	6C	l
22	16	SYN	66	42	B	109	6D	m
23	17	ETB	67	43	C	110	6E	n
24	18	CAN	68	44	D	111	6F	o
25	19	EM	69	45	E	112	70	p
26	1A	SUB	70	46	F	113	71	q
27	1B	ESC	71	47	G	114	72	r
28	1C	FS	72	48	H	115	73	s
29	1D	GS	73	49	I	116	74	t
30	1E	RS	74	4A	J	117	75	u
31	1F	US	75	4B	K	118	76	v
32	20	(Blank)	76	4C	L	119	77	w
33	21	!	77	4D	M	120	78	x
34	22	"	78	4E	N	121	79	y
35	23	#	79	4F	O	122	7A	z
36	24	$	80	50	P	123	7B	{
37	25	%	81	51	Q	124	7C	|
38	26	&	82	52	R	125	7D	}
39	27	'	83	53	S	126	7E	~
40	28	(	84	54	T	127	7F	(DEL)
41	29	)	85	55	U			
42	2A	*	86	56	V			
43	2B	+						

Anhang B

Lexikon

Hinweis

Die mit einem Sternchen (*) versehenen Begriffe werden in den Kapiteln dieses Buches nicht erläutert, wurden aber hier der Vollständigkeit halber hinzugefügt.

ANSI-C-Standard

Schreiben Sie ein Programm in diesem Standard, so kann das Programm mit jedem beliebigen Compiler, der diesem Standard entspricht, übersetzt werden.

Anweisungsblock

Darin werden eine oder mehrere Anweisungen durch geschweifte Klammern zusammengefasst.

Argumente

Werte, die beim Aufruf einer Funktion an deren Parameter übergeben werden.

Array

Datenstruktur, mit der sich mehrere Variablen desselben Datentyps zusammenfassen lassen.

Backtracking *

Konzept, bei dem eine Funktion so oft selbst aufgerufen wird, bis eine Lösung für das Problem gefunden wurde oder das Programm in eine Sackgasse geraten ist. Dabei wird nach dem Versuch-und-Irrtum-Prinzip vorgegangen.

Bedingung

Programmkonstrukt zur alternativen Ausführung von Anweisungsblöcken.

Bibliothek

Sammlung von Funktionen, die man in einem Programm verwenden kann. Laufzeitbibliotheken befinden sich im Lieferumfang des Compilers und enthalten Standardfunktionen.

call by reference

Übergabe von Adressen (Referenzen), die man beim Aufruf einer Funktion an deren Parameter übergibt. Dies erfolgt mithilfe von Zeigern.

call by value

Übergabe von Werten, die man beim Aufruf einer Funktion an deren Parameter übergibt.

Compiler

Ein Programm, mit dem man den Quellcode eines Programms in Maschinencode übersetzen kann.

Debugger *

Programm, das zur Fehlersuche dient. Dabei kann man unter anderem ein Programm Schritt für Schritt ausführen oder Variableninhalte überwachen.

Deklaration

Bekanntmachung einer Variablen, Funktion usw. im Programmquellcode.

Dekrement

Den Wert einer Variablen um den Wert 1 verringern.

Direktive

Auch bekannt als Präprozessor-Direktive. Ein Befehl, der direkt an den Compiler gerichtet ist.

Dynamisches Array *

Ein Array, dessen Größe erst zur Laufzeit des Programms festgelegt oder geändert wird.

Funktion

Unter einem Namen zusammengefasster Programmcode.

Headerdatei

Eine Quelldatei mit der Dateierweiterung .h oder .hpp, in der normalerweise die Deklarationen zu den Definitionen einer Implementierungsdatei (*.c oder *.cpp) zusammengefasst werden.

Heap

Ein zusammenhängender Speicherbereich, der einem C-Programm zur Laufzeit als Speicherlieferant dient.

Inkrement

Den Wert einer Variablen um den Wert 1 erhöhen.

Integrierte Entwicklungsumgebung

Sammlung von Programmierwerkzeugen unter einer einheitlichen Benutzeroberfläche. Sie enthält meist Editor, Compiler, Linker, Debugger, Profiler und noch viele weitere Komponenten.

Klassen

Klassen beinhalten und repräsentieren Objekte mit gemeinsamen Eigenschaften und ähnlichen Verhaltensweisen. C bietet keine Klassenfunktionalität, wohl aber der Nachfolger C++.

Konkatenation

Aneinanderhängen mehrerer Strings.

Konsolenanwendung

Programm, das über eine Eingabezeile oder ein einfaches Textmenü gesteuert wird. Eine Konsolenanwendung hat folglich keine grafische Oberfläche, sondern wird unter der Betriebssystemkonsole aufgerufen und ausgeführt (unter Windows die (MS-DOS-)Eingabeaufforderung).

Library

Englische Bezeichnung für Bibliothek.

Linker

Programm, das aus dem Maschinencode eines Programms (vom Compiler erzeugt) und den vom Programm verwendeten Bibliotheksfunktionen eine ausführbare Programmdatei erstellt.

Literale Konstante

Eine Konstante, die im Quellcode direkt als Wert geschrieben wird.

main()-Funktion

Die Hauptfunktion eines C-Programms. Dies ist die erste Funktion, die im Programm aufgerufen wird. Ohne eine `main()`-Funktion ist das Programm nicht ausführbar.

Makro

Erlaubt, parametrisierte Textersetzungen im Programmquellcode vorzunehmen, und wird mit der Direktive `#define` realisiert.

Modul *

Jede einzelne Quelldatei, die zusammen in einem Schritt vom Compiler in Maschinencode übersetzt wird, bezeichnet man als ein Modul.

Null-Terminierungszeichen (Nullbyte)

Ein spezielles Zeichen (`\0`), das das Ende eines Strings in C kennzeichnet.

NULL-Zeiger

Vordefinierter Zeiger, dessen Wert sich von den regulären Zeigern unterscheidet. Man verwendet diesen vorwiegend bei Funktionen, die einen Zeiger als Rückgabewert liefern, um auf Fehler zu überprüfen.

Objektorientierte Programmierung

Gilt als die modernste Programmiertechnik. Dabei werden spezielle Elemente – die Objekte – implementiert, in denen Programmcode und Daten zusammengefasst (gekapselt) sind. Objekte stellen Methoden (vergleichbar mit den Funktionen in C) und Eigenschaften zur Verfügung. Objekte werden über Klassen erzeugt, ein Objekt ist damit eine konkrete Implementierung einer Klasse. Der Vorteil der objektorientierten Programmierung ist, dass der Code dadurch einfacher zu verstehen ist, da diese Sichtweise der menschlichen Denkweise recht nahe kommt. Die objektorientierte Programmierung wird von C nicht unterstützt, wohl aber vom Nachfolger C++.

Parameter

Variablen einer Funktion, die innerhalb der Klammern des Funktionskopfes deklariert sind. Diese Variablen werden beim Aufruf der Funktion über Argumente initialisiert.

Portabel *

Ein Quellcode, der nicht vom System abhängig ist und von jedem Compiler (ANSI C) übersetzt werden kann.

POSIX-Standard *

POSIX (Portable Operating System Interface for Unix) heißt die Standardisierung von Unix-Systemen.

Profiling *

Eine Laufzeitmessung des Programms.

Schleife

Programmkonstrukt – zusammengefasst in einem Anweisungsblock –, das mehrfach ausgeführt werden kann.

Stream

Ein Datenstrom zwischen der Eingabe und der Ausgabe des Programms.

String

Eine Zeichenkette.

Struktur

Ein zusammengesetzter Datentyp, mit dem sich Variablen unterschiedlicher Datentypen mischen lassen.

Symbolische Konstante

Konstante, die über einen Namen und nicht über den Wert repräsentiert wird. Zur Definition dient die Direktive `#define`.

Typkonvertierung (casting)

Umwandlung eines Datentyps in einen anderen.

Unterprogramm *

Wird häufig als Synonym für Funktion verwendet.

Variable

Speicherplätze, die Werte (zum Beispiel Zahlen, abhängig vom Datentyp) aufnehmen können. Unter dem Variablennamen kann der aktuelle Wert der Variablen abgefragt oder dieser zugewiesen werden.

Vektor *

Ein anderer Name für Array.

Verzweigung

Stelle im Programmcode, von der aus mehrere Programmstellen angesteuert werden können. Welche Stelle angesteuert wird, ist von der angegebenen Bedingung abhängig.

Whitespace

Zeichen, die Leerräume erzeugen: Leerzeichen, Tabulator, Zeilenumbruch usw.

Zeiger

Variable, die eine Adresse auf einen bestimmten Arbeitsspeicherbereich enthält.

Anhang C

Antworten

Antworten zu Kapitel 4

1. In Headerdateien befinden sich die Deklarationen von Funktionen der Laufzeitbibliothek. Headerdateien erkennt man an der Dateierweiterung *.h oder *.hpp. Zum Integrieren von Headerdateien in den Programmcode dient der Präprozessorbefehl `#include`.
2. Nein. Ein ausführbares Programm muss immer eine Funktion mit dem Namen `main()` haben. Dies ist der Startpunkt des Programms.
3. In diesem werden Befehle oder genauer Anweisungen zu einem Block zusammengefasst. Ein Anweisungsblock wird in geschweifte Klammern gesetzt.
4. Damit der Compiler weiß, wo eine Anweisung endet und er mit der nächsten Anweisung fortfahren kann, muss diese mit einem Semikolon (;) abgeschlossen werden.

Antworten zu Kapitel 5

1. Es gibt die Ganzzahl-Datentypen `short`, `int` und `long`. Diese Datentypen unterscheiden sich durch ihren Wertebereich, den diese abdecken. Auf 32-Bit-Systemen haben `int` und `long` allerdings den gleichen Wertebereich.
2. Für Fließkommazahlen gibt es die Datentypen `float`, `double` und `long double`.
3. Allzu schwer dürfte Ihnen die Berechnung nicht gefallen sein. Sie mussten zuerst das Honorar pro Buch berechnen und anschließend 1 Million Euro durch den Buchpreis dividieren.

```
#include <stdio.h>

int main()
{
  float anzahl_books,
        anteil = 5.0,   /* Anteil Honorar 5% */
```

```
        verkaufspreis = 15.95,
        anteil_p_book; /*Anteil pro Buch */

   anteil_p_book = verkaufspreis / 100 * anteil;
   printf("Honorar pro Buch : %f Euro\n",anteil_p_book);

   anzahl_books = 1000000 / anteil_p_book;
   printf("Es muessten %d Buecher verkauft werden\n",
                                  (int)anzahl_books);

   return 0;
}
```

4. Hier die Lösung:

```
#include <stdio.h>
#include <math.h>

int main()
{
 double zahl = 1.093;

 printf("Tangens von zahl %lf = %lf\n",zahl,tan(zahl));

   return 0;
}
```

5. Sie mussten nur mithilfe des Cast-Operators eine explizite Typumwandlung durchführen.

```
zahl3 = (float)zahl1/zahl2;
```

6. Die implizite Typumwandlung, die der Compiler automatisch durchführt. Die explizite Typumwandlung, die Sie mithilfe des Cast-Operators (Datentyp in runde Klammern vor die Berechnung setzen) manuell auslösen.

7. Zeichen werden in C intern als Ganzzahlvariablen gespeichert. Diese Ganzzahlen werden vom Computer über einen Zeichencode repräsentiert (ASCII-Code).

8. Die Lösung dürfte recht einfach gewesen sein. Zeichen gehören in einfache Anführungszeichen. Die Variable `z3` ist übrigens rein syntaktisch nicht falsch. ASCII-kodiert stellt dieser Wert das Zeichen `'B'` da. Man sollte aber die Schreibweise mit einfachen Anführungszeichen bevorzugen, sofern man beabsichtigt, Zeichen auszugeben. Hier die korrigierte Version des Programms:

```
#include <stdio.h>

int main()
{
        char z1 = 'W';
        char z2 = 'X';
        char z3 = 66; // nicht falsch, besser aber z3='B'

        printf("z1 = %c z2 = %c z3 = %c\n",z1,z2,z3);
        return 0;
}
```

Antworten zu Kapitel 6

1. Hier wurde zweimal der Adressoperator & beim Einlesen mit scanf() vergessen.
2. Das Programm lässt sich einfacher realisieren, als man denkt.

```
#include <stdio.h>

int main()
{
  int artikelnr   = 123212,
      anz_artikel = 1;
  float preis = 0.99;

  printf("Artikelnummer\tAnzahl\tPreis\n");
  printf("%013d\t%6d\t %.2f\n"    ➥
                                ,artikelnr,anz_artikel,preis);

  return 0;
}
```

3. Es waren insgesamt drei Fehler im Programm:

   1. Fehler: `scanf("Eine Ganzzahl : %d",&a);`

   Richtig ist:

   ```
   printf("Eine Ganzzahl : ");
   scanf("%d",&a);
   ```

   2. Fehler: `scanf("%c",&b);`

   Falscher Formatbezeichner. %c steht für ein einzelnes Zeichen. Richtig ist:

   ```
   scanf("%f",&b);
   ```

   3. Fehler: `printf("%c",&c);`

   Es muss heißen:

   ```
   scanf ("%c",&c);
   ```

Antworten zu Kapitel 7

1. Hier das Programm in der verbesserten Version:

```
#include <stdio.h>

int main()
{
  int x;

  printf("Geben Sie eine Ganzzahl ein: ");
  scanf("%d",&x);

  if(x <= 100)   /* Semikolon entfernt */
   printf("Sorry, der Wert ist zu klein!!!\n");
/* Wertzuweisungsoperator ausgetauscht durch
   Vergleichsoperator */
  else if(x==200)
   printf("Sie haben den Wert 200 eingeben\n");
/* if in die Bedingung eingebaut */
  else if(x > 1000)
   printf("Der eingegebene Wert ist zu gross\n");
  else
   printf("Danke fuer Ihre Eingabe!!!\n");

  return 0;
}
```

2. Bei dem Programm wurde die `break`-Anweisung am Ende jeder `case`-Verzweigung vergessen.
3. Hier wird viermal die Zahl `1` ausgegeben.
4. Hier wurde eine Endlosschleife produziert. Da der Wert von `i=1` ist, wird die folgende `if`-Bedingung immer wahr sein, sodass durch die Anweisung `continue` zum Schleifenanfang zurückgesprungen wird. Dabei wurde das Verändern der Schleifenvariablen `i` vergessen.
5. Die erste `for`-Schleife. Es wurde bei der Reinitialisierung ein Semikolon ans Ende gesetzt.

Antworten zu Kapitel 8

1. Folgende Fehler wurden gemacht:
   a. Bei der Funktionsdefinition wurden die Klammern am Ende vergessen. Damit wird für den Compiler erst erkennbar, dass es sich hierbei um eine Funktion handelt.
   b. Bei den Parametern in den Klammern wurde in beiden Fällen der Datentyp vergessen.
   c. Bei der Trennung der einzelnen Parameter wurden die Kommata vergessen.
2. Mit call by value werden die Argumente beim Aufruf der Funktion an die Parameter als Werte übergeben. Die Funktion legt dafür extra eine Kopie der Argumente an.
3. Um aus einer Funktion einen Wert an den Aufrufer zurückzugeben, muss diese Funktion erst einmal mit einem entsprechenden Rückgabedatentyp definiert werden. In der Funktion wird der Wert mit dem Schlüsselwort `return` an den Aufrufer zurückgegeben.
4. Als Parameter bezeichnet man die in runden Klammern angegebenen Variablen der Funktionsdefinition. Argumente sind dagegen die Werte, die beim Aufruf der Funktion an diese Parameter übergeben werden können.
5. Lokale Variablen sind innerhalb eines Anweisungsblocks definiert und gültig. Globale Variablen werden außerhalb eines Anweisungsblocks definiert und sind für alle Funktionen gültig.

Antworten zu Kapitel 9

1. Es ist zu beachten, dass die Anzahl der Elemente nicht überläuft. Dies ist ein häufig vorkommender Fehler, weil ein Array mit dem Indexfeld 0 beginnt. Man sollte immer `n-1` Elemente hochzählen.
2. Das `\0`-Zeichen kennzeichnet das Ende eines Strings. Alles, was sich hinter dem Zeichen befindet, wird nicht mehr ausgegeben.
3. Hier werden Strings mit dem Vergleichsoperator auf Gleichheit überprüft. Strings kann man aber entweder nur Zeichen für Zeichen überprüfen oder mit entsprechenden Funktionen wie `strcmp()`.

4. Das Programm sollte sich als nicht allzu schwer erweisen. Für den größten aller Werte durchlaufen Sie einfach das komplette Array und übergeben den größten Wert an eine Hilfsvariable.

```
#include <stdio.h>

int main()
{
 int werte[10];
 int big_wert=0, i;

 /*Wert einlesen*/
 for(i=0; i<10; i++)
  {
    printf("Wert[%d] : ",i+1);
    scanf("%d",&werte[i]);
  }
 /*Größten Wert suchen*/
 for(i=0; i<10; i++)
  {
   if(big_wert < werte[i])
     big_wert=werte[i];
  }
 printf("Hoechste Zahl : %d\n",big_wert);
 return 0;
}
```

Antworten zu Kapitel 10

1. Als Erstes dient der Dereferenzierungsoperator (*) dazu, einen Zeiger auch als solchen zu kennzeichnen. Mit dem Dereferenzierungsoperator kann man mit dem Inhalt der Adresse arbeiten, auf die der Zeiger verweist.
2. Mit dem Formatbezeichner `%p` lässt sich die Adresse einer Variablen oder eines Zeigers ausgeben.
3. Hier wurde der Adressoperator `&` vergessen.
4. Hier wird versucht, einem `int`-Zeiger die Adresse eines `double`-Wertes zu übergeben.
5. Mit call by reference werden die Argumente an Funktionen als eine Referenz (Adresse) übergeben. Dadurch entfällt im Gegensatz zu call by value das aufwändige Kopieren der Funktionsparameter und die Rückgabe eines Wertes mittels `return`.

Antworten zu Kapitel 11

1. Damit eine Struktur auch als solche zu erkennen ist, beginnt sie mit dem Schlüsselwort `struct`. Anschließend benötigen Sie einen Strukturtyp, der mit den eingebauten Datentypen in C vergleichbar ist. Die einzelnen Strukturelemente werden in geschweiften Klammern zusammengefasst und jeweils mit einem Semikolon abgeschlossen. Die komplette Struktur wird ebenfalls mit einem Semikolon abgeschlossen.

2. Die Struktur hat folgendes Aussehen:

```
struct datenbank{
            long plz;
            char ort[100];
            char strasse[100];
            int haus_nr;
           }db;
```

3. Hier wurden die Angabe der Strukturvariablen und der Punktoperator vergessen. Richtig wäre Folgendes gewesen:

```
xy.x=20;
xy.y=123;
strcpy(xy.shape, "Linie");
```

Antworten zu Kapitel 12

1. Der Heap.

2. Mit folgenden drei Möglichkeiten können Sie Speicher anfordern:

   a. Mit einer numerischen Konstanten (`malloc(5)`).

   b. Mit dem `sizeof`-Operator und dem entsprechenden Datentyp (`malloc(sizeof(int))`).

   c. Mit dem `sizeof`-Operator und einem dereferenzierenden Zeiger auf ein Strukturelement (`malloc(sizeof(*ptr))`).

3. Weil andernfalls immer mehr Ressourcen beansprucht werden. Dies geschieht durch so genannte Speicherlecks. Somit kann sich ein Programm, das lange läuft oder besonders viel Speicher beansprucht, negativ auf das komplette System auswirken.

Antworten zu Kapitel 13

1. Mit dem Pfeiloperator gibt man an, dass sich der Zugriff auf Strukturelemente auf die Adressen (Zeiger) bezieht und nicht auf die Werte (Inhalte).
2. Hierbei handelt es sich um eine einfach verkettete Liste mit verschiedenen Daten. Dass es tatsächlich eine Kette ist, erkennt man an dem Zeiger, der vom selben Typ ist wie die Struktur selbst.
3. Hierbei wird immer das erste Element in der Liste ausgegeben, weil am Ende der Ausgabe vergessen wurde, dem Zeiger die Adresse des nächsten Elements zu geben (`lager_ptr=lager_ptr->next;`).

Antworten zu Kapitel 14

1. Standardeingabe (`stdin`), Standardausgabe (`stdout`) und Standardfehlerausgabe (`stderr`).
2. Es wurde char anstatt `FILE` verwendet und der Modus `r` muss zwischen doppelten Anführungszeichen stehen.
3. Hier wird versucht, in eine Datei zu schreiben, die im Lesemodus geöffnet wurde.
4. Die Funktionen zum Lesen und Schreiben:

   Zeichenweise: `fgetc()` zum Lesen und `fputc()` zum Schreiben.

   Zeilenweise: `fgets()` zum Lesen und `fputs()` zum Schreiben.

   Blockweise: `fread()` zum Lesen und `fwrite()` zum Schreiben.

Antworten zu Kapitel 15

1. Damit lassen sich symbolische Konstanten sowie Makros erstellen. Diese Konstanten und Makros werden dann – vor der Übersetzung in den Maschinencode – durch entsprechende Zeichenketten ersetzt.
2. Bei Verwendung der spitzen Klammern werden die Headerdateien aus einem bestimmten (Standard-)Verzeichnis eingebunden (meist das *include*-Verzeichnis des Compilers). Zwischen doppelten Anführungszeichen kann man Headerdateien aus dem aktuellen Arbeitsverzeichnis einbinden oder auch einen entsprechenden Pfad angeben.
3. Eine Headerdatei ist im Prinzip nichts anderes als eine normale Textdatei. Um den Standard der Laufzeitbibliotheken kümmert sich das ANSI-Komitee.

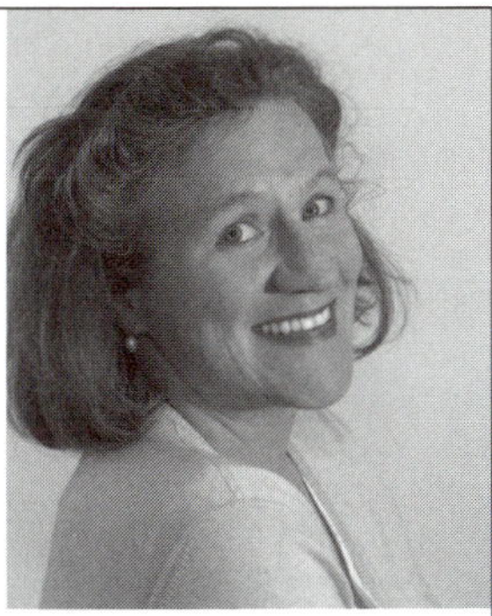

Liebe Leserin, lieber Leser,

herzlichen Glückwunsch – Sie haben es geschafft! Die Programmiersprache C ist doch leichter, als es zu Beginn den Anschein hatte, oder?

Genau das ist das Ziel unserer Bücher aus der easy-Reihe. Sie sollen Ihnen helfen, die ersten kleinen Schritte mit dem Thema zu gehen, ohne durch allzu viel Fachchinesisch unverständlich zu werden.

Als Lektorin dieses Buches hoffe ich, dass dies zu Ihrer persönlichen Zufriedenheit gelungen ist. Denn dafür stehen alle Beteiligten, die Autoren, die Hersteller, bis zur Druckerei, mit ihrem Namen.

Aber niemand ist perfekt. Wenn Sie Fragen haben: Fragen Sie. Wenn Sie Anregungen zum Konzept haben: Schreiben Sie uns. Und wenn Sie uns kritisieren wollen: Kritisieren Sie uns. Ich verspreche Ihnen, dass Sie Antwort erhalten.

Denn nur durch Sie werden wir noch besser!

Ich freue mich darauf, von Ihnen zu hören!

Birgit Ellissen

Lektorin
Pearson Education Deutschland GmbH
Martin-Kollar-Straße 10-12
81829 München
E-Mail: bellissen@pearson.de
Internet: http://www.mut.de

Stichwortverzeichnis

E

F

G

H

T

U

V

W

Z

informit.de
Home
Deutsche Bücher
Englische Bücher
eBooks
Videotraining
Service
Newsletter
Kontakt
Computer
Zertifizierungen
Studium & Wirtschaft
Sachbuch
Ratgeber
Video-Training & Software
Weitere Themen
Hallo und Herzlich Willkommen bei informit.de
Unsere aktuellen Empfehlungen für Sie
Download des Tages
English Book des Tag